當代《孟子》人性論的省察

以漢學家的詮釋所展開的反思

羅惠齡 著

目次

第一章　《孟子》人性論的省察

第一節　省察前緣動機

「包羅天地，揆敘萬類，仁義道德，性命禍福，粲然靡所不載。帝王公侯遵之，則可以致隆平，頌清廟，卿大夫士蹈之，則可以尊君父，立忠信，守志厲操者儀之，則可以崇高節，抗浮雲。有風人之託物，二雅之正言，可謂直而不倨，曲而不屈，命世亞聖之大才者也。」[1]以上是趙歧在〈孟子題辭〉中對孟子推崇備至，由此可見孟子在儒學中的地位和重要性。但，究竟是什麼理由使得孟子在中國文化長期的衍流過程中，始終保持著活力，甚至越來越受到後人的推崇呢？面對此一時代命題，必須扣緊著孟子之學的內容與精神，方能獲致答案。

筆者在撰寫此一章節時，時光悠悠，遙想多年前初次聆聽袁老師在〈中西哲學比較研究〉的課堂中講演孟子的神情。時而道以所如者不合，不惜與之風潮破裂；時而講傳統文化的深情憂思，時而言自我期許的時代使命。那種雖與孟子不同的時空背景，卻是截然有著然而無有乎爾的悵然，則亦無有乎爾的浩歎，更甚是若傷天地心之歷史心境亦同的襟懷。此一哲人風範，深深吸引並撼動了筆者想一窺究竟的企圖。此後，老師和孟子竟順理成章的架構了我的生命之學。《孟子》一書，於焉成就了筆者著力著文的發軔。

中國哲學中的《孟子》，向來是被研究得最廣泛、透徹卻又似乎未能獲致研究者共同認定的一致性成果。承前賢傳述，於今漢學家對中國哲學做為西方或進一步融攝中西之深入的研究，使其中國哲學得以綿延不絕，推陳出新，璀璨豐富。不過，由於研究者本身的學養背景相異，援引的哲學路數不同，是故，面對同樣的一部《孟子》經典，往往卻釀出了與經典迥然不同的風味，迫使孟子研究，呈顯出理解上的莫衷一是及多元歧

---

[1]　（清）焦循：《孟子正義》（臺北：文津出版社，1988年12月）頁13。

見的異常混亂情況。換言之，對於當代孟學詮釋的分化，表面上是對於文本的解讀不同，事實上，則是無不與詮釋者自身所持之問題意識與使用的概念工具有關。由於筆者關切的主題落在當代《孟子》人性論的省察的現代性意義上，因此揀擇的系統也以當代儒學研究的重要成果為範圍。雖說是當代《孟子》人性論的主要核心在於研究「性」，但作為「性」的延伸必將論及到「心」、「天」、「命」等諸概念之間的關係。因著「盡心」才能「知性」，「知性」始能「知天」。而其「命限」，即是關鍵，是天命所賦予責任的命限義。逃無所逃的面對「命」限，才能是盡「心」、知「性」而知其「天」。因此，面對孟學的詮釋差異，我們首先要釐清的就是詮釋者在價值主張背後的問題意識與思維脈絡，一旦問題意識與思維脈絡獲得疏解釐清，則價值主張的成立與否之探究，才能夠從如何可能之中，進而成為可能。

在傳統的中國哲學中，心性論無疑是最具特色的重要課題。以此為其論題所提出的最原始心靈的孟子，其文言簡意賅卻一直是作為近代學者闡幽發微的依據。回顧孟子心性論在當代儒學研究領域發展，牟宗三先生致力於傳統儒學詮釋和現代儒學重建，以及通過中西哲學對比所做的義理判教，其思想體現並代表了當代國際漢學界和比較哲學界的共識，誠然復活了孟子文獻，尤以所著的《心體與性體》望重於世，也將孟子心性論納入了一個更開闊、更具時代性的思考脈絡中。與此同時，當代學者對傳統文化進行獨立學術研究，成績斐然，其中又以勞思光先生堪為代表，在《新編中國哲學史》中，對於儒學有著獨到的見解，其觀點既有別於前人定論，更與新儒家有所分歧。兩人都將儒學理解為道德心性之學，理論特質歸結為「主體性」學說。然而彼此間對儒家思想所體現的「主體性」之實質卻有著不同的理解，分歧的焦點在於是否承認道德心性與形上實體的關聯性。就牟氏看來，儒學的根本特徵在於建立了「天道性命相貫通」的「道德的形上學」，基本特點是「即存有即活動」、「即內在即超越」。而勞氏則斷然否認孔孟思想中有形上學的延伸，僅認為完全走向內在的道德心性一路堪為儒學的正宗，並認為任何形式的形上學或宇宙論都不能對道德行為產生理論效力，因此儒學在本質上是以心性論為中心的哲學。簡而言之，牟氏以其「天人合德」述之，勞氏則認為「德本於人、無涉於天」。牟氏思辨地證立儒家自始具有道德的形上學，並以此為道統從而分判宋明儒學；而勞氏則是質疑任何訴諸存有價值學說的理論效力。又，在

面對孔孟思想的認定上，牟氏認為孟子拓展道德性的心來知天，具有一種超越意識和形上追求，這種由人而天的理路正與《中庸》、《易傳》由天而人的理路相得益彰；而勞氏則認為孔孟的義命分立將宗教意識轉化為純粹的主體實踐之人文精神，這種心性論與《中庸》、《易傳》所體現出混雜的宇宙論和形上學的思想根本不相類屬。然而即便是意見相左的兩人，在西學東漸，當代中國心靈普遍眩惑於西方知識傳統的氛圍下，通過了中西哲學的對比，作為突顯儒家心性論特質的努力，不僅別具慧眼，亦基於這樣的的問題意識，對於進一步釐清《孟子》中的「心」、「性」、「天」、「命」諸概念間之關係，更是深具啟發性的時代意義。

　　自十六世紀末西方耶穌會士（Jesuits）登陸中國，發展出真理與謬見雜糅的傳教士漢學，至十九、二十世紀之交，西方專業漢學於焉形成，直到今天專業漢學的多維展開，西方漢學已經走過了四百多年的漫長歷程。學術界越來越多人所意識到的，因著問題意識及文化背景差異，中國哲學在其產生之初，注定走上與西方哲學完全相異的道路，從而形成了自我鮮明的特質。2005年由江文思、安樂哲所合編的《孟子心性之學》[1]，紀錄了近十多年來漢學界關於如何理解孟子「心」、「性」、「天」、「命」諸概念間之關係所展開的一場爭論，雖有其價值觀點貢獻，卻也生動反映出漢學界在不同哲學背景下研究儒學所遭遇的諸多困難。確切來說，這些漢學家正嘗試透過評論來做為對於儒學核心中「心」、「性」、「天」、「命」等諸概念間之關係的範疇與課題。文中記載了英國漢學家葛瑞漢（Graham，A.C.）於1967年在《清華中國研究雜誌》上所發表的《孟子人性理論的背景》一文，考察了中國古代文獻中「性」的概念，解釋孟子所面對的「人性」問題。此文發表後，引發了近二十多年來西方漢學界對孟子人性概念的爭論。其中，最引人注目的便是夏威夷大學的安樂哲（Roger T.Ames）教授與哥倫比亞大學的華藹仁（Irene Bloom）教授之間的爭論。葛氏關於孟子的人性概念是事實的和規範的觀點激勵了安氏和華氏，二人從比較哲學的視域來作為對於孟子人性概念的解讀，對於我們理解孟子的人性概念，深具重要的啟示意義。

　　安氏作為當代著名的漢學家，涵泳於儒道各家，貫通古今中西，是中西比較哲學研究領域的領軍人物。對於中國哲學獨特的解讀和詮釋，成就

---

[1]　江文思、安樂哲：《孟子心性之學》（北京：社會科學文獻出版社，2005年3月）。

非凡，獨步當代，大力推動了中華文化並走向世界。其博士論文不但是在葛氏的指導下完成，亦曾受教於牟氏與勞氏。是以上述淵源之故，對於當代詮釋的爭議，筆者擇其牟氏和勞氏二人在儒學觀點各顯其內在問題對諍為其起點。其次，本文通過了葛氏、華氏及安氏等一批卓有影響的漢學家參與其中，對於《孟子》核心中「心」、「性」、「天」、「命」等諸概念間之關係的批評，揭示了理論背後所隱含的整體論述預設及其可能導致的理解差異，提出不同文化思潮相互碰撞激盪的可能途徑，對儒學的創造性闡發，做為後代學人提供可資借鑒的思想資源。最終，筆者對此一研究並解碼漢學家的接受語境、問題意識以及視域融合的具體表現，嘗試做出自己的價值評判，探究漢學家之間在思維上的深刻關聯，在一定程度上重新啟動了經典中的《孟子》，並藉以攬鏡自照，使《孟子》成為西方乃至現代中國自身思想建構的力量，成就活著的中國哲學經典。

　　本文的目的與其說是要直接證成漢學家們對於詮釋當代《孟子》人性論的省察，所獲致在現代文明中的價值意義，倒不如說是提供了另一種原本就忠於孟子文獻的一種客觀上的理解。因為，只要我們肯認了孟子思想本有其內在的整體性與一致性，亦同時與所置身的傳統和時代的環境息息相關。那麼，對於當代學者為文本發聲的率先導引及其研究成果，便能消弭所形成的爭議性問題。接著，筆者再以其漢學家不同的理解系統，所展開的反思構建，並經由義理比較分析，推演箇中問題，分判其中得失優劣，企圖讓爭論及拘泥焦點的核心概念，還原至自身文獻及其歷史脈絡。尤有進者，澄清研究孟子所引發的爭端，重新提供心靈洞見的參考資藉，也為所有關懷當代文明方向及其人性動態實踐的現代人，提供了忠於孟子思想，俾使經典發光的價值系統。

第二節　當代孟學代表

　　自二十世紀以來，在儒學研究的眾多領域中，孟子學的研究頗獲海內外學者重視，堪為儒學研究領域中的熱點，大批海內外學者致力於對孟子人性論、心性學或政治思想等課題的深入挖掘。無論是就研究的深度亦或廣度而言，此一時期的孟子學研究均有超越前人的表現成果。孟子研究包括孟學、孟學史兩大部分。隨著孟學研究的長足發展，孟學史研究亦取得不小的成績。孟學史研究雖存在一些不足，如相關研究大多傾向於經學史

（四書史）、哲學史及思想史等研究，專門性的成果相對較少；文獻與義理二者間結合的成果微乎其微，一些斷代更甚至是沒有孟學研究的專著；研究義理性著作的較多，關注考據性著作的則是較少。因此，「今後孟學史研究要獲得突破性的發展，就須特別注重：多方學科結合，尤其強調文獻學對其他學科的基礎作用；史論結合，尤其強調哲學觀念史進路相對於歷史思想史進路的理論支持；巨集觀微觀結合，尤其強調宏觀視野對個案研究的整體通觀；古今結合，尤其強調傳統資源對當代社會的人文提升。有史料、有觀點、有主線、有關切，方是孟學史研究今後的發展方向。」[1]研究孟子思想離不開對孟子整體思想的把握，當前國內外對孟子思想的研究，如從地域上劃分，可分為臺、陸研究和西方漢學界研究。其中，港臺研究則較好地保持了儒家思想傳統的一貫性；大陸研究成果最多並於近幾十年來研究的思想和方法上發展變化也較大；西方漢學界由於社會環境的因素，學術思想與西方哲學思想接近，但研究成果中亦不乏推陳出新的資訊，予人啟發。於是，在大陸所出版數量可觀的專書外，臺灣及海外研究孟子學的著作亦如雨後春筍般的名家薈萃，佳作紛呈。而為呼應本文主題，筆者便擇當代孟學研究成果的代表專著述之：

一、以港臺新儒家牟宗三、徐復觀、唐君毅等人為代表，突顯生命的學問，對孟學有較多的價值體會和認同，並深具學術的嚴謹和深度

（一）牟宗三（1909-1995）

新儒家的代表人物，認為當代新儒學的首要任務便是作為道統的肯定，即肯定道德宗教的價值，護持孔孟所開闢之人生宇宙的本源。其代表為《心體與性體》三卷本（臺北：正中書局，2009年）。孟學內容亦多所涉及，認為中國哲學的中心問題在其人性論，並借鑒西方哲學中的康德哲學，以道德自主性、道德形上學等概念來解釋孟學，奠定了新儒家孟學研究的基本範式。集中體現了立論獨特而又充滿時代擔當感的儒家道統觀，被視為研究中國傳統文化和哲學的經典之作。在研究方法和研究形態上樹立了中國哲學和傳統文化研究的新典範，將傳統儒家思想提升到了現代哲

---

[1] 梁濤、楊海文：〈20世紀以來的孟學史研究〉，《文史哲》第6期（2010年），頁126-135。

學的層面，為當代新儒學構建了新穎的哲學理論體系和基礎。晚年所著的
《圓善論》（臺北：臺灣學生書局，1996年），是一本探討東西方生命哲
學的專著。不僅在內聖的道德形上學上遙契孟子，道德形上學的理論框架
及理論基礎和終極問題（即圓善問題），更甚至是外王的民主政治等方
面，亦多取自於孟子。對於經典詮釋所持的觀點，即是知識、感觸、思
辨三者並用的經典詮釋法，以探究孟子方方面面的人性意涵，來做為逼近
並還原孟子學說的原意。牟氏對於孟子學的創見可以「仁義內在，性由心
顯」八字來加以綜括。指出了孟子的性善論與心是不可分割的，並闡述孟
子性善說即是主張人的道德內在存其心中。由此可知，孟子思想可以說是
鑄造了牟氏哲學思想的重要精魂。

（二）徐復觀（1904-1982）

　　其《中國人性論史・先秦篇》（臺北：臺灣商務印書館，1969年），
是以歷史觀點出發，專門討論包括孟子人性論的著作，以人格為其中心並
加以審視，尤其注重先哲在自己生命生活中體驗的所得為根據，把握先秦
哲人完整生命體中的內在關連。人性論為中國文化的根據，欲言中國文化
的特徵，必先瞭解中國的人性論，始可免於浮泛支離之弊端。徐氏先由周
初人文精神的發展，探索如何到達人性論得以成立的歷程，將性善論看作
是中國文化長期發展的結果，並提出了性善論須以心善為其根據，性善即
心善的觀點，故能提要鉤玄，要言不煩，將古代思想史作有機體的把握。
《中國思想史論集》（臺北：臺灣學生書局，1988年），試圖將儒學尤其
是孟學與近代西方自由主義思想相互融合，提出了著名的「雙重主體性」
命題：孔孟儒家一方面在現實中承認君為政治主體，另一方面又在精神理
念上以民為價值主體，並以此分析歷史上儒者對君王的規勸與抗爭，對於
我們理解孟學在歷史上的地位和作用有著重要的參考價值。孟子的性善說
是中國古代文化長期發展的結果，對於徐氏的這種解釋較其他當代新儒家
學者的解釋，更具有其歷史意識與歷史視野。

（三）唐君毅（1909-1978）

　　代表著作為《中國哲學原論・導論篇》（臺北：臺灣學生書局，2004

年）以及《中國哲學原論・原性篇》（臺北：臺灣學生書局，2006年）。中國哲學傳統深厚，諸家義理豐富多端，其思想流變，並非無端而來，知其來處方知其去處，故有其溯本歸原的必要。縱向專就環繞一核心觀念而開展對中國哲學問題的討論，橫向則廣攝各家學說，分別其方面、種類與層次。以《中國哲學原論・導論篇》來作為進入中國哲學義理並邁向世界門戶，再向前遞進，專就中國哲學核心觀念而論，以哲學史以言哲學，作為《中國哲學原論・原性篇》的成就，內文相當豐富獨特。如對孟子人性論中尤其是生、性關係的闡釋，蓋命不離於性，及就人之面對天地萬物，而能有其理想，生出中國哲學廣大的價值世界者，必因其性之義而起也。又指出了孟子學即為心學，孟子思想中的「心」，非為反省思慮的「心」，而是原始素樸的「心」，其心學在於興起心學以立人，特重人的興起心志，所以孟子的人禽之辨根本關鍵不在於辨他人與禽獸的不同類，而在於使人自覺為人。唐氏對於哲學問題思考之圓熟，發前人所未發，值得關注並重視。

二、唐、牟、徐後，牟氏研究孟學之代表弟子

（一）蔡仁厚

　　《孔孟荀哲學》（臺北：臺灣學生書局，1984年）及《儒家心性之學論要》（臺北：文津出版社，1990年）。儒家所開發的，以常理常道為主，孟子所講的忱惕惻隱之心，即是常理常道最內在的根源。而就文化傳承而言，儒家「上承六藝，下開九流」，一方面是諸子之一，一方面又代表民族文化之統。面對儒家哲學性格，則與西方哲學大有不同。西方哲學著重於知識性的論證和概念性的思辨；儒家哲學則重實踐，要求學行合一、知行合一，特別正視實踐的生命主體，因而名之為生命的學問。蔡氏大抵承襲牟氏之學，契其意而詳闡之，尤以孟子的心體與性體，融通而為一者，心與性之為善，即依體上言，非就事上論，由此觀孟子學說，是肯定人具有其先天本善之內在道德性。

（二）李明輝

　　著有《康德倫理學與孟子道德思考之重建》（臺北：中央研究院中國

文哲研究所籌備處，1994年），堅持以康德思想來做為解說孟子並且更為
深入細緻的比較孟子與康德的倫理學。於《儒家與康德》（臺北：聯經出
版社，1990年）的基礎上，更是用來進一步闡釋孟子性善論的專著。該專
著借康德倫理學的論證策略來重建並證成孟子的性善說，乃至其整個道德
哲學。其文指出孟子所謂的「良知」，實際上是相當於西方哲學中的「隱
默之知」。是故，借助「隱默之知」的概念來理解孟子，對於孟子學說的
實效，大有裨益。又，《孟子思想的哲學探討》（臺北：中央研究院中國
文哲研究所籌備處，1995年）收錄了杜維明、安樂哲、劉述先等學者的論
文，有較高的學術價值，通論孟子思想之哲學內涵及其歷史發展。《孟子
重探》延續其師的研究方法，對康德與孟子作了進一步的融通，從現代觀
點分析孟子的修養工夫論、政治思想與心性論，是作為哲學研究進路的孟
子學研究論著的重要新作。本書以及其他論著中析論孟子心性論，大致都
採取這種「即心言心」的進路，將孟子的「心」視為具有「自我立法」能
力的、自給自足的、具有自主性的「道德主體」，肯定「心」的獨立自主
性，為其研究論述的一大特色。

（三）袁保新

　　《孟子三辨之學的歷史省察與現代詮釋》（臺北：文津出版社，1992
年），對孟子的「人禽之辨」、「王霸之辨」、「義利之辨」進行了理論
上的詳細探討。

　　〈人禽之辨〉中探討了孟子哲學中最重要的人性論問題，澄清孟子
言「性本善」而非「性向善」，並探究「性不善」的問題。就本書結構來
說，此人性論的確立可說是使王霸、義利之辨取得了價值根源與立論基
礎。〈王霸之辨〉實際上就是將此「性善說」付諸於政治場域的實踐。對
於〈義利之辨〉，更是將政治實踐過程，在生命實踐中具有的義、利衝突
做出討論，從而歸結出吾人不當獨以圖利為目的之始行仁義。孟子的思考
主要是從人性論而來，認為每一個人做為道德的存在，具有一樣的尊貴與
價值，並順著這樣的一個原則來看，孟子之學不僅充分展開了孔子仁道的
精神理路，亦透過古籍及當今學者的研究成果，來做為探究孟子之承於歷
史以言心性而為其價值學說。《從海德格、老子、孟子到當代新儒學》
（臺北：臺灣學生書局，2008年），本書內容包括：盡心與立命、試論儒

家心性之學的現代意涵及其與科學的關係、對當代幾個重要的儒家道德學詮釋系統等內容，近十年來有關先秦儒家、道家所撰寫的多篇論文結集而成。依著天與心的關係作為孟子「盡心－知性－知天」的進路，牟宗三先生引程明道先生所說的「只心便是天」，以心為其形上義。袁氏於此則援引海德格基本存有論的觀點，重新省視孟子「心」的超越義，而以「心」來做為「在世存有」，心的「明於庶物，察於人倫」之「能是」意義。從表面上看，全書似集中在孟子、老子哲學的現代詮釋，但經過深入探討，發現整個研究主要是在參考海德格來作為對於西方古典形上學及近代主體性哲學的批判，並針對當代新儒家前輩，已發展出的現代詮釋架構，來進行一步一步的鬆解與重建。

三、臺灣孟學研究的代表

（一）陳大齊（1886-1983）

　　重概念、名理，較少主觀預設，持論平和。代表作有《孟子的名理思想及其辯說實況》（臺北：臺灣商務印書館，1968年），內容就孟子原書蒐集其有關名理思想及實際辯說的言論，分類排比，試圖做出系統性的闡述。《孟子待解錄》（臺北：臺灣商務印書館，1992年），書中將孟子學說中的疑而難解，指出疑點所在，並闡述其不可解之故；解而未能決者，則敘明其有詳釋的必要，進而建議解釋的途徑，姑作假設，以待是正。

（二）羅光（1911-2004）

　　《中國哲學大綱》（臺北，臺灣商務印書館，1999年），著作宏偉，涵廣意悉，偏以性的自然義，並依朱子之解，為孟子所言之性為人不思不索而動時，所充分表現出來的自然傾向。

（三）勞思光（1927-2012）

　　《新編中國哲學史》（臺北：三民書局，2010年），認為孟子之性，相當於亞里斯多德所言之本質，所以盡心知性知天之語，僅具主體義之心性論意旨，而無實體義之形上學義涵。強調孟子主體性能創造歷史，但並

非以為主體性必須在此一層面上方完成其價值。蓋孟子所持的「心性論」立場，終究以內在德性為其價值意義所在，一切外在意義的創造顯現，皆只視為此德性之展開。此種展開，有固甚佳，無亦不礙德性本身的價值。總之，當吾人取哲學史之角度，而詳審資料及史實時，實不見「天」的觀念在孟子思想中佔有何種重要地位；純就理論關聯來看，孟子之說亦不須涉及「形上天」。依此，吾人即可說「天」的觀念在孟子思想中，僅僅只是一輔助性的觀念，倘除去此一觀念，孟子的主要理論並不受其影響。

（四）黃俊傑

　　主要是從孟學解釋史入手，析論中國經典解釋學的特質，從思想史的角度研究孟子。《孟子思想史論》（卷一）（臺北：東大圖書公司，1991年），解析孟子思想的特質共包括論述篇和集釋篇兩大部分，兩者相互呼應，不可分割。論述篇各章析論孟子思想的各個面向，所提出的論斷以集釋篇所發展的歷代中、日、韓等儒者所闡釋孟子的言論來作為參考資藉。因此，此書既能新見迭出，又不空發議論。集釋篇出入中外諸家，取其精華，去其糟粕，對孟子言論的新解，則是以論述篇所創發的義理為其根據。然而集釋部分絕非是簡單的材料堆砌，而是以義理貫通材料，借材料闡發義理，對於孟學研究專著，亦有一定的重要影響。內文分析孟子哲學中的「義」與「心」，唯有在孟子「義」的內在涵義、社會涵義及宇宙涵義中建立一種動態的統一體。孟子所持義利之辨的思想史意義，才能夠因此而彰顯無遺。又，依循歷史及思想史之途，回溯孟子觀念所成的思維方式與客觀環境的因素，並與其觀念間的自然聯繫性，作為釐清孟子的本意，並依此法查其歷代論孟之說，論析孟學於歷史中的價值與地位。依此歷史脈絡法，將孟學置於當今的時代背景，即為突顯孟子心性之學的超越性。該書在重視理論問題的挖掘上，具有一定的深度，但全書只是選擇了孟學史上的幾個點，且忽略了趙岐《孟子章句》、焦循《孟子正義》等重要作品。因此，還算不上是一部全面的、系統的孟學史著作。另外，在《孟子思想的歷史發展》（臺北：中央研究院中國文哲研究所籌備處，1995年），則是收錄了臺灣地區學者的文章，是一部有分量的孟學史論文集。

（五）傅佩榮

《傅佩榮解讀孟子》（北京：線裝書局，2006年）及《儒家哲學新論》（臺北：聯經出版社，2010年）。以行為的目的角度，為孟子的「人性向善論」為其力說，並推而廣播，蔚為時風。書中強調只有聖人是真正的、完全的人，亦即只有聖人是止於「至善」的人。我們一般人則是擁有「向善」的本性，並且在「擇善」的過程之中繼續努力的人，並依人性向善的觀點去理解孟子的人性論，則孟子其他有關政治、經濟、教育，以及人生修養的說法，都可以站在方方面面穩妥的基礎上。

（六）陳榮華

《葛達瑪詮釋學與中國哲學的詮釋》（臺北：明文書局，1998年）。以詮釋學立場出發，藉由詮釋者與文本間的關係，即主、客關係，由孟子天、人、心的意涵而定道德主體之地位，認為「人不是擁有道德心，而是道德心擁有人」。

四、大陸方面如雨後春筍般的孟學代表

（一）南懷瑾

《孟子旁通》（上海：復旦大學出版社，2012年）。本書是關於作者對於《孟子》的講記，書末並附有歷代《孟子》研究的書目。採用經史合參的方法，以《孟子》原典為經，春秋戰國的社會背景及人物活動為史，並配合其他種種歷史講述故事和社會現象，對孟子立身處世的人格及其思想影響作了透徹的講述。使讀者能在談笑風生的氣氛當中，輕鬆而又深刻地領受中國傳統文化的熏習，增長文史知識，獲取人生智慧。

（二）楊伯峻

《孟子譯注》（北京：中華書局，2013年）。注釋準確，譯注平實，影響深遠，是當代最好的《孟子》讀本之一。本書作為一部通俗的古典名

著讀本,不但能幫助一般讀者讀懂《孟子》一書,還能給研究者提供有利的線索和參考。

(三)王興業

所編《孟子研究論文集》(濟南:山東大學出版社,1984年)。收錄了民國初年以來具代表性的孟子研究論文,內容包括建國後到1983於報刊上發表的文章,可供研究孟學者作為有利的參考及資藉。

(四)翟廷晉

《孟子思想評析與探源》(上海:上海社會科學院出版社,1992年),本書運用歷史唯物主義的觀點和方法,對孟子的思想進行全面性的分析。

(五)董洪利

是大陸學者中較早專門研究孟學的著作,長於文獻,重視考據學。著作《亞聖的理想:孟子》(北京:中國文聯出版,1992年)及《孟子研究》(南京:江蘇古籍出版社,1997年)。從書中論述總體上看,孟子的民本思想屬於地主階級思想理論的範疇,是與地主階級的命運息息相關的。作者強調孟子之前的民本思想都是一些籠統的、零散的片斷,缺乏精密系統的論述。孟子在繼承前人的基礎上,聯繫社會的現實問題,把民本思想發展成較為完整的系統思想。尤其在論及民貴君輕,對中國民主思想的發生、發展也有著深遠的影響,更顯前所未有的光輝命題。後世一些具有民主思想的政治家、思想家,幾乎都是從孟子的民貴君輕的論述中汲取了必要的營養,此乃孟子對古代民本主義思想的卓越貢獻。該書前半部分為《孟子》思想研究,後半部分按時代分章,探析各個歷史時期的孟學研究情況,別有見地並具其開創性價值。惜受篇幅和著作構架所限,作者的學識功夫未能得到全面施展,思想分析和理論深度稍顯薄弱。

（六）何曉明

《亞聖思辨錄：孟子與中國文化》（開封：河南大學出版社，1995）。該書打破慣例，將孟子思想結晶為國家應該如何治理及人們應該如何生活至道德應該如何完善等三個問題，深入淺出地介紹了孟學的菁華及其對中國文化的深刻影響。

（七）王其俊

《亞聖智慧—孟子新論》（濟南：山東人民出版社，1996年）及《孟學新探》（濟南：濟南出版社，1989年）。該書表達了孟子為堅持樸素唯物主義認識論，促進了人類認識的深化，是不囿於成見的一種體現。作者在《前言》中談及自己的研究原則時，表示自己著力於分析說理並歷史公正地評價孟子，而非是對其盲目的尊崇或貶斥，借鑑並吸收前人的成果而有所發現，有所前進，而不是拘泥或否認前人。讀過此書，可知此言不虛，在一定程度上滿足了讀者對於孟學研究的要求。

（八）張奇偉

《亞聖精蘊：孟子哲學真諦》（北京：人民出版社，1997年）。本書嘗試突破以往研究的模式，以新的思路、新的角度，系統性地考察了孟子哲學。全書以仁義禮智之善的邏輯發展為主線，從善的本質規定、深層根據、內修成聖、外擴為王和善的內外、性命、天人之合等全面討論了孟子哲學，更恰當及真實地闡釋出孟子哲學作為求善之學的本有體系、整體內涵和深層意蘊。同時，本書以歷史的眼光觀照儒學的流變發展，注目於孔孟、孟荀的比較把握，由微見宏觀展現了儒學演繹變化的過程。

（九）劉鄂培

《孟子大傳》（北京：清華大學出版社，1998年）。比較全面性的考證和論述了孟子的生平事蹟及思想學說，注重用東方文化的「天人合一」

觀點來做為研究孟子的思想，試圖避免了按西方理論模式來研究中國文化問題而產生的影響。

（十）徐洪興

　　《孟子直解》（上海：復旦大學出版社，2004年）。本書是中國文化名著《孟子》全本的今注、今譯及評析。內容包括了解題：勾勒《孟子》七篇中每一篇的主題思想及主要內容；原文：分章摘錄，並加以標點；今譯：在忠於原文的前提下，將每章用現代漢語加以直譯；注釋：用簡潔的語言，對原文中難以理解的字、詞、句進行解釋；評析：在綜合古今注家的基礎上，對各章的意旨做出評析。該書適當提示各章的歷史和文化背景，擇善介紹古今研究者的觀點，同時參以作者本人的一些領會和見解。資料翔實，文句流暢，通俗易懂，具有很強的可讀性，是一部頗具學術價值的古籍讀本。

（十一）蒙培元

　　《蒙培元講孟子》（北京：北京大學出版社，2006年）及《中國心性論》（臺北：臺灣學生書局，1990年）以仁義禮智做為內在，又以心理，情感義釋孟子的心性，故視孟子的心性論乃為心理學的情感論，而此情感即為人的道德主體之源。

（十二）楊國榮

　　《重回戰國：孟子新論》（南寧：廣西教育出版社，1993年）、《孟子評傳：走向內聖之境》（南寧：廣西教育出版社，1994）及《孟子的哲學思想》（上海：華東師範大學出版社，2009年）。著作彙集了作者從教二十餘年的主要學術成果，反映了他在中國哲學（包括儒學、道家哲學、宋明理學、中國近代哲學等）、倫理學、哲學原理等領域的研究工作。其中，《孟子的哲學思想》主要對孟子的哲學思想作了細緻的梳理和理論的闡發。在中國歷史上，孟子曾長期被視為亞聖，其地位居於孔子之側。與孔子一樣，孟子幾乎成為儒家文化的一種象徵，而孔、孟並尊，確實也逐

漸構成了儒家文化的基本格局。

（十三）楊海文

　　《文以載道—孟子文化精神研究》（濟南：齊魯書社，2012年）。作者看到孟子思想中存在著性與命、天與命的差異、性善及性質。對於將人定位於禽獸與聖人之間，是作者運用其自己的生命體驗及自己的文化良知去閱讀《孟子》，而寫成的一本人文哲理的隨筆書籍。

（十四）楊澤波

　　是大陸學術界研究孟子較為突出的學者。《孟子評傳》（南京：南京大學出版社，1998年），以孟子所言之性義，指原本具有的屬性、資質，亦包括趨向，可合稱為性向。故善之於人而非人的本質，是為人在道德方面生而即有的屬性，是故其言性善者，即非「性本善論」或「性善完成論」，而是「心有善端可以為善論」。《孟子與中國文化》（貴陽：貴州人民出版社，2000年）。將孔子、孟子、《中庸》及《易傳》連一成線，則可以很明顯地看到儒家不斷為其道德尋找形上基礎的意圖。關於先驗性的理解，楊氏指出天志明鬼是墨子為其思想提供的一種形上保證。對於儒家思想的先驗性，並不同意牟宗三竟而區分了孔子與孟子的觀點。認為雖然孔子也留有先前思維方式的痕跡，而且這個痕跡成為後來儒家道德形上學發展的源頭，但孔子自己並沒有直接以天來作為道德的終極根據。以此指出孟子為了解決性善的根源問題，不得不重新回到天上，回到殷商天論的源頭。為了證明天是性善的終極原因，孟子重新啟用了《詩》、《書》的天論傳統，以天論德來看儒家道德的宗教作用。《孟子性善論研究》（北京：中國人民大學出版社，2010年），於學術研究上專攻孟子，對孟子的性善論思想有專門的論述，以「倫理心境」來解讀性善論，用「生命體驗」來理解性善論，分析孔、孟心性之學的不同，取得了一定意義上的突破，一反新儒家的研究範式，對孟子性善論等諸多問題，所提出的觀點頗具慧見。

（十五）劉培桂

　　《孟子大略》（濟南：泰山出版社，2007年）。對《孟子》的歷代流傳與影響，以及《孟子》外書、佚文、節文等問題均有涉及。《孟子林廟歷代題詠集》（濟南：齊魯書社，2001年）及《孟子林廟歷代石刻集》（濟南：齊魯書社，2005年），較為全面地收集了歷代孟子林廟的題詠、石刻等孟學文獻。

（十六）梁濤

　　《郭店竹簡與思孟學派》（北京：中國人民大學出版社，2008年）。敢言直道，本著知識份子的內在良知，秉持對學術的終極關懷，通讀傳世書典，遍搜地下放失，全面展開先秦儒家的面貌，殫精竭慮，歷經十年之久，撰著此書，深受學界關注，是當代研究的中國思想中，難能可貴的力作。1998年郭店竹簡正式公佈，其中的子思佚文引起學界對思孟學派的關注。而在第六、七兩章中專論孟子學派，則屬本書的核心價值。而兩章中隨處可見其精彩的考訂，從思想的高度上來駕馭研究材料，並化腐朽為神奇。作者通解《孟子》，首先從孟子與告子的論辯切入，還原孟子四心說的本義。透過細密的歷史考察，考出孟子時過不惑，而告子已經七十又八。孟子提倡四心，是出自成熟的考慮與真實的時代關懷，彰顯先秦儒家論治背後所蘊含的極其強烈的憂患意識與時代關懷。

五、漢學界的研究代表

（一）（美）史華茲（Benjamin I. Schwartz）（1916年-1999年）

　　史華茲著，程鋼譯：《古代中國的思想世界》（南京：江蘇人民出版社，2004年）。史華茲為歐美中國研究界的一代宗師。以西方文化為背景，對先秦主要思想流派如儒家、道家、墨家、陰陽家、法家等進行了細緻的分析，以此做為與西方文化進行比較與對話，從一個新的角度對中國文化的原典作出新的闡釋。其長處是他脫離了自己所設定的政論主題，而就其文獻來推敲論述文獻的章節。譬如說他對《孟子》的分析，在思想史

的研究中，強調了孟子的心的易墮失性，便是近代中國學者於論著中所罕能言及的。

（二）（美）倪德威（David S.Nivison）

倪德威著，周熾成譯：《儒家之道》（南京：江蘇人民出版社，2006年）。本書收集了作者十年的代表之作，集中體現了研究中國哲學的成果。在這些成果中，最值得中國讀者注意的三方面是：道德哲學研究成果、孟學研究成果、明清哲學研究成果。倪氏通過研究目前所能見到的最早的漢字（甲骨文）來探討「德」的原始含義，並以點帶面地對中西道德哲學進行深入、細緻的比較。作為西方出色的孟學研究專家，對孟子唯意志論傾向的分析、對孟子之於墨家思想來源的考辨以及對孟荀關係的探討，重視《孟子》文本的分析各具特色，顯示出了硬底功夫。儒家大都關注道德修養，然而大部分的西方哲學家並不盡然，這也充分體現出中西哲學家的差異。作者在孟子研究方面以精深和細緻見長，書中的許多文章都顯示作者在釋孟方面的功力，特別是對不同版本《孟子》的譯本比較與評論，讓人大開眼界。批評了孟子的唯意志論，卻又贊許其自然主義。孟子與告子的論爭，眾所皆知，但似乎還很難見到像作者那樣在書中對此論爭的內容和實質，來做出如此詳細的思維與討論。

（三）（美）江文思與安樂哲（James Behuniak Jr. & Roger T.Ames）

由江文思、安樂哲編著，梁溪譯：《孟子心性之學》（北京：社會科學文獻出版社，2005年）。講述一群試圖解釋中國哲學及其藝術詞語問題的比較哲學家之長達二十年之久的議題。特別地說，這些學者正在嘗試通過爭論達到對於儒學中核心和持久研究的範疇與課題之「人性」。有關人的本性與特徵的一種更為成熟的理解。這些作者中的每一位，都力圖使其所著的文章成為了對孟子最為核心概念的一種更為深刻的解讀。

（四）（美）李耶理（Lee H. Yearley）

主要從事比較宗教倫理學的研究。李耶理著，施忠連譯：《孟子與阿

奎那——美德理論與勇敢概念》（北京：中國社會科學出版社，2011年）
屬於比較研究的孟子學成果。《孟子與阿奎那》（Mencius and Aquinas）
一書也許是最明顯的一本試圖在中學與西學之間架橋的著作，本書主要圍
繞「德性」與「勇」的兩個範疇，從兩位學者各自不同的文化學術傳統和
時代背景出發，對孟子、阿奎那這兩個重要人物的思想，進行了全面化的
比較研究。

（五）杜維明（美籍華裔）

　　《體知儒學》（浙江：浙江大學出版社，2012年），以士的自覺思
想解讀孟子，主要從主體意識、客觀價值和天地精神三個維度來理解孟子
思想中體現的士的自覺。「體知」作為儒家的一種獨特的認知途徑貫穿全
書，隱含杜維明先生對當代中國青年的殷切期盼。《思想・文獻・歷史—
思孟學派新探》（北京：北京大學出版社，2008年）及由山東師範大學齊
魯文化研究中心和美國哈佛大學燕京學社所編輯的《儒家思孟學派論集》
（濟南：齊魯書社，2008年），以出土文獻引發的新一波孟學研究熱潮正
方興未艾。

　　西方儒學研究的主要成就或許可以表達為：針對現代西方社會的實
際情形，重新闡發儒家傳統的現代意義。這項研究不同於一般哲學研究，
尤其不同於客觀的語義分析和概念考證，而是一項旨在對於現代社會條件
下，所做出重建和傳播儒學的努力。杜氏長期在西方的大學裡從事卓有成
效的儒學教育工作，其目的亦在於此。而他之所以能取得重大成效，主要
得自于他對現代西方社會的基本運作方式有著穿透性的高質量觀察。

（六）成中英（美籍華裔）

　　《論中西哲學精神》（上海：東方出版中心，1996年）及《從中西
互釋中挺立：中國哲學與中國文》（北京：人民大學出版社，2005年）。
主要從哲學研究的角度，分析了中國文化的特性與價值，對中西文化的異
同進行了比較，進而論證了使中國哲學和中國文化走向現代化與世界化的
重要性，並提出了實現此一目標的途徑與方法。其中，對於孟子思想中的
心、性、氣、思、自反、自得等有著更為詳盡的論述。

（七）信廣來（Kwong-Loi Shun）

《孟子和早期儒家思想》Mencius and Early Chinese Thought（Stanford University Press, 1997）是英文世界最具代表性的孟學著作。信廣來近年來專攻孟子，《孟子和早期儒家思想》一書被稱為是孟子研究的里程碑之作。這些研究往往涉及到對孟子美學思想的認識，在孟子學中人之所以知「義」乃源於「心」，並以《孟子・告子上》為中心展開論證，站在分析哲學的立場來重新闡釋中國哲學問題及其對於思考西方哲學的意義。

（八）（新加坡）陳金樑（Alan K. L. Chan）

Alan K・L・Chan主編的論文集《孟子：背景及解釋》Mencius: Contexts and Interpretations（University of Hawaii Press，2002）代表了美國孟子研究的最新成果，該書出版後在美國幾家最具權威的漢學或東亞研究雜誌：包括《亞洲研究》、《中國宗教雜誌》、《國際中國評論》等都發表了書評介紹，影響巨大。書中收錄了安樂哲、華藹仁、柯雄文、信廣來、倪德衛、孟旦等西方學者對於孟子研究的重要論文。除人性論外，孟子的道德情感、民本思想及對孟子思想的現代性闡釋（例如人權、自由、民主）也是學者比較感興趣的話題。簡帛《五行》、《性自命出》、《六德》和大量政治哲學類文獻，及《周易》、《詩經》、《尚書》等出土經學文獻，在近三十年，特別在近十五年得到了大力研究，參與的學者十分廣泛，郭店、上博、清華楚簡書受到學界的高度重視。作者指出先秦儒家對「和」的概念的認識不完全相同，思孟學派是一個激進而非為妥協性的儒家學派，對於孟子或其性善論亦多有研究。

（九）（日）金谷治

《孟子》（東京：朝日新聞社，1966年）代表了日本學者的研究水準，此書已有李君奭的中文譯本（彰化：臺灣彰化專心企業有限公司，1974年）。金谷治從《論語》、《孟子》中對「命」一詞的諸多用例的分析，證明孔孟心目中的「天命」實指「無可違抗的命運」，而非是「天賦

之德命」。認為這雖然是孔孟深刻自覺到人性活動有其侷限,但孔孟並不因此而放棄做為人為所必須的努力。

（十）（法）于連（François Jullien）

于連（François Jullien）著,宋剛譯:《道德奠基:孟子與啟蒙哲人的對話》（北京:北京大學出版社,2002年）。于連著作的出發點在於研究中歐思潮之間的差別以及在哲學領域的交流。他並不研究中國的差異性,而是將中國思想作為研究歐洲思想的外在對照物,包括了道德、邏輯意義、藝術,還有策略關係等觀點角度。他把漢學看作是研究方法,而非為物件。為了研究歐洲的哲學,把中國的哲學思想作為對歐洲哲學的一個對照,並通過對孟子文本的細讀且與歐洲啟蒙時代的哲思對照,爬梳中國和歐洲各自的道德觀點。

綜上所述,拓展孟學研究的方法論沉思,勾勒近世以來的孟學史研究以後,我們看到上列近代代表孟學研究已經取得了長足的進步和大量的成果。不過,雖然成績斐然,但研究仍有待深入加強。總之,孟學研究是一項具有整體性的系統工程。「方法論意義上的多學科結合、史論結合、宏觀微觀結合、古今結合,雖然各自的側重點有所不同,但又相互聯繫、互為補充。其中,文獻學對其他學科的基礎作用,歸結為有史料;哲學觀念史進路對歷史思想史進路的理論支持,歸結為有觀點;宏觀視野對個案研究的整體通觀,歸結為有主線;傳統資源對當代社會的人文提升,歸結為有關切。有史料、有觀點、有主線、有關切是孟學史研究日益成熟起來的重要標識,亦將是時代對未來的孟學史研究寄予的殷殷厚望。」[1]

第三節　創造性的詮釋

面對如此豐碩的《孟子》儒學研究遺產,相對於當代《孟子》人性論思想的理解,應以忠於經典文本為主,其研究要旨在於突顯孟子心靈對於人文的強烈關懷及歷史意識,保留住孟子人性論所蘊含的實踐形上學在天道的超越性方面,不致遭「智測」、「觀解」的扭曲而被過度簡化;在針

---

[1] 梁濤、楊海文:〈20世紀以來的孟學史研究〉,《文史哲》第6期（2010年）,頁126-135。

對人性的歷史進程中，也應當恪就己力，為實現道德理想而奮鬥，並以此提供了終極意義的保證。如此，面對臺灣現今社會，更甚是整個世界，才能使儒學在當代文化理想及道德理序日漸傾頹的社會現況，做出有意義的貢獻與回應。

　　檢視現代人的心靈狀況，更需要運用一種創造性的詮釋，使儒家思想再次滋養心靈，凝聚人心，成為社會發展的動力，甚至再度形塑一個可被普世敬仰的新文化。[1]從更廣泛的角度來看，跨文化的比較方法也是屬於詮釋的工作。不論是以今釋古，還是以中釋西，乃至以西釋中，對於今時今日的所謂重建，多所涉及。從詮釋學的角度來看，「重建一詞有兩種涵義：一是恢復文本的原來脈絡與意義；二是開發文本所具有的意義容量與理論潛力。儘管我們可作此區分，但是這兩種意義的重建之間並無明確的界限。第二種意義的重建則要求去脈絡化，兩者之間具有一種張力。在我看來，一個好的詮釋應當在這種張力中設法超越客觀主義與相對主義。」[2]而袁保新先生，則是指出了「『創造性詮釋』為了區別『輕率任意』的詮釋行為，其詮釋方法和假定的建立，首先必須尊重各種學術史上具有客觀性的資料與研究成果，並且經由這些詮釋成果的批判反省，慎重地加以選擇，務必使自己的方法與假定更為周延有效。也就是說，『創造性詮釋』必須透過已建立的詮釋系統的批評反省，將其方法與假定提昇到歷史的客觀性層次，以有別於純粹主觀的臆測。」[3]然而，在面對諸多紛歧的詮釋主張，我們究竟該如何判斷並揀擇那一種的詮釋觀點，才可能是作為能夠較好地理解並符合客觀的詮釋要求呢？對此，我們可依袁氏提出之符合「現代讀者在理解上的要求」的幾項詮釋規準，來做為合理的詮釋者所需必備的詮釋條件。以下袁氏指出：

1. 一項合理的詮釋，其詮釋本身必須在邏輯上是一致的。
2. 一項合理的詮釋必須能夠還原到經典中，取得文獻的印證與支持，而其詮釋觀點籠罩的文獻愈廣，則詮釋就愈成功。

---

[1]　沈清松：〈德性倫理學與儒家倫理思想的現代意義〉，《哲學與文化》第二十二卷第十一期（1995年11月），頁975。
[2]　李明輝：〈中西比較哲學的方法論省思〉，《中國哲學史》第二期（2006年），頁20。
[3]　袁保新：《老子哲學之詮釋與重建》（臺北：文津出版社，1997年12月），頁62。

3. 一項合理的詮釋應該儘可能運用經典本身無疑義的文獻來解釋有
疑義的章句，用清楚的觀念來解釋不清楚的觀念。

4. 一項合理的詮釋應該將經典本身視為在思想上一致和諧的整體，
避免將詮釋對象導入自相矛盾的立場。

5. 一項合理的詮釋，必須一方面將詮釋主題置於它們隸屬的特定時
代與文化背景來了解，但另一方面也要能夠抽繹出它不受時空侷
限的思想觀念，而且儘可能用現代語言與哲學經驗傳遞給讀者。

6. 一項合理的詮釋，對其詮釋方法與原則應有充分的意識，並願意
透過與其他詮釋系統的對比，調整修正其方法與原則。[1]

　　換言之，依循詮釋者本身詮釋系統，以及預設詮釋對象自身義理系統
的一致性，詮釋者及其詮釋主張所能合攝融貫文獻的程度，典籍思想觀念
予以現代語言以及現代哲學的呈現，並對於自身的詮釋方法與預設有充分
的自覺，來展開探索追尋的工作，方可達成創造性的詮釋目的。職是，浸
濡於文本與前人研究的成果之中，二者視域交融互滲，永遠遭遇並開啟著
其一「創造性的理解」[2]，則我們將因著自身的時代議題，遂能省察前賢研
究，逼顯諸研究成果，是否仍有懸而待決的問題，猶待後人推陳出新，進
一步地闡揚經典對於現代心靈，持續彰顯出的所有意義。最終，為了不讓
詮釋淪為任意地矛盾比附，而須亟拯救並力持詮釋的整體性與一致性。

　　孔孟並稱，孟軻傳其宗，以道自任，承襲孔子智慧而開展新義的思
想洞見，是繼孔子之後儒家最重要的哲學心靈；牟氏與勞氏的孟學重釋，
亦為孟學義理關懷所提呈予後輩生命開拓的反省展現；其後，西方漢學家
間的孟學詮釋，同樣蘊含了許多不受制於空間的文獻義理與生命意義的研
究成果。是故，依其《孟子》原典精義，把握《孟子》文本脈絡指涉，置
身於時代環境的傳統與關聯，藉由前賢訓詁比對，當代學者於《孟子》思

---

[1]　袁保新：《老子哲學之詮釋與重建》（臺北：文津出版社，1997年12月），頁77。

[2]　高達美認為：「文本的意義超越它的作者，這並不是暫時的，而是永遠如此的。因此，理解就
不是一種複製的行為，而始終是一種創造性的行為。把理解中存在的這種創造性的環節，稱之
為更好的理解，這未必是正確的。」見（德）迦達默爾，洪漢鼎譯：《真理與方法》（北
京：商務印書館，2007年4月），頁403。於此，我們瞭知，高達美所謂「創造性的理解」，並
非是優於作者本身之理解，而是受限於每一時代背景與產生之歷史效應，而產生不同卻富有創
造意義的解讀，然而終究只是一「不同的理解」；如果能說此「創造性的行為」屬一「較好的
理解」，亦只能就當代解讀，較能開顯自身時代意義，而有其優勝處。但每一時代總有每一時
代不同之課題，故究實而言，這「創造性的理解」最終亦只能算是「不同的理解」罷了。

想中的「心」、「性」、「天」、「命」諸概念，承襲內在關聯的反本及
熨合時代生命的倫常與新義，彰顯發效並成為方法梳理的把握要旨。筆者
試圖藉由還原《孟子》文獻核心概念的歷史脈絡，做為呈顯出《孟子》更
為適當的價值意涵。本文「當代《孟子》人性論的省察——以漢學家的詮
釋所展開的反思」，概分七章，第一章〈孟子人性論的省察〉，旨在說明
整個研究動機緣由、蒐羅消化並整理當代孟子學的代表文獻回顧的提出、
研究方法的思辨掌握以及在本文研究的範圍設定，研究過程中所遭致的限
制與困絀。第二章〈當代孟子學詮釋的爭議問題〉，以《孟子・盡心》中
「心」、「性」、「天」、「命」的文獻解讀為開展，並藉由中國哲學現
今研究成果斐然且又在立論上各持己見、見解相異的勞思光與牟宗三先
生，對於孟子詮釋的不同理解所做的反省，試圖為孟子智慧架構出一個更
具開放性的理論系統，以便作為其後三章西方漢學家在詮釋中國哲學中的
脈絡延展。而在第三、四、五章，分別是漢學家〈葛瑞漢的孟子詮釋〉、
〈華靄仁的孟子詮釋〉以及〈安樂哲的孟子詮釋〉，也是筆者耗心費力
最多的三章。特別需要在立場迥異的三位漢學家論述中，拈掇其意，比對
「心」、「性」、「天」、「命」諸概念之把握殊異，衡定人的意義的覺
識是否跌入了本質主義的窠臼，並針對生物學與文化學意義，普遍性與特
殊性的對照以及本質主義還是存在主義的種種思維做出批判和反省。接著
第六章，由〈由義命之歷史律動以言心性天〉中，分別落在即心以言性、
即命以言天以及心性天命之意義無盡藏的敞開，來對三位漢學家在理解
《孟子》思想中「心」、「性」、「天」、「命」諸概念的闕漏中，做出
批評與回應。第七章〈保留一份豐富蘊藉的生命缺口〉，回顧與統整諸章
的研究成果，並揭示本文與前賢研究的殊異之處。最後，把握並總結當代
《孟子》人性論的省察之義涵與關聯，不再是楚河漢界壁壘分明的兩橛，
而是成為一個可以擷取但卻無法保障存有的精彩性。換言之，時代變遷，
個人處在思維、位置各異的理境下，最終仍需窮盡一生的提撕、省察、開
顯並成就、圓滿他的所有的可能性。尤有進者，只要我們願意調整詮釋架
構，將心性論「究天人之際」的超越向度，與天命言「通古今之變」的歷
史向度，縮合為一，就可以闡明本文的現代意義並釐清不識廬山真面目之
此一超克的諸多問題。

第四節　省察範圍限制

　　孟子在中國哲學史上是一位辯才無礙，稜角分明的哲學家，他的學說與表現方式，未必盡為他人所納。但是，他那強烈的人文關懷及歷史意識，使他不惜與整個時代的精神破裂，堅決要為人性的理想與尊嚴做見證[1]。如今，滄海幾度桑田，當代中國人所要面對的歷史課題，其複雜性與孟子的身處時代，又不可同日而語。

> 古人與人自身有關的思想，都是適應於他當時社會的某種要求，也受到當時社會各種條件的制約。社會環境是變的。我們只能先從某一思想家所處的社會環境中去了解他的思想，估計他的思想價值。一種成為知識系統的思想，對其以後的歷史，總會發生某程度的影響。但此種影響，只是原創性的、啟發性的，而不會是一個具體的藍圖；只是可能性的、被動性的（《論語》：「非道弘人」）。因為只要是一個人，便應有其自主性；古人決不會從墳墓裡鑽出來牽著後人的鼻子走。拿今人的社會環境作評判古人思想的尺度；或者恨古人的思想，並不能作今人行動的藍圖；乃至把今人的一切罪惡，都歸到古人身上，這只是表現自己的墮性、墮落。[2]

　　由是，本文的研究範圍：一方面以承繼當代學者們的儒學研究成果，重新思考詮釋，理解之、批判之；另一方面則須返回孟子文本，於經典中之「心」、「性」、「天」、「命」諸概念，分析與定位之探源論述。這種壯人心志的開放論點對於在當前的歷史課題中，中國思想如何面對東西方文化衝突及因應全球化與本土化挑戰時，重現於經典，在世界格局中確立中國的文化自覺、倫理原則、思想根基，從而更開放活絡地參與跨文化對話，顯然具有重要的啟示意義。

　　另外，筆者認為當代學者集中研究「當代《孟子》人性論的省察——以漢學家的詮釋所展開的反思」，其一：從漢學家研究中國哲學的探究中，可以提供我們必須正視的文化及觀點。葛氏的著作有功於道家

---

[1]　袁保新：《孟子三辨之學的歷史省察與現代詮釋》（臺北：文津出版社，1992年2月），頁175。
[2]　徐復觀：《儒家政治思想與民主自由人權》（臺北：臺灣學生書局，2013年11月），頁121。

的論述，華氏的資料片面且嚴重不足，安氏的文獻又較偏於角色倫理學的論述。故將三位優異漢學家架接起《孟子》思想中「心」、「性」、「天」、「命」諸概念之分析與定位之論述，佐以漢學家之詮釋所展開的反思，確有其理解與操作上的困難；其二：尤以葛瑞漢、華靄仁及安樂哲三位漢學家，評述文本，論點精湛，各持特色，若不精細比對切割審查，甚易跌入作者思緒而遊走於五里雲霧之外，造成理解上的滑轉與失準。除此之外，最終析評未能兼含筆者所欲釐清論述的全面議題，僅能以其部分創見回歸文獻，俾使現其全體；其三：由於篇幅所限，無法全面性的檢視作品，僅能擇揀出中西方異議性大，與彼此連貫性較強的議題來做為書寫題材；其四：面對漢學發達、外語蓬勃之際，外文學養不足，故無法以全然同理之心，有效掌握三位漢學家自身成長的社會文化脈絡而與拙作做為自然同感的連結。因此，著作掌握欠佳，做為研究漢學家的筆者而言，著實是一不小的打擊及缺憾。

　　歸納以上四點梳理本文時所遭遇的滯礙，均為其研究限制。積極檢討學習並改進侷限困因，鍥而不捨地以此課題做為研究題材，努力發揮鏡鑒和啟示之功，好讓經典朝前發展、不斷修正與補充，持續豐富其內容的方式努力進行。並冀望填補學術上的空白，為孟學恪盡綿薄之力，敬祈各方前輩同好不吝指正。

第二章　當代孟子學詮釋的爭議問題

　　孟子的詮釋思想是中國詮釋思想中的經典，雖然前人已從多方面對其理論內涵進行了深入的開掘，但其思想之精微處尚未被完全意識到，其隱藏的邏輯關係也還有待進一步的展開。重要概念之「心」、「性」、「天」、「命」仍需被進一步去認識中國傳統哲學中的豐富內容，又因為需要從實踐中體會屬於如何安頓的生命哲學，所以透過孟子文本及其歷代注疏去瞭解當代詮釋的爭議是有其必要性的。

　　本章首先列舉《孟子·盡心》中「心」、「性」、「天」、「命」的文獻解讀為其發軔。接著，作為中國傳統哲學的立場，為了要應對西方文化的衝擊，必須要能夠提出一種說法，將其知識化、理論化，使得西方人能夠看懂的詮釋。因為中國哲學只有方向，並沒有一成不變的內容，在生活歷程中去體現創造性的詮釋，在面對他的生活問題上，才能夠反求諸己，才能夠盡心。經由盡心，知性、知天，來做為賦予心性天命意義的內容。接著，關於當代《孟子》人性論的省察，中國哲學家的研究，是對這塊領域研究最為豐碩的成果。今藉由當代學者勞思光及牟宗三對於《孟子》人性論的詮釋爭議，歸結出當代《孟子》人性論詮釋差異的諸多問題，做為接下來漢學家們分章論述的文獻對比參酌及反省，是否有其方法並做出妥善的回應和處理。

第一節　關於「心」、「性」、「天」、「命」的文獻解讀

　　孟子曰：「盡其心者，知其性也。知其性，則知天矣。存其心，養其性，所以事天也。殀壽不貳，修身以俟之，所以立命也。」《孟子·盡心》

　　盡心知性反映出人在修養操存過程中，對於心的潛能開顯以及對萬物之性的領納。而知天，則是通過了內在的操存修養得以達到的超越。「此

三者看似分層次而論，實則為統一整體，盡心的過程即為知性的過程，而盡心知性也就是與天為一之知天的過程。性存於心中，心不僅具有其思維認識的功能，而且具有與生俱來的道德觀念，此種道德觀念與天的道德屬性相符或等同。」[1]

備受推崇的《孟子・盡心》，到底具有什麼樣的哲學意義？究竟為後人提供了怎樣的解釋空間？本文力圖在這兩個方面，對孟子的這一思想作一探討，根據孟子思想中對「心」、「性」、「天」、「命」基本概念的理解，考察孟子關於「心」、「性」、「天」、「命」之間關係的分析，及「盡心」、「知性」、「知天」和一直備受忽視的「立命」之間的自覺統一性關係的理解。期許我們當下及未來合理的哲學理性的建設，仍然具有相當借鑑的意義。因此，對孟子思想具有的哲學意義加以深入的剖析研究，是極具時代意義的。

一、盡「心」文獻的理解

何謂「盡心」？趙岐注：「性有仁義禮智之端，心以制之，惟心為正。人能盡極其心，以思行善，則可謂知其性矣。」[2]趙岐自道「儒家唯有孟子，宏遠微妙，蘊奧難見。」《孟子題辭》。但何謂能盡極其心？趙岐並未解釋清楚，故遭朱熹批評「趙岐孟子，拙而不明。」朱熹對比趙岐注解「心者，人之神明，所以具眾理而應萬事者也。性則心之所具之理，而天又理之所以出者也。人有是心，莫非全體，然不窮理，則有所蔽而無以盡乎此心之量。故能極其心之全體而無不盡者，必其能窮夫理而無不知者也。」[3]在此，朱熹明顯將「理」往外推拓，「故其盡心，已然成為了『外物之理』的研究了。」[4]

朱熹處於一個要求哲學創新的時代，他的《孟子集注》集宋儒二程十二家之說而下以己意，發揮《孟子》的微言大義，建立了理、氣、心、性的哲學體系，體現宋學因應時代，勇於創新卻非徹底抖落訓詁的詮釋品格。朱熹明確地指出「盡心」的目的，就是為了「知性」，「知性」其

---

[1] 向世陵、馮禹：《儒家的天論》（濟南：齊魯書社，1991年12月），頁514。

[2] （漢）趙岐注，（宋）孫奭疏，（清）阮元校勘：《十三經注疏・孟子注疏》（北京：北京大學出版社，1999年），頁51。

[3] （宋）朱熹：《四書章句集註》（臺北：鵝湖出版社，2010年9月），頁349。

[4] 譚宇權：《孟子哲學新論》（臺北：文津出版社，2011年1月），頁222。

實就是知「心之所具之理」，而「理」是出自於「天」的。「如果我們把『天』視為某種道德本體的話，那麼對此本體的知，其入手處還在於主體的人格修養——『盡心』、『知性』。」[1]換言之，對於「心」的理解，若一味將其推到了最高境界，把「盡心」讀成了「心盡」，如此一來的下一句，便難以讀通，豈不是有著過度解讀之嫌呢？趙岐的《孟子章句》是流傳至今最早的注本，堪稱《孟子》詮釋的早期代表。應當承認，在哲學本體論證方面與後代相比，顯然存在不小的欠缺與落差，表現為較多的簡單和粗放，這多歸於趙岐所處的時代：其一是如前所述受到東漢古文經學的影響；其二是受東漢時期哲學整體發展水準的侷限。但不可否認，趙岐畢竟在《孟子》天性問題的論述上發現了漏洞，開始了深層哲學論證的大膽嘗試，於哲學的本體論上邁出了艱難而可貴的一步，所以清代學者陳澧才說：「漢儒之書，有微言大義，而世人不知也。唐疏亦頗有之，世人更不知也。真所謂微言絕，大義乖矣。」[2]

　　根據楊伯峻《孟子譯注》[3]的統計，《孟子》一書共有117次出現「心」字。心作為孟子建構其思想體系的核心概念，是貫穿《孟子》全書的一條主線，如本心、養心、盡心、動心、放心、惻隱之心等概念的闡釋；心與性，心與情，心與天等關係的論述；心之官則思、盡心、知性、知天等命題的探究，無不與「心」息息相關。是故，孟子人性論思想就是以心來構築理論的大廈，所有的理論皆可從心中覓尋其根據。同一「心」字，不同的語境便同時有著相異的涵義，因此，研究孟子的思想，首要之務便是需要瞭解其「心」的不同涵義面向。

> 程子曰：「心也，性也，天也，一理也，自理而言，謂之天。自稟受而言，謂之性。自存諸人而言，謂之心。」[4]

> 焦循注曰：「性有仁義禮智之端，心以制之，惟心為正。人能盡極其心，以思行善，則可謂知其性矣。知其性，則知天道之貴善者也。」[5]

---

[1]　孫興義、張國慶：〈孟子詮釋思想再探索〉，《文藝理論研究》第2期（2011年），頁25。
[2]　錢穆：《中國近三百年學術史》下冊（北京：商務印書館，2005年11月），頁680。
[3]　楊伯峻：《孟子譯注》（北京：中華書局，2013年6月），頁335。
[4]　（宋）朱熹：《四書章句集註》（臺北：鵝湖出版社，2010年9月），頁349。
[5]　（清）焦循：《孟子正義》（臺北：文津出版社，1988年），頁517。

天地萬物之於我心，萬物皆理，入理於心，一心即統天地之心，一理即統萬物之理。程子此說心性天一理不二的同一，天地之心與人心是圓融一體，天地的心和命運是與人的心和命運緊密聯繫在一起的。那麼，以心來體認天地萬物，其心具有的是體認功能，亦具有主宰的功能。於盡心的過程，極盡顯發心中的仁義禮智之善端過程，就是體悟本性之善的過程，同時，也是知心性天的過程。是故心也，性也，天也，一理也，何如？便是一以貫之也。接著，清代中期戴震和焦循對《孟子》的詮釋代表了歷史上各典型期對《孟子》的詮釋特點。通過《孟子字義疏證》建立了訓詁以明理義的詮釋理則，不僅在批判宋儒於空疏中發明瞭新微言，而且成為《孟子》詮釋上追求原意與闡發義理相統一的典範。焦循與戴震生活在大體相同的時代境遇中，但焦循作為綜會吳、皖而起的揚州學派代表，其《孟子正義》既有向漢學的復歸，又接受了宋學的洗禮；既不乏創新與發揮，又突出實證與貫通，表現了相容並蓄、博大會通的學術特色，成為《孟子》詮釋的集大成之作。

徐復觀在《中國人性論史・先秦篇》中寫道：「擴充，不僅是精神的境界，而且是要見之於生活上的實踐。……由存養而作不斷地擴充，擴充到底，孟子稱之為『盡心』。」[1]換言之，盡心不能侷限於內心的一種自覺能力，不能只是一種精神的境界，而必須同時通過現實中的具體實踐才能見證它的效果。因此他又說：「孟子的盡心，必落實到踐形上面，……踐形，乃是把各官能所潛伏的能力（天性）徹底發揮出來；以期在客觀事物中有所作為，有所構建，否則無所謂踐形。」[2]反映了中國的經典詮釋承載了中國哲學體系的創建。

二、知「性」文獻的認識

何謂「性」？性本由生字孳乳而來，生之本義為「象草木生出土上」，主要指出生、生長、生命等。[3]最初出現的性字主要是指人生而即有的欲望、能力等，亦作「生（命）」講者。《尚書・召詔》：「節性，

---

[1]　徐復觀：《中國人性論史・先秦篇》（臺北：臺灣商務印書館，1969年1月），頁180。

[2]　徐復觀：《中國人性論史・先秦篇》（臺北：臺灣商務印書館，1969年1月），頁184-186。

[3]　傅斯年先生以周代金文中「永令彌爾生」的「生」為「生命」的意思。見傅斯年：《中國現代學術經典・傅斯年卷》（石家莊：河北教育出版社，1996年8月），頁14。

惟其日邁。」楊任之注:「節性,謂節其驕奢淫佚之性」[1],此性即相當於現在所說的感官欲望。《詩經・大雅・卷阿》中的「俾爾彌爾性」,鄭箋:「乃使女終女之性命」[2];朱子《詩集傳》云:「彌,終於也。性,猶命也。言使爾終其壽命,似先君善始而善終也。」[3]二家均以「生命」釋此「性」字,徐復觀先生則仍以「欲望」[4]釋之,但釋「性」為「生」似乎語意更為順暢。至春秋時期,有不少性字出現,除繼承已有的用法以外,性也開始出現新的含義,即作本(天)性、本質講,如已經有「『天地之性』、『夫小人之性,釁於勇,嗇於禍』等說法的出現。」[5]需要注意的是,性的這兩層含義是統一的,前者可以說是就其所展現者論性,而後者則是就展現的根據而言性。前者逐漸演變而為情,或至少是「與情相通」[6]者,而後者「乃情所由以發生的內在根據。」[7]又,《論語》中的「性」字僅凡兩見:「夫子之言性與天道,不可得而聞也」與「性相近,習相遠」,因此便難以分析孔子對於人性的具體看法。

郭店楚簡甫出,即受到學界高度重視,論著專書紛陳,新義層出不窮,氛圍繞著是否定調為子思或思孟學派、屬荀或屬孟做為形成探究、或前半或後半的歸屬判斷,更甚是向內求索亦或向外探尋的承繼問題。學界資料掌握的回應,莫衷一是,無不以試圖為楚簡尋求一個思想上的定位而為之。雖然會影響研究者對於思想史的判讀,但「既然歷史是由其思想所提供,我們瞭知思想的範圍又本於文獻所提供,是故,當研究者能夠深入了解文獻意義時,方是建立思想歷史的基礎,而此亦是慎重保留古典文獻意義之研究態度,更是面對出土文獻所蘊含之先秦儒學的研究取向。」[8]故

[1] 楊任之:《尚書今譯今注》(北京:北京廣播學院出版社,1993年9月),頁246。

[2] (漢)毛亨傳,(唐)孔穎達疏:《毛詩正義》(北京:北京大學出版社,2000年12月),頁1126-1127。

[3] (宋)朱熹:《詩集傳》卷一(上海:上海古籍出版社,2002年4月),頁687。

[4] 徐復觀:《中國人性論史・先秦篇》(臺北:臺灣商務印書館,1969年1月),頁10。

[5] 徐復觀:《中國人性論史・先秦篇》(臺北:臺灣商務印書館,1969年1月),頁57-59。

[6] 從性(生)、情(青)二字的本義出發具體分析了二者的內在關聯,認為「『生』是『青』的本體,『青』是『生』的表現形式;青為生質,生由青顯。」,生與青之間的這種內在關聯也就奠定了日後性情之間互動的基調。見歐陽禎:《先秦儒家性情思想研究》(武漢:武漢大學出版社,2005年7月),頁85-86。事實上,章太炎先生很早就於《文始》中提出情由性孳乳而來的觀點,而這或許即是生、青之間的關係的一種發展。

[7] 梁濤順徐復觀先生之梳解將性的這兩層含義分別表達為:生之然者與生之所以然者。見梁濤:〈「即生言性」的傳統與孟子性善論〉,《哲學研究》第7期(2007年),頁38-42。徐復觀:《中國人性論史・先秦篇》(臺北:臺灣商務印書館,1969年1月),頁51。

[8] 謝君直:《郭店楚簡儒家哲學研究》(臺北:萬卷樓圖書,2008年8月),頁8。

筆者以為，郭店楚簡在《孟子》成書之前，應有其考據上客觀正確的論證基礎。研究雖直指《性自命出》不僅於心、性、情有其理論關係的成果，亦涉及道德實踐的問題；除了性善不善的問題為學者所關注，也普遍傾向於和《荀子》做出比較藉以示出此一思想特色。雖然學術幾乎定調為思孟學派，又因天道、心性內容論述乃孟有荀無，故傾向歸因於屬孟學派。但因為出土文獻的不完整，思想推論難免淪為主觀，又其考古論據，非為本文論述重點，故本節僅就《孟子・盡心》中有關「性」的簡文與文獻思維模式相應，賦予學界不同理解的開放解釋空間，以顯儒家性善論之問題意識的豐富意義表述。

　　由於郭店楚簡《性自命出》的論性之處較多，「性自命出，命自天降。道始於情，情生於性。始者近情，終者近義。知情者能出之，知義者能入之。」[1]對於我們瞭解先秦時期的人性觀念具有重要的參考價值。而《性自命出》深入探討了心、性、情等相關問題的探討，是先秦性論的重要發展，且與孟子即心言性的性論立場似乎具有某種內在的關聯。此中之「道」指的是「人道」，即人文價值意義上的道德規範，因而簡書中有「長性者，道也」、「行之不過，知道者也」、以及「聞道反己，修身者也」等說法，價值規範在這裡是以「義」來說明的，可見「『道始於情』應該是說『道』始發於對『情』的規範。『情』乃是發自於『性』的一種自然情感，故《性自命出》曰『喜怒哀悲之氣，性也』。」[2]陳來於〈荊門竹簡之《性自命出》篇初探〉[3]中認為《性自命出》除了在派別上與子思有關，但並非是性善論，而是近乎自然人性論。丁原植[4]亦認為《性自命出》之天、命、性並無涉及價值，而是作為一種本然。陳麗桂[5]指出《性自命出》由簡文中所強調的禮樂教化，思想中傾向於告子與荀子，而非為思孟學派。至於其中的「性」指的是天生本然的身心狀態。馬育良[6]認為《性自命出》所述的性、情僅是未發、已發之別，並無性情善惡異質

---

[1]　郭沂：《郭店竹簡與先秦學術思想》（上海：上海教育出版社，2001年2月），頁232。

[2]　郭沂：《郭店竹簡與先秦學術思想》（上海：上海教育出版社，2001年2月），頁231。

[3]　姜廣輝：〈郭店楚簡研究〉，《中國哲學》第20輯（1991年1月），頁81-92。

[4]　丁原植：〈楚簡儒家性情說研究〉，《郭店楚簡儒家佚籍四種釋析》（臺北：臺灣古籍出版社，2004年9月），頁45-47。

[5]　陳麗桂：〈郭店楚簡《性自命出》所顯現的思想傾向〉，《中國學術年刊》第20期（1999年3月），頁138-150。

[6]　馬育良：〈先秦儒家對於「情」的理論探索〉，《安徽大學學報》（哲學社會科學版）第25卷第1期（2001年1月），頁30-37。

的問題。其中「性自命出，命自天降」和「凡人雖有性，心弗取不出」，將人的道德資質領納至人心思想，因孟子帶出的引導啟迪，更加突顯出「心」在道德實現及開發功能的種種價值。又，《荀子》所主張心是能夠瞭知真理的想法，亦是源自於《性自命出》，其主張是要強調若要定志的心，務須從「教」入手。因此，「性」可以看作是源自天命的一種自然質素，是「情」得以生發的基底，可以將「情」看作是「性」的一種外在顯現。由此可見，《性自命出》對於性的理解同於此前的一些基本看法，即將其看作是生而本有的一些特性、能力，如好、惡等等。值得注意的是，這裡提到善與不善均是人性可能的性向，但還不能認為《性自命出》已經發展出性善論的主張。那麼決定人之善惡的關鍵是什麼呢？這就要涉及到「心」的問題了。《性自命出》曰：「君子身以為主心」、「凡道，心術為主」，這裡強調的無疑是修身與人道方面的，偏向心的主宰作用。《性自命出》又言「人雖有性，心弗取不出也」，也就是說「性」所具備的僅只是一些潛在的可能性，若欲將其發顯於外，則需倚仗於「心」。綜上所述，不難看出對於情的規範歸根結柢是心所引發的作用。《性自命出》於性論方面的突破並不在於對性的不同理解，毋寧說是對「心」的主導地位的彰顯，以及對性情關係的抉發。情為性的外在顯現，性為情的內在根據，這對後世儒學的發展產生了深遠的影響。孟子雖未順此自然性情而做立論，然而上述性情思想的基本架構卻為孟子所吸收消化，《性自命出》中心、性、情三分的架構最終被孟子所打破，並融通為一。「在孟子那裡並沒有獨立的情的問題，所謂的惻隱等道德情感均被統攝於道德心，即所謂的『不忍人之心』或『四端之心』，而此『心』即是孟子所謂的人性之所在。事實上，如果沒有《性自命出》對於『心』的強調，人性學說要從傳統『即生言性』的立場直接過度到孟子『即心言性』的立場是難以想像的。」[1]但是孟子所謂的「性」在很大程度上乃是價值、道德意義上的哲學範疇，並非只是對人的本然情態做實然描述，更多的是在價值上對於人的理解和規定，這是孟子論性與傳統性論的根本不同之處。

　　根據楊伯峻《孟子譯注》[2]的統計，《孟子》一書共有37次出現「性」字。

---

[1] 廖曉煒：《孟子性命之辨探析》（武漢：華中科技大學碩士論文，2008年），頁5-7。
[2] 楊伯峻：《孟子譯注》（北京：中華書局，2013年6月），頁367。

　　王夫之則主張把「盡心」與「知性」看作是修身過程中一個非常重要的準備階段。他在《讀四書大全說・孟子》中的「盡其心者，知其性也」，將其解釋為：「特心之為幾，變動甚速，而又不能處於靜以待擇，故欲盡心者無能審其定職以致功。是故奉性以著其當盡之職，則非思而不與性相應。窮理以復性於所知，則又非思而不與理相應，然後心之才一盡於思，而心之思自足以盡無窮之理。」[1]由此可見，人不可能直接繞過盡心知性的階段而盡其性，因為性如若沒了堅實的基礎、明確的方向和各種雜念的克制，根本無所謂其「盡」的所有可能。

　　唐君毅同樣主張盡心與知性所包含的內容具有基本的差異。對於盡心，唐氏認為「孟子之盡心知性，全幅是一正面的直截工夫」[2]，並沒有考慮反面的修身功夫。他另外做了更詳盡的說明：

> 孟子言盡心知性，是說人當由惻隱羞惡之心之呈現，而知此心之呈現，即有自向於擴充之性，而用勿忘勿助長之工夫以集義，即所以養氣而養其性……集義者，集此善心之表現，以使此心自向於擴充之性，亦日益表現。故盡心即所以知性，此中盡可無消極性的如何對付不善者之間雜之戒慎恐懼。[3]

　　主要透露出唐氏與大多數學者一樣，認為盡心的對象應該是心的四端，心之四端一旦展現出來便會自覺的向外擴充，即由原本的發軔端倪，於擴充之性中，逐漸發展成具體的仁、義、禮、智之善的概念。

三、知「天」文獻的剖析

　　關於「知天」，趙岐認為：「性有仁義禮智之端，以心制之，惟心為正。人能盡極其心，以思行善，則可謂知其性矣。知其性，則之天道之貴善者也。」[4]「知天」也就是瞭知天道的貴善。「盡心─知性─知天」只是達到「天人合一」的一種途徑卻遠非是最終的完成，以此為基礎還需要在

---

[1] （清）王夫之《讀四書大全說》（北京：中華書局，1975年4月），頁716。

[2] 唐君毅：《中國哲學原論・原性篇》（臺北：臺灣學生書局，2006年11月），頁80。

[3] 唐君毅：《中國哲學原論・原性篇》（臺北：臺灣學生書局，2006年11月），頁79。

[4] （漢）趙岐注，（宋）孫奭疏，（清）阮元校勘：《十三經注疏・孟子注疏》（北京：北京大學出版社，1999年1月），頁342。

主體確實地踐行功夫。例如：內省、求放心、反身而誠、強恕而行等最終實現，是要比「知天」來的更高要求。宋儒講人心本自圓滿自足，只許內求，此說無疑過分重視天人之間同一性的一面而忽視了差異性的一面。由此可見，孟子在天人關係的諸多問題思維上，用語則是相當謹慎。

漢代許慎在其《說文解字》中把「天」釋為：天，顛也，至高無上，從一大。「天」在中國傳統文化中，具有至高無上的權威，這是從西周以來的傳統觀念。「《孟子》一書中的『天』字共出現了289次，除去天下、天子等207次外，尚有『天』字81次。」[1]這八十餘次的「天」字，意義比較複雜。

關於天的問題，王夫之不贊成人們對天只是做一種外在的、與人無關式的理解，而是主張言天不能脫離人而言天。王夫之：「先須識取一天字。豈　絕在上，清虛曠杳，去人間遼闊之宇而別有一天哉？且如此以為大，則亦無與於人天之為天，非僅有空曠之體。」[2]因此，與人無關的天，即便再大，也與我們無關。言天，就是要言與人有關的天。職是，王氏還將天分成了在天之天和在人之天。

孔孟作為儒家思想的代表，其對天的研究在中國倫理思想史上佔據著顯著的位置。在中國古代哲學的研究中，目前學界更多的是探討天人關係，而對天的意蘊的把握，尚有商榷之處。馮友蘭總結了天這個名詞在中國哲學史上的五種涵義：如：「其一是『物質之天』，就是指日常生活中所看見的蒼蒼者與地相對的天，就是我們現在所說的天空；其二是『主宰之天』或『意志之天』，就是宗教中所說有人格，有意志的至上神；其三是『運命之天』，就是指舊社會中所謂運氣；其四是『自然之天』，就是指唯物主義哲學家所謂自然；其五是『義理之天』或『道德之天』，就是唯心主義哲學家所虛構的宇宙的道德法則。」[3]

除了上述馮友蘭總結出了天這個名詞在中國哲學史上的五種涵義之外，「天」作為孟子哲學的重要概念，到底有哪些涵義，至今仍無定論，但大多數學者認為天應該有三種含義：一是自然之天，二是義理之天，三是主宰之天或者是命運之天。

---

[1]　楊伯峻：《孟子譯注》（北京：中華書局，2013年6月），頁333。

[2]　（清）王夫之：《船山全書》（第六冊）（長沙：嶽麓書社，1996年10月），頁724。

[3]　馮友蘭：《中國哲學史》（臺北：臺灣商務印書館，1999年增訂版），頁103。

（一）自然之天

　　根據先秦各種文獻推斷，自然之天早在《尚書・盤庚》中就已出現，並非首創於孔子。到了孟子之時，除天子、天下等雙音詞外，連天時、天位、天爵等在內，其中以自然之天居多，孟子在對天這一概念的認識中，明顯繼承孔子自然之天的思想，如：「七八月之間旱，則苗槁矣。天油然作雲，沛然下雨，則苗勃然興之矣。」（《孟子・梁惠王》）這個天，既能旱，又能作雲、下雨，顯然屬於自然之天。在孟子時代就是自然之天力量體現的時代，人遵循自然規律就是服從自然之天的權威。

（二）義理之天

　　「天」，在商代甲骨文中便已出現，甲骨文中的天作為突出的人的頭顱。《說文》：「天，顛也。」在「甲骨文中，天與上或大字通假，在當時尚無主宰的天或自然地天的涵義。」[1]陳夢家指出：「天的觀念是周人提出來的。」[2]孔子之天在某種程度上是對周文的繼承。馮友蘭認為：「孔子所言的天為主宰的天；孟子所言的天，有時為主宰的天，有時為運命的天，有時為義理的天。」[3]如：「昔者大王居邠，狄人侵之，去之岐山之下居焉。非擇而取之，不得已也。苟為善，後世子孫必有王者矣。君子創業垂統，為可繼也。若夫成功，則天也。君如彼何哉，強為善而已矣。」（《孟子・梁惠王》）這裡的天指的不是有意志的人格神，而是做為人不可違抗的意志，可以理解為「義理之天」。「天下有道，小德役大賢。天下無道，小役大，弱役強，斯二者，天也。」（《孟子・離婁》）諸侯要順應當時社會發展趨勢，修德行仁，自立自強，進而用仁政統一天下。孟子在這裡把順從社會趨勢和發揮人的主觀能動作用相互結合，可以理解為義理之天。「心之所同然者何也？謂理也，義也。」（《孟子・告子》）理、義是人心之所同然，孟子以此為人的本性，然性與天是相通的，亦具有義理之天的含義。

---

[1]　于省吾：《甲骨文字詁林》（第一冊）（北京：中華書局，1996年5月），頁210。
[2]　陳夢家：《殷墟卜辭綜述》（北京：科學出版社，1956年7月），頁58。
[3]　馮友蘭：《中國哲學史》（臺北：臺灣商務印書館，1999年增訂版），頁35。

（三）主宰或命運之天

　　孟子認為，天是主宰之天或命運之天，它具有至高無上的權威，它是天地萬物的本原。「天之生物也，使之一本。」（《孟子・離婁》）所以天的意志是不可違抗的，人則是受天支配，必須按照天的意志行事。天亦是成敗的關鍵，所以「順天者存，逆天者亡。」（《孟子・離婁》）。「莫之為而為者，天也。」（《孟子・盡心》）沒有任何人或者是神在主宰，事情就自然而然的發生了，這就是天。人類社會歷朝歷代的統治者也是按天命來統治人民，其中更替讓位、傳賢或傳子都是由天的意志所來決定，人們無法參與其中。「天與賢，則與賢；天與子，則與子。」（《孟子・萬章》）人類社會的興衰存亡是由天直接決定，非人力所能改變。「行或使之，止或尼之。行止，非人所能也。吾之不遇魯侯，天也。臧氏之子焉能使予不遇哉？」（《孟子・梁惠王》）有意志的「天」是世界萬物、人類社會的本原，也是人類道德和才智的本原。因此，無論是外在的變化，還是內在的道德修養，天都起著主宰性的作用，人的一切都是由天來決定。孟子雖然承認主宰之天、命運之天的地位，但他認為主宰之天或命運之天本身也有法則化、規律化的傾向。根據孟子「盡心—知性—知天」的邏輯思維模式，「修其天爵」是為了證明人心源於天心，人性源於天性，「四端說」與此一脈貫通。在孔子思想體系中，孔子側重於強調「仁如何行」而非「仁是什麼」前者是實踐理性，後者則是涉及儒家思想存在的正當性如何成為可能的這一問題，孟子在儒學上的最大貢獻就是在於他開始對於儒家思想存在的正當性的如何可能，來做為進行自覺的論證。

　　以上通過對儒家道德形上學體系中的自然之天與人格之天、心性義理之天之間內在衝突的透視，不僅可以揭示出天作為道德形上學根源的深層理論矛盾，更可為現代中國倫理道德的合法性問題的研究，提供重要的理論路徑。孟子天論思想的重點在於他將「天」與人性相貫通，將天作為心性的形上根源，形成以心性之天為核心的天人合一論。孔子包括之前的天論思想，都將天給人格神化，到孟子這裡的天的人格神色彩逐漸減弱，全然被心性化了。孟子的「盡心、知性、知天」中的天就是心性意義上的天。對此楊澤波的解釋是：「窮極自己的本心就會知道本心具有仁義禮智

之端，也就會知道人的本性固善；知道了自己本性固善，也就知道了天道是怎麼回事，知道了這一切都是天道自然之理」。[1]

　　人的道德心性源於天，以天為終極根據，明瞭自我的本性也就可以證知「天之所以為天」。知天的目的不在知曉一外在的物件性存在，而在於證知天之所以為天者，也就是體證天命之所在，這一體證乃是以主體的自覺與道德實踐為根基的。人的一切努力就在於以此無限擴充自我內在的道德心性，因此孟子接著說「存其心，養其性，所以事天也」，也就是說當人真正體證到天命之後，就當具體奉行。由於心、性、天本質上是內在統一的，天之所以為天，即是人性之所在，那麼人之所當為者即是克盡存養心性的修養工夫，而存心、養性本質上也就是事天了。孟子哲學思想的最高範疇是天，並以天這個範疇為基石，作為構建自己的思想體系。天雖然具有多種含義，但主要談論的還是道德天，孟子的天人合一就是在天與人（心）的道德意義上提出來的。孟子繼承了孔子的天命思想，對其中殘留的人格神的含義有所剔除，而是把天想像成為具有道德屬性的精神實體，認為天是人性固有的道德觀念的本原。孟子把天與人的心性聯繫起來，極力追求盡心、知性、知天的精神境界。是故「盡其心者，知其性也，知其性則知天矣。」主張心、性、天的同一，終將在盡心即能知性，知性也就明其知天了。

四、立「命」文獻的領悟

　　儒家哲學有其強烈的現實關懷，探究心性的本意並非僅止於求得個體的自由與解脫。儒家所確立的個體生命的超越之道，乃是以人與他者關係中的道德踐履來做為前提的。因此，孟子的心性思想不只是一種理論上的觀念結構，更是以個體生命的真實存在及特定的存在境遇為其根基的，理論上體現孟子對於「命」的探討與分析。命是儒家主要觀念，不易知，但又不可不知[2]，缺少對這一觀念的分析，我們將很難真正做到對孟子思想的同情與瞭解。

　　心性論無疑是孟子哲學的理論基石，然而「命」一觀念的引入才使得孟子哲學中心性論與政治關懷、道德理念與道德實踐以及天人之間的張力

---

[1]　楊澤波：《孟子性善論研究》（北京：中國人民大學出版社，2010年6月），頁49。
[2]　梁啟超：《儒家哲學》〈飲冰室合集〉卷12（北京：中華書局，1989年3月），頁93。

得以充分彰顯。「孟子論命含括命令義和命定義兩個層次，前者為命字之本義，後者乃殷周天命觀走向衰落的產物，殷人以帝（天）為至上神。」[1] 其主要實質是農業生產的神[2]，掌管整個社會的全部領域，而人則只能借助鬼神信仰和占卜來瞭解帝的旨意與命令，即所謂的帝令（命）。世間的一切皆由帝令所決定，人只能依照帝令行事，以求賜福，在這種信仰體系之下，人的自主性無以體現。「至殷末，帝則為上帝所取代，其所主宰的領域也開始由生產轉向社會生活。」[3] 「殷商時期的帝令（天命）觀念為周人所繼承和發展，由於在宗教類型上，至西周時期，古代的宗教信仰已由自然宗教發展而為倫理宗教」[4]，德的觀念開始突顯，這時的天主要是政治的主宰，周人天命觀的最大特色就在於「天命靡常」和「以德配天」，這可以說是中國古代人文精神發展的第一步。天命成為政權存廢與否的根據，周人的憂患意識也隨之產生。雖然周人已開始強調「敬德保民」，但根本上來說，周人的天命觀念還具有集體的性質，而所謂的「敬德保民」在很大程度上還只是一種政治手段而已，個體意義上的天命觀念則只有到孔孟那裡才真正得以確立，這中間經歷了一個漫長的發展歷程。

　　孟子在繼承和發揚了孔子天命觀的這兩方面內容的基礎上，更是將孔子所知的「天命」內化為人的道德心性。[5] 以下具體展開對孟子哲學中「命」的觀念的探究。孟子論命有一綜括性之說明：

> 舜、禹、益相去久遠，其子之賢不肖皆天也，非人之所能為也。莫之為而為者，天也；莫之致而至者，命也。《孟子・萬章》

　　理解天、命的關鍵在於「非人之所能為也」一句，也就是說凡屬於天

---

[1] 關於殷人是否以天為之上神觀點，學界看法不一，根據現有文獻材料很難得出確切的答案，因而陳來先生認為甲骨卜辭即使未發現「天」字或未發現以「天」為上帝的用法，至少在邏輯上，並不能終極地證明商人沒有「天」的觀念或以「天」為至上神的觀念，這一說法得到不少學者的肯定，有一定的合理性。具體論述見陳來：《古代宗教與倫理》（北京：三聯書店，1996年7月），頁162。

[2] 陳夢家：《殷墟卜辭綜述》（北京：科學出版社，1956年7月），頁580。

[3] 諶中和：〈從殷周天道觀的變遷談周人尚德與殷人尚刑〉，《哲學與文化》第11期（2000年），頁1052-1067。

[4] 陳來：《古代宗教與倫理》（北京：三聯書店，1996年7月），頁135-140。

[5] 戴璉璋先生認為「孔子以來，儒者心目中的天命，包括內在德性與外在際遇」，見戴璉璋：《儒家天命觀與其涉及的問題》，載鍾彩鈞主編：《傳承與創新：中央研究院中國文哲所十周年紀念文集》（臺北：中央研究院文哲所籌備處，1999年12月），頁464。

者皆非人之所能為。因而緊接著說「莫之為而為者，天也」，即非人力所為而自為者，則歸屬於天。孟子於此對命的解釋同於「天」，「莫之致而至者，命也」，即非人力而至者，即是命。天與命在這裡沒有本質上的區別，因而朱子注云：「蓋以理言之謂天，自人言之謂命，其實則一也。」[1]但不同的言說角度使得我們可以更為深刻的理解天與命的含義。其中暗含著這樣一層含義：即命對於人來說雖非人力所致，但人又不得不接受。徐復觀認為：「在人們所不能達到的一種極限、界限之外，即是在人力所不能及之處，卻又有一種對人發生重大影響的力量，這便是命。因此，凡是人力所及的，不是命，但同時與人的生活並不相干的，也不是命。」[2]於是我們便能明白，孟子言天、言命乃是基於人的現實遭遇，即所至而回溯其所以如此的根源，這樣的解釋必然是終極性的。

> 行或使之，止或尼之，行止非人所能也。吾之不遇魯侯，天也。臧氏之子，焉能使予不遇哉？《孟子・梁惠王》

> 彌子謂子路曰：「孔子主我，衛卿可得也。」子路以告，孔子曰：「有命。」孔子進以禮，退以義，得之不得曰「有命」。《孟子・萬章上》

> 求則得之，舍則失之，是求有益於得也，求在我者也。求之有道，得之有命，是求無益於得也，求在外者也。《孟子・盡心上》

　　孟子論命（或天），其著眼點始終在於人的行為活動，也就是說捨棄人的自主性行為，則無所謂命。張岱年極為精闢地指出：「從儒家的見地來講，無人事則亦無天命可言，因為命是人力所無可奈何者；今如用力不盡，焉知其必為人力所無可奈何？……所以必盡人事而後可以言天命。」[3]透過論述，我們不難理解，正是人性觀念即人之自主性的彰顯，才使得（天）命成為重要的哲學範疇，即與人的存在密切相關，或許我們可以這麼說是捨性無以言命，捨命亦無以言性。

---

[1]　（宋）朱熹：《四書章句集註》（臺北：鵝湖出版社，2010年），頁309。

[2]　徐復觀：《中國學術精神》（上海：華東師範大學出版社，2004年6月），頁22。

[3]　張岱年：《中國哲學大綱》（北京：中國社會科學出版社，1982年），頁400。

　　根據楊伯峻《孟子譯注》[1]的統計，《孟子》一書共有53次出現「命」字。就命定義之命而言，「孟子論命顯然是以天為背景的，命之為命就在於其為人所遭遇且不得不接受之，因而具有絕對性，以天言性所突顯的正是命之於人的絕對性，這裡所謂的天顯然是命運之天。就人的認知能力而言，天之所為永遠都是人所無法知曉的；同樣，就人的實踐能力而言，天之所為，亦即命之所在，同時也就是人之實踐的界限所在，正是在這一意義上，我們可以說天命實際上也就是人生的邊界所在，個體的有限性即體現於此。」[2]

> 盡其心者，知其性也。知其性，則知天矣。存其心，養其性，所以事天也。殀壽不貳，修身以俟之，所以立命也。《孟子・盡心》

> 莫非命也，順受其正。是故知命者，不立乎岩牆之下。盡其道而死者，正命也。桎梏死者，非正命也。《孟子・盡心》

　　上文涉及孟子命論中幾個極為重要的觀念：立命、正命、知命，是理解孟子命論的關鍵所在。立命為孟子最先提出，宋儒張橫渠亦曰「為生民立命」，但與孟子「立命」似有不同。那麼孟子這裡的「立命」究竟所指為何呢？盡心、知性、知天，存心、養性、事天乃是個體道德修養的工夫進路問題，這與所謂的「立命」有什麼關係呢？其實關鍵在於「殀壽不貳，修身以俟之」。人之為人就在於能通過存養心性的工夫以成聖成仁，那麼所謂修身以俟，所俟者為何呢？由於命定義之命的存在，人之所為必有其界限所在，對於未來事件的結果我們不可能有確切的把握，因而孟子這裡所說的「修身以俟之」，在某種意義上乃是一種終極性的等待，也就是對於結果沒有確切把握的一種等待，其所俟者即是天之所為，即「天」即「命」。孟子則從另一處對此有較為清晰的表述：「君子行法，以俟命而已矣」（《孟子・盡心》）趙岐注極為準確地表達了孟子思想：「君子順性蹈德，行其法度，夭壽在天，行命以待之而已矣。」[3]於是，我們可以

---

[1]　楊伯峻：《孟子譯注》（北京：中華書局，2013年6月），頁364。

[2]　廖曉煒：《孟子性命之辨探析》（武漢：華中科技大學碩士論文，2008年），頁27。

[3]　（漢）趙岐注，（宋）孫奭疏，（清）阮元校勘：《十三經注疏・孟子注疏》（北京：北京大學出版社，1999年），頁401。

清楚的看到，孟子提到盡其道而死與桎梏而死，前者即是所謂的修身以俟
之、行法俟命。因而朱子曰「此章與上章蓋一時之言，所以發其末句未盡
之意。」[1]「俟命」之說在《國語》中即有出現：「有罪不死，無勇。去而
厚怨，惡不可重，死不可避，吾將伏以俟命」[2]，這裡的「俟命」主要指等
待命運的到來，孟子的俟命說顯然對其有所繼承與發展。

　　接著，所謂「知天」乃是「知天之好生之德」，而「事天」則是指
「奉承天道而無違也」。[3]因而孟子所謂的「知天」也就可以理解為是下文
所謂的「知（天）命」。可見，孟子這裡所說的「立命」並非只是立一命
限觀念或是確立對壽命問題之應有的態度，更是要確立人生的方向和使命
所在。或夭或壽，有命存焉，非人力所能為，而人之所能為與所當為者不
過「修身以俟之」而已矣。不因生命之壽夭而貳其向道之志，人生之方向
與使命於斯方真能立焉，這便是人的天命所在，也是人須窮其一生以追求
的使命所在。一方面可以說是人之天命所在，另一方面亦是人性之所命，
是人的性分所在。人之為人在孟子看來在於能存養擴充其本有的道德心
性，就這層意義上來看，我們看到孟子於斯所立之命亦是人的道德義命，
其與天命一也。這一意義上的天命即是透過主體道德實踐之充其極所證立
之絕對意義上的客觀存在，是一切意義與價值之所從出者。本質上，中國
哲學中所謂的天道、天命等終極性的觀念從來都不是外在於人的客觀存
在。從本然的意義上來講，天道、天命是人道得以確立的終極，但由人之
道德實踐所展開的人道乃是證立天道之立足點。

　　尤有進者，細玩《孟子・盡心》，此章雖始於心、性、天的探討，但
卻歸結於「立命」，可見「立命」作為主體之於「命」的一種積極回應，
本質上展現為盡心知性、存心養性的修養工夫，以及由此達致證知天道的
超越性探求。換言之，命的存在使得個體在思考人生意義與價值的基礎
上，探究回應乃至超越命限之道，此即人道之所在，心性修養工夫即體現
於此，人道的確立又必須以天道為其終極根據，亦即所謂的立天道以明人
道，而這本質上又是以心、性、天的內在關聯為其基礎。最終，心、性、
天、命之間的複雜關聯性，也就體現在個體基於自身的有限性，而探尋超

---

[1]　（宋）朱熹：《四書章句集註》（臺北：鵝湖出版社，2010年），頁350。（清）周人麒論及此
　　章時，亦以朱子此說為是，見周人麒：《孟子讀法附記》（四輯三冊）（北京：北京出版社，
　　2000年1月），頁166。

[2]　徐元誥：《國語集解》（北京：中華書局，2002年初版），頁280。

[3]　史次耘：《孟子今注今譯》（臺北：臺灣商務印書館，2001年6月），頁345。

越之道的工夫進路中。

第二節　勞思光「德性我」的肯認

　　勞思光先生的《新編中國哲學史》一書，是一部在方法上有著高度自覺的哲學史書。勞氏在書中所提出的「基源問題研究法」指示了一條回歸問題本身的研究方向，「這使哲學問題的探討超越於中西古今的特殊性而指向人類普遍性的哲學智慧，有助於我們實事求是地進行評價，並立足於時代進行新的詮釋。」[1]其研究哲學問題的方法論，也確實能配合他的研究，更以一套「設準」判定孔孟儒學是一套心性論哲學，是一套關於道德價值的學問，基於此種義理分判，也影響到勞氏對儒家天人關係的詮釋而呈現出相當的成果。他對儒學的討論，主要有以下幾個特點：

一、萬物皆備於我的心性

　　勞氏對中國哲學特質有著與他人不盡相同的看法，但他們之間仍有著一個基本的共同點：皆認為中國哲學關注的中心是人的生命，是圍繞人生問題而展開的學理系統，其基本取向則是通過內在化的心性修養之路而解決人之生命的價值安頓問題。如此，勞氏所揭示的中國哲學的基本特質與知識論為主流的西方哲學之間表現出了相當的差異。

　　立足於在中西哲學傳統之間認知性與引導性的區分，勞氏對被視作是引導性哲學的中國哲學的基本理論特質作了揭示。認為就總體而言，中國哲學不同於主要謀求建立的知識系統、涉及智性領域的西方哲學，它主要關注生命或自我的轉化問題，偏重於意志的領域。而由於自我轉化及自我對世界態度的不同，中國哲學中的不同流派又體現出了自身不盡相同的特質。同於牟氏，注重主體性是中國哲學的一個基本特質。他指出中國哲學傳統中，誠然有宇宙論、形上學等等，但儒學及中國佛教的基本旨趣，都在主體性上，而不在客體性上。

　　「心性論」的問題，認為孔孟皆重視「德性我」。對應於人作為生命主體所從事活動的多向度，勞氏將自我區分為四：「形軀我、認知我、情

---

[1]　李翔海、盧興：〈20世紀中國哲學的一個面相——從牟宗三、勞思光看港臺地區的中國哲學研究〉，《學術研究》第7期（2008年），頁21。

意我、德性我」，大體上可參考西方哲學所謂知、情、意三分，再加上形軀，即可構成勞先生的設準，而認為孔孟皆重視「德性我」。他進一步指出，孟子所謂「言」，指認知我而說；所謂「心」，指德性我而說；所謂「氣」指情意我或生命我而說。「『知言』，指德性我對認知我之臨照；『養氣』則意謂德性我對生命情意之轉化。」[1]再者，勞氏以「視人如己、淨除私累之境界」[2]及「超越意義之大公境界」[3]來詮釋「仁」。他認為，這是一種「純粹的自覺活動」[4]，不需向外尋求，亦不受客觀現實的約制，只要人能除私念，而立「公心」，最後終能超越一切存在間的限制，而達到一完全自由、自主的境界。用勞氏自己的話說，「仁」就是指「德性我」對「形軀我、認知我、情意我」的完全轉化和照臨。

　　所謂「形軀我」以生理及心理欲求為內容；所謂「認知我」以知覺理解及推理活動為內容；「情意我」以生命力及生命感為內容；而「德性我」以價值自覺為內容。[5]而中國傳統的儒、釋、道分別體現為其中之不同的境界。勞氏認為，儒學視文化與人生為一不斷實現價值的歷程，實現價值活動的可能性條件為人有自覺心，自覺心的能力表現在能自主地作價值判斷並自主地要求實現價值上。文化與人生的目的，就在乎價值的充足實現，亦即所謂成德。實現價值或成德在乎落實轉化，就轉化自我而言，就是成聖成賢；就轉化世界而言，就是所謂人文化成；前者即工夫，後者即教化。從價值自覺的覺醒到價值的充分實現，內歸一心，外達萬物，展現為一通貫的道德秩序的建立。這一種自我是德性我，是德性我的作用使我們步步自求轉化，止於至善；這一種世界觀是積極肯定現世的世界觀，是求在世界中實現價值的一種世界觀。「自覺的主體除實現德性的活動外，還可以成就其他的境界形態。就情意我與德性我之關係而言，倘相排斥，就是生命與理性的衝突；倘能配合，則為生命之理性化。這裡衝突之所以可能，是因為情意我本身亦有方向性，也就是能有擺脫條件系列支配的主宰性，於是它也能夠展現一自由向度。但理性與生命衝突時則成斷離之局，其中或生命否定理性而成氾濫，或理性否定生命而為舍離。」[6]換言

---

[1]　勞思光：《新編中國哲學史》（一）（臺北：三民書局，2010年3月），頁166。
[2]　勞思光：《新編中國哲學史》（一）（臺北：三民書局，2010年3月），頁116。
[3]　勞思光：《新編中國哲學史》（一）（臺北：三民書局，2010年3月），頁116。
[4]　勞思光：《新編中國哲學史》（一）（臺北：三民書局，2010年3月），頁116。
[5]　勞思光：《新編中國哲學史》（一）（臺北：三民書局，2010年3月），頁143。
[6]　李翔海、盧興：〈20世紀中國哲學的一個面相──從牟宗三、勞思光看港臺地區的中國哲學研

之，勞氏以一套設準判定儒家學說屬於「德性我」，其價值根源歸於人之「主體性」之價值哲學，而「心性論」的問題，便是強調孔孟皆重視「德性我」。於是，就勞氏而言，儒學便成為一完全之人文主義的學說，拒絕儒學有任何形上學的可能，孔孟文本中所提到的「天」也只是一種「話頭」。但明顯地，以詮釋學的角度來看，勞氏此種詮釋不能圓滿詮釋原典，並且也窄化了儒學中可以發揮的空間。究其根本，就在於勞氏完全接受近代西方哲學「事實/價值」、「實然/應然」二分的立場。

> 形上學重視「有或無」故必以「實體」觀念為根本；心性論重視
> 「能或不能」故以「主體」或「主宰性」為根本。明乎此則先秦儒
> 學之本旨方不致迷亂也。[1]

勞氏以「實體」或「主體」來判定一個理論究竟是形上學，還是心性論，其實是一個清楚易從的原則。但是，僅憑這個原則，尚不足以斷定《孟子・盡心》沒有形上學的蘊含。

> 先就「知性」與「知天」說，通常習用解釋，是以此說與中庸之
> 「天命之謂性」合看，謂二者相遇。就字面看，此種傳統說法亦似
> 甚為自然；蓋「性」若自「天」來，則由「性」反溯亦似可以知
> 「天」也。但稍一深求，則從哲學史或哲學問題看，皆大有困難。
> 蓋從哲學史角度看，則《中庸》乃晚出之書，則舊說所假定之《中
> 庸》與孟子之傳承，顯已不能成立。孟子自謂承孔子之學，而孔子
> 思想之特色即在於強調自覺心之主宰地位，孟子之心性論分明承此
> 立場而建立。先秦北方思想傳統又俱無形上學旨趣，則孟子何以忽
> 採取後世之形上學觀點（為《中庸》所代表），實不近情理。……
> 其次專就哲學問題看，則此中之理論困難，亦甚明顯。蓋若以為
> 「性」出於「天」，則「性」比「天」小；換言之，以「天」為一
> 形上實體，則「性」只能為此實體之部份顯現；由「天」出者，不
> 只是「性」。如此，則何以能說「知其性」則「知天」乎？「其」
> 字自是指「人」講，「知其性」縱能反溯至對「天」之「知」，亦

究〉，《學術研究》第7期（2008年），頁19。

[1]　勞思光：《新編中國哲學史》（一）（臺北：三民書局，2010年3月），頁187。

只是「天」或「天道」之部份，人不能由知人之性即全知「天」
也。總之，如「性」出於「天」，則「知其性」不能充足地決定
「知天」。[1]

　　支持勞氏論點的理由有兩個。一是哲學史的考量，即《中庸》乃晚出
之書，其所代表的形上學觀點，不可能是反映先秦北方思想傳統，故為無
形上學旨趣的孟子所採取。另一是就哲學理論而言，如果「天」是形上實
體，那麼即便是「性出於天」，我們也不能由「知性」來決定「知天」。
因此，勞氏認為：

　　此處之「天」字，不重在「限定義」，而有「本然理序」之義。
　　「天」作為「本然理序」看，則即泛指萬事萬物之理。說「知其
　　性，則知天矣」，意即肯定「性」為萬理之源而已。……孟子言及
　　「天」與「性」時，並非肯認一形上實體；「知其性」則「知天」
　　之說，語義正與「天命之謂性」相反；「心」是主體，「性」是
　　「主體性」而「天」則為「自然理序」。「自然理序」意義甚泛，
　　自亦可引出某種形上學概念，但至少就孟子本人說，則孟子並未以
　　「天」為「心」或「性」之形上根源也。[2]

　　勞氏斷然否認孔孟思想中形上學的成分，並認為任何形式的形上學或
宇宙論都不能對道德行為產生理論效力，因而儒學在本質上是心性論中心
之哲學。換言之，如果我們將「天」理解為「本然理序」並收攝至「性」
中，視為是心性主體本具的先天內容，勞氏認為《孟子·盡心》是可以避
開形上實體的假定的。於此，勞氏顯然並未給出清楚的說明，只是信心滿
滿的表示孟子並未以「天」為「心」或「性」的形上根源。但是，從不同
角度審視先秦哲學史，我們也可以說「天」作為一切事物的形上根源，或
一切事物總有其生發的根源，其實從未被中國哲人認真地質疑過。「勞氏
執意要取消『天』一概念在孟子思想中的形上蘊含，表面看來，似乎建立
在嚴謹的概念分析之上，究其實，整個分析不但是不窮盡的，而且是帶著

---

[1]　勞思光：《新編中國哲學史》（一）（臺北：三民書局，2010年3月），頁185-186。
[2]　勞思光：《新編中國哲學史》（一）（臺北：三民書局，2010年3月），頁187-188。

一種對形上學的偏見,來過濾掉『天』一概念可能的豐富意涵。」[1]

職是,回顧當代前輩對《孟子·盡心》的詮釋,表面上看,焦點似乎集中在「是否具有形上學蘊含」的議題上,但深入分析,問題關鍵全繫於如何界範「天」一概念的義理性格。勞氏雖然列舉「哲學史的角度」以及「哲學問題」兩個理由,來反對「天」可以理解為「形上實體」可是,如果「形上實體」以及這一概念所暗示的西方傳統形上學,本來就與孟子在形上學方面的慧解不類,我們似乎不必因為勞氏個人在哲學史上的一家之言,逕自否決了《孟子·盡心》的形上學蘊含。

二、客觀限制觀念的天命

勞氏《新編中國哲學史》中不難發現,儘管勞氏認同牟氏「中國哲學的特質在於主體性」的這一原則,但是對於《孟子·盡心》是否具有形上學的意涵,則持徹底反對的態度。換言之,孟子「盡心一知性一知天」這一哲學命題,其義理性格的究竟何屬?在當代學人中,仍然存在著嚴重的歧見。

對於「天」和「命」的問題,勞氏強調「義命分立」之說。他認為,孔子的基本立場是「先區分『義』與『命』,對『自覺主宰』與『客觀限制』同時承認,各自劃定其領域;然後則就主宰性以立價值標準與文化理念,只將一切客觀限制視為質料條件。」[2]也就是說,「命」代表的是「現實」、「必然」的問題,是客觀的質料世界對「人」形成的不可超越的限制;而「義」則代表了「應然」、「自由」的問題,人在這裡呈顯出絕對的自主性。孔子嚴分「義」、「命」,割絕了人與天的關聯,使人不需向外去崇拜一虛立的超越主宰,將價值的根源完全的往內收而置放在人的自主性之上,「孟子更將『天』與『命』二觀念,皆歸入『客觀限定』一義,儒學之基本精神遂全透出。」[3]

　　道之將行也與,命也;道之將廢也與,命也。《論語·憲問》

[1]　袁保新:《從海德格、老子、孟子到當代新儒學》(臺北:臺灣學生書局,2008年10月),頁36。

[2]　勞思光:《新編中國哲學史》(一)(臺北:三民書局,2010年3月),頁134。

[3]　勞思光:《新編中國哲學史》(一)(臺北:三民書局,2010年3月),頁96。

　　此段最能表現孔子對「應然」與「必然」（或「自覺主宰」與「客觀限制」）之區別。「就『義』而言，自然『道之行』合乎『義』，『道之廢』則不合乎『義』。但道之『應行』是一事；道之能否『行』或將『廢』則是事實問題，乃受客觀限制所決定者；故孔子謂道之行或不行，皆非人自身所能負責者，亦非反對者所能任意決定者。換言之，道之『行』或『不行』是成敗問題；道之『應行』則是價值是非問題。人所能負責者，只在於是非問題，而非成敗問題也。」[1]

　　承前所述，「『自覺主宰』的領域是『義』的領域，在此領域中只有是非問題；『客觀限制』的領域是『命』的領域，在此領域中則有成敗問題。孔子既確切分劃此二領域，一切傳統或俗見之糾纏，遂一掃而清。而『道德心』的顯現，亦於此透露曙光，文化意義的肯定，亦從此獲得基礎。」[2]又「孔子辨『義命之分』一方面奠立日後儒學精神之方向，一方面則是清除原始信仰的迷亂。就儒學日後方向說，由於『義命』分判已明，人的主宰性遂有一分際明確的肯定；就原始信仰說，既已分別『是非』與『成敗』所謂天命神意等觀念，即不再與價值意識相混。故孔子分『義命』，不惟衍生日後孟子之思想學說，而且決定儒學方向下宗教問題的處理。」[3]換言之，勞氏認為，孟子所謂「天」主要指人力不能決定的範圍。亦即對於孟子的天是否具有形上學意涵，是持完全反對的態度。勞氏以其自訂設準判定儒家為一挺立人的主體性之心性之學，故對於義命關係的詮釋上主張「義命分立」而儒家的「天人關係」也因此而「天人二分」。

　　勞氏分析人對「命」的態度為四類，第一類是以為「命」不可違，故人應努力實現此「命」，於是出現人格神、意志天等觀念，遂以超越主宰者為價值根源，如墨子以天為義之所從出，以命為義；第二類是承認命不可違，但不承認超越的主宰，而只以「命」歸於事實的「必然」，此即各種類型的自然主義與機械論觀念，此中只有客觀限制而無自覺意志；第三類是承認有「命」的領域，由之而推出「自覺」在此領域中根本無可作為，也就是以離命為義，此即道家無為之說或印度解脫之教。第四類則是孔子的立場：

---

[1]　勞思光：《新編中國哲學史》（一）（臺北：三民書局，2010年3月），頁132。
[2]　勞思光：《新編中國哲學史》（一）（臺北：三民書局，2010年3月），頁133。
[3]　勞思光：《新編中國哲學史》（一）（臺北：三民書局，2010年3月），頁133-134。

此立場是先區分「義」與「命」對「自覺主宰」與「客觀限制」同時承認，各自劃定其領域；然後則就主宰性以立價值標準與文化理念，只將一切客觀限制視為質料條件。既不須崇拜一虛立之超越主宰，亦不須以事實代價值，或以自然代自覺；而此一自覺主宰亦不須求捨離。於是，即在「命」中顯「義」成為此一精神方向的主要特色。從超越主宰者是神權主義；從自然事實者，是物化主義；持超離的論者表捨離精神。孔子則不奉神權，不落物化，不求捨離，只以自覺主宰在自然事實上建立秩序，此所以為「人文主義」。[1]

因此，在勞氏的觀念中，由區分「義」與「命」各自的領域，使儒家成為一完全的人文主義。順此主張，孔子的「五十而知天命」之「知天命」其實就要解釋成「知命」，即知客觀限制之領域。「天」字在此完全的人文主義下是沒有實質意義的虛字，而孔子的人文主義也不會因為多了「天」字而有原始宗教信仰人格神的任何意涵。勞氏為了堅持他對儒家人文主義的分判，為了使人的「主宰性」有絕對的決定權，當然必須拒絕「天」在人身上的一切參與，因此這使得勞氏在天人關係的詮釋上，走上了天人二分的路子。

據勞氏的觀點，孔子這種「義命分立」的主張，其意義不僅在於決定日後儒學精神方向，即孟子在承繼孔子之後所提出的思想學說。更重要的，它意味著人的自覺主宰性，已正式取代了「人格神」與「意志天」的信仰。勞氏認為：

倘若只從「命」一面看人生，則人生一切事象亦不過是宇宙現象中之一部；既皆在必然系列下被決定，便無所謂是非善惡；由此再推一步，則一切所謂人類努力，亦在根本上無價值可說。因「努力」本身之出現，以及其結果，皆在最後意義上是已決定者，被決定者，如此，人生一全無可著力之處。但若在「命」以外更立一「義」觀念，則價值、自覺、自由等觀念所運行之領域，即由此顯出，而人生之意義亦由此而顯現。然則孔子如何能在「命」以外立此「義」觀念？簡言之，即由人之「能作價值判斷」一點建立此一

---

[1] 勞思光：《新編中國哲學史》（一）（臺北：三民書局，2010年3月），頁134-135。

大肯定。[1]

　　由上引文可知，勞氏認為儒家以「義」肯定人之有自覺主宰性，能作價值判斷，得以努力擺脫命限的事實，於此人的價值才得以彰顯；否則在「命」的限制裡，一切皆已被決定，人只能被動的接受命運、等待命運，人一切作為將毫無一著力點，而人一切道德的努力都將在必然事實的限制下，顯得毫無意義。因此在勞氏觀念中，孔子以自覺主宰確立「義命分立」之觀念，孟子更將發揚光大，建立以心性論為本懷的思想體系。勞氏根據義命分立所進行的哲學詮釋，明顯分判了形上學與心性論的領域。於是，「在勞氏的詮釋脈絡下，『義命關係』只能理解為平面的、對立的兩領域之間的區分，即『價值界』與『事實界』的分立。其間，並不存在任何宗教意義、或形上意義的超越、隸屬的關聯，可以容許我們進一步詮解為某種『天人關係』由此可知勞氏的詮釋理論均是沿著近代西方哲學『事實/價值』二分的精神，將孔孟『成德之教』架構成一體系完整的『主體性哲學』」。[2]孔孟儒學屬心性之學，在詮釋上沒有涉及形上學實體討論的必要，因此在對《論語》及《孟子》文本中所提到「天」的部份，迥異於其他學者的看法。關於孟子「盡心知性知天」詮釋，勞氏認為：

> 心能自覺其「性」時，亦即自覺其最高主宰性，故亦自覺其為萬理之源；故「盡心」與「知性」，「知性」與「知天」皆是一充足決定關係。「知」乃「自覺」之義，則並非落向一超越或外在之實體，即甚顯豁矣。[3]

> 孟子言及「天」與「性」時，並非肯認一形上實體；「知其性」則「知天」之說，語義正與「天命之謂性」相反；「心」是主體，「性」是主體性而「天」則為「自然理序」。「自然理序」意義甚泛，自亦可引出某種形上學概念，但至少就孟子本人說，則孟子並未以「天」為「心」或「性」之形上根源也。[4]

1　勞思光：《新編中國哲學史》（一）（臺北：三民書局，2010年3月），頁137。
2　袁保新：《從海德格、老子、孟子到當代新儒學》（臺北：臺灣學生書局，2008年10月），頁173。
3　勞思光：《新編中國哲學史》（一）（臺北：三民書局，2010年3月），頁188。
4　勞思光：《新編中國哲學史》（一）（臺北：三民書局，2010年3月），頁188。

據上文可知，勞氏在解析孟子的「天」時，仍舊秉持一貫立場，為確保人的主體性為最高價值根源，而將「天」理解為「自然理序」，並說「性」是萬理之源，是主體性之意。如此一來的「天」的確可以沒有形上實體的意義。可問題是「自然理序」究竟是什麼？又，究竟在何種情況下的自然理序也可以「引出某種形上學概念」呢？

再者，為何知道主觀的「性」便能知道客觀的「天」？天與性之間的關係，勞氏皆未對此多所說明，實是令人費解疑惑。且依勞氏之見，除去孟子思想中客觀超越的言說之「天」，則孟子所言的「萬物皆備於我」、「上下與天地同流」，又如何能夠得以做出圓滿的解釋呢？「勞氏的說法，似乎是建立在嚴謹的概念分析上，但是，其分析不但是不窮盡的，且帶著一種對形上學的偏見，也會過濾掉『天』概念所可能帶有的豐富意涵。」[1]

勞氏為成全孔孟儒學的「成德之教」，只要人的「自覺主宰」的主體性即可支撐整體架構，完全不需要形上學來作為奧援，先秦儒學天（命）與人的關係容不下任何模糊地帶。因此，區分必然與應然的理論對象，才不致混淆理論效力。

勞氏對於天、命是分開來看待的，天是必然、形上的，命是實然、經驗限制的，而人是以道德意識為主的倫理行為者，此三者必須清楚區分，如此一來的哲學理論才具論證效力。故在勞氏詮釋理路中的「義命分立」便蘊含著「天人關係」的破裂，儒家「天人合一」的這一命題將無法成立。

第三節　牟宗三「道德主體」的建構

「道德的形上學」（moral metaphysics）是牟氏對於儒學性格最根本亦是最為重要的分判，也是牟氏通過對於康德「道德底形上學」（metaphysics of moral）的批判與超克，所產生的具體成果。[2]

> 依道德的進路對於萬物的存在有所說明。「道德底形上學」重點在道德一概念的分析；「形上學」是借用，義同於「形上的解釋」，

---

[1]　袁保新：《從海德格、老子、孟子到當代新儒學》（臺北：臺灣學生書局，2008年10月），頁36。
[2]　袁保新：《從海德格、老子、孟子到當代新儒學》（臺北：臺灣學生書局，2008年10月），頁220。

而此等於分解的推演，及說明道德的先驗性。「道德的形上學」重點在形上學，說明萬物底存在。[1]

　　牟氏放眼現代，著力傳統，融貫中西，構建了一個龐大而嚴整的哲學體系。要完成這項工作，就必須要在這兩大文化傳統中找到可以嫁接的思想家，倘若僅是泛泛而論，將因沒有力道而形成蹈空。換言之，傳統文化本身就是由眾多優秀的思想家鑄造的。牟氏找了哪些思想家來對接呢？毫無疑問，在西方文化裡他特別鍾情於康德的理性主義，以他獨自譯注康德三大批判就足以說明。而在中國文化中，牟氏主要遙契孟子，不過，牟氏為何以要用孟子的思想來對接康德呢？「因自西方文藝復興運動以來，人類的理性取代了上帝而成了一切價值之源，世界成了一個理性主義大行其道的世界主要包含三個方面內容：一是理論理性；二是道德理性；三是政教分離之後的民主政治。康德所講得道德自律被牟氏當作是健全理性的代表，認為孟子的基本義理透闢正好洽接於自律道德。尤有進者，這兩大思想家在理論上的接榫點便是道德自律，而此道德自律卻又是理性主義哲學的必由之路。」[2]於是，牟氏把握時代精神的脈搏，構建了一個理性主義的哲學體系，對中國文化進行了理性主義的改造。從實踐理性的角度來說，理性主義打掉了意志的他律，只能言及道德自律，便是他用孟子來嫁接康德的種種因素。

一、本心性體的啟迪締創

　　《論語》中，「心」字僅六見，「性」僅二見。由此可見，在孔子當時「心」、「性」尚非言說的重心。到了《孟子》，「心」字已一一七見，而「性」字也已增為三十七見。至此，心性出現次數不僅大幅增加，其問題更引發了大量的探討。其中，孟子所提及的「性善說」理論，不僅成為了儒家的奠基哲學，更成為了歷代詮釋者詮釋的焦點。因此，如何理解「心」、「性」概念主軸本身及其在儒家思想所佔的地位，亦是成為儒家道德學中的一個關鍵性的問題。

---

[1]　牟宗三：《現象與物自身》（臺北：臺灣學生書局，2004年9月），頁39。
[2]　石永之：〈牟宗三與孟子〉，《中共濟南市委黨校學報》（2012年6月），頁42。

> 依康德，自由意志所先驗構成的（自律的）普遍的道德律是屬於睿
> 智界，用今語說，是屬於價值界、當然界，而知性範疇所決定的自
> 然因果律則是屬於感覺界、經驗界、實然或自然界。這兩個世界間
> 距離很大，如何能溝通而合一呢？[1]

　　這便是康德與儒學道德哲學最為關鍵的差異性。根本來說，牟氏的說
法是繼承了康德哲學中的重要預設，即是「現象與物自身」或可說是「睿
智界與感覺界」之超越的區分。綜言之，溝通「睿智界」與「感覺界」的
關鍵處便是「心」。「心」、「性」問題向來是儒家思想的中心，故牟氏
認為儒學中所言的「本心性體」便是用於溝通「價值界」與「經驗界」的
創造之源，即是產生道德實踐的動力。

　　在牟氏看來，對於中國哲學家來說，探討的問題更有其特殊的意義。
古希臘與中國，從各自的民族文化生命看，是大相逕庭的。西方運用心靈
是向外的，首先把握的是「自然」；中國人運用心靈則是向內的，首先把
握的是「生命」。以此為出發點，西方由外向上翻，以成就其哲學；中國
則由內向上翻，以成就其哲學。中國人把握的「生命」，也就是調護生
命，安頓生命，由此而開闢出心靈世界、價值世界。唯如此，作為中國哲
學，更必須立足於此中領域進行哲學思考。於是，牟氏「道德的形上學」
的提出，揭櫫了儒家重「主體性」與「內在道德性」的特點，也確立儒
家形上學最根本的「實踐性格」。因此，按袁氏[2]對於牟氏所言的「心」
是一「自由無限心」，便可從牟氏對儒學之「心」的討論中，歸納出以下
特質：

（一）心的「自由的意志」

　　牟氏帶著自身對於人生體驗與實踐的感觸，將儒學深藏的「實踐的
智慧學」、「生命的學問」的義理綱維展現出來，並且面對西方文化的挑
戰，積極地透過康德的哲學概念系統，給予孔孟儒學以現代哲學的詮釋，
開啟傳統義理思想的再造典範。

---

[1]　牟宗三：《心體與性體（一）》（臺北：正中書局，2009年10月），頁115。
[2]　袁保新：《從海德格、老子、孟子到當代新儒學》（臺北：臺灣學生書局，2008年10月），頁
　　220-225。

> 「自由」是論謂「意志」的一個屬性，與自主、自律為其同意詞，
> 而「意志」則是實體字，它是心體底一個本質的作用，即定方向的
> 作用，劉蕺山所謂之「心之所存，淵然有定向」者是。亦可以說它
> 就是本心。理性、法則、定然命令等即由這心之自主、自律、有定
> 向而表示，這就是所謂理或理義。[1]

牟氏從康德「意志自由」、「自律」的觀點來詮釋儒學中的「心」。
自由意志經由其自律性所先驗提供的普遍法則是道德行為的準繩，依中國
傳統，則主張先驗的普遍的道德法則是性體之所展現。故牟氏認為儒家哲
學中的心體性體概念可以等同於康德的自由意志。在此基礎上，牟氏進一
步論證了自由意志不但可知，而且應具有能動性和超越性。而所謂「自
律」，簡而言之，就是指「意志」本身自定道德法則，且自依其所訂定的
法則而行。於是，牟氏的「自律」便是「心」的一個「本質作用」。

（二）心乃為「智的直覺」

心為「智的直覺」，牟氏引用張載《正蒙・大心》中的一段話：

> 「天之明莫大於日，故有目接之，不知其幾萬里之高也。天之聲莫
> 大於雷霆，故有耳屬之，莫知其幾萬里之遠也。天之不禦莫大於太
> 虛，故心知廓之，莫究其極也。」他認為，這幾句話很能夠表示
> 「耳屬目接」是感觸的直覺，「心知廓之」是智的直覺，而且耳屬
> 目接之感觸的直覺之為認知的呈現原則，「心知廓之」之智的直覺
> 不但為認知的呈現原則，且同時亦即創造的實現原則。[2]

也就是說，耳目感觸僅是吾人得以認知外物的一種「知識論」義的直
覺，而「心」所獨具的「智的直覺」，則不但具有「知識論」義的呈顯能
力，且具有一種其「創造性的實現能力」。在康德哲學中「智的直覺」是
屬於「無限存有者」的直覺，智的直覺自身就能給出它的對象的存在，其
直覺活動自身就能實現存在，直覺之即實現之，儒學中的「道德本心」因

---

[1]　牟宗三：《心體與性體（一）》（臺北：正中書局，2009年10月），頁166。
[2]　牟宗三：《智的直覺與中國哲學》（臺北，臺灣商務印書館，1993年7月），頁184。

著其所有「智的直覺」的特質，而同樣的擁有了這樣一種「創造性的實踐能力」。

　　不過，牟氏所言「本心」之「智的直覺」的「創造性的實踐能力」與康德所說的畢竟相異。人在理論理性有限的同時亦具有實踐理性的無限性，實踐理性或者說道德理性的「覺照」也就是可以洞透本體的「智的直覺」。因為本心仁體既絕對而無限，則由本心之明覺所發的直覺自必是智的直覺。因「本心」的「創造性」我們只能說一種「存在性」或是「存在價值」的賦予，更好說是一種「以人為中心的道德意義之創造」，可以以「智的直覺」而洞徹並印證價值之源和存在之源。

（三）心是其「道德本心」

　　做為一個「自由意志」的「心」，實際上也就是我們所固有的「道德本心」及「超越的義理之心」。它不但是吾人感受的主觀基礎，也是吾人道德的客觀基礎，因「道德」即是「依無條件的定然命令而行」之謂也。生命中所必挺立在肯定實踐的優先性上，必須先安立在道德心的「應然」上。故此一「道德本心」即是「道德實體」，由此展開的道德界：即是「形上實體」由此展開存在界。最後，天道性命將貫通為一。

（四）心就是一「無限心」

　　以本心為無限心之絕對者，性體道體只是其中的客觀面，於是為首要的是本心，甚至道體性體的客觀性就在於預設了本心的絕對性。而要穩住此一價值意味，就不能僅從上帝底創造去說，而須承認我們具有自由的無限心，可將物自身清楚地呈現在我們自己的意識中。

　　　　當吾人由其無條件的定然命令以說本心仁體或性體時，此本心仁體
　　　　或性體本質上就是無限的，這裡沒有任何的曲折，乃是在其自身即
　　　　絕對自體挺立的。[2]

1　袁保新：《從海德格、老子、孟子到當代新儒學》（臺北：臺灣學生書局，2008年10月），頁222-223。
2　牟宗三：《智的直覺與中國哲學》（臺北，臺灣商務印書館，1993年7月），頁192。

這裡所謂的「無限」概括了兩層意思。一是指吾人的「道德本心」的發用在本質上是「絕對自由的」、「無限制的」，這裡的「無限」指的就是「本心」的「絕對自由」獨立且無待；二是「本心仁體」呈顯時，所完成實踐其意義和價值的「絕對性」和「普遍性」而言說的「無限」。

> 本心仁體本是無限的，有其絕對的普遍性。它不但特顯於道德行為之成就，它亦遍潤一切存在而為其體。前者是它的道德實踐的意義，後者是它的存有論的意義。[1]

意思是說道德實踐的完成所造就的不僅只是吾人自身的「道德性」，因著本心的覺潤與感通，至於其他非己之存在者的存在價值與意義，亦同時得以彰顯。這樣的「覺潤和感通」的普遍性和「其所成就的存在價值」的絕對性，直指的就是「無限心」之「無限」的第二個意思。

> 在道德的形上學中，成就個人道德創造的本心仁體總是連帶著其宇宙生化而為一的，因為這本是由仁心感通之無外而說的。就此感通之無外說，一切存在皆在此感潤中而生化，而有其存在。[2]

> 儒家惟因通過道德性的性體心體之本體宇宙論的意義，把這性體心體轉而為寂感真幾之「生化之理」，而寂感真幾這生化之理又通過道德性的性體心體之支持而貞定住其道德性的真正創造之意義，它始打通了道德界與自然界之隔絕。這是儒家「道德的形上學」之激底完成。[3]

以上是袁氏認知牟氏的通過本心性體的道德實踐，道德價值界與自然存在界的距離被完全打通，其意義便是儒家「道德的形上學」的終極完成。[4]

孔子論仁，孟子論性，都是講求道德的創造性。然而，何謂道德的創造性？指的就是德行的「純亦不已」。分解地說，之所以能純亦不

---

[1]　牟宗三：《智的直覺與中國哲學》（臺北，臺灣商務印書館，1993年7月），頁199。
[2]　牟宗三：《智的直覺與中國哲學》（臺北，臺灣商務印書館，1993年7月），頁199。
[3]　牟宗三：《心體與性體（一）》（臺北，正中書局，2009年10月），頁180-181。
[4]　袁保新：《從海德格、老子、孟子到當代新儒學》（臺北：臺灣學生書局，2008年10月），頁220-225。

已,乃是因為有其超越的根據,而此超越的根據便是孟子所謂「性善」的「性」。此性便是道德的創造性。有了這個創造性作為我們的性,我們才能連綿不斷、生生不息地引發德行的純亦不已。於是,「性」不是一個空洞的概念,而是有其極豐富內容的,如:惻隱之心、羞惡之心、辭讓之心、是非之心,更甚是包括孔子的仁也全都在內。尤有進者,孟子講「性」亦是挺立了道德主體。故牟氏言孟子道性善是道德創造的出發點,就是重視主體的這個觀念,儒家講性善便是如如實實之真切的主體性。

　　心體表現為個人的主觀意識,故牟氏將其納入為主觀性原則;性體來自於天道,然天道是普遍的、客觀的,一旦天道落於個體之中,即為個體之性體,因此牟氏將其列入為客觀性原則。而心體與性體是相輔相成的,性體有保證心體客觀性的作用,使心體不至於淪為純主觀;心體亦有保證性體活動性的功能,使其性體不至於淪為「死理」。要使這種相輔相成的關係得以實現,前提是心體有其形著的能力。於是,牟氏借用「誠則形,形則著,著則明」(《中庸》)來創建「形著」此一概念的目的:一是表示心體的作用非常重要,只有通過心體的形著才能使性體的意義全部顯現出來,否則性體只是客觀的潛存,無法發揮任何作用;二是表示性體的作用不可或缺,只有通過性體才能使心體的客觀性得以保證為其綱紀,否則心體只是主觀的,且容易陷入流弊而不能自治。簡而言之,形著論就是以心彰性、以性定心的理論。我們可以清楚認識到中國哲學與西方文化最大的不同處,乃是源於此心性之學。因它是「立人極之學」,即心是道德的主體,是人的生命最根本的要義。

　　此外,康德認為在他之前的道德皆是他律,唯有他所提倡的道德才是自律的。而所謂自律就是道德理性的自我立法,自我服從,不受其他任何因素的影響。不過,牟氏認為儒家早就具有此方面的思想,因為儒家講求道德有一基本觀念,只不過更為重要的是道德自律的根據本身不能是死的,它必須是「即存有即活動」,必須要有其活動性。因此,「牟氏認為,儒家心學是以道德本心為其根據,而道德本心需具有活動性,這種活動性決定心學可以自我立法並自我服從,這也就是康德所言的道德自律。」[1]

---

[1]　胡永中:〈從孟子到牟宗三──復旦大學楊澤波教授訪談〉,《中共石家莊市委黨校學報》第十卷第九期(2008年9月),頁34-35。

二、貞定的天與框限的命

　　就牟氏認為傳統「形上天」的觀念，並不因孔、孟道德主體性的自覺後而消失，使之成為一個可有可無、無關閎旨的古老觀念的殘餘。換言之，孔子的「踐仁」以「知天」及孟子的「盡心知性」以「知天」，更加透顯出孔、孟基本上是通過道德理性的自覺，來重新契接古代「形上天」的信仰，賦予豐沛道德義涵的解釋。尤有進者，「在牟氏的詮釋中，『天』在孔、孟的心性論中不但未遭揚棄，反而因為心性論的建立，使其超越的、不可測的義蘊，得到了可理解性（意義）彰顯的基礎。」[1]

> 　孔、孟都有超越意義的「天」之觀念，此由詩書所記載的老傳統而傳下來者。至孔子提出「仁」，則是踐仁以知天，至孟子則是盡心知性以知天，其義一也。[2]

> 　「盡心」之盡是充分體現之意，所盡之心即是仁義禮智之本心。孟子主性善是由仁義禮智之心以說性，此性即是人之價值上異於犬馬之真性，亦即道德的創造性之性也。你若能充分體現你的仁義禮智之本心，你就知道了你的道德的創造性之真性。此中盡字重，知字輕，知是在盡中知，此亦可說實踐的知，即印證義。你若這樣證知了你的真性，你就知道了天之所以為天。此知亦是證知義，在實踐中證知也。「天」是超越意義的天，是個實位字，即天道的天，是天命不已之天。[3]

> 　我們可以籠綜天地萬物而肯定一超越的實體（上帝或天道）以創造之或創生之，這乃完全由人之道德的心靈，人之道德的創造性之真性，而決定成的。此即是說：天之所以有如此之意義，即創生萬物之意義，完全由吾人之道德的創造性之真性而證實。外乎此，我們

[1]　袁保新：《從海德格、老子、孟子到當代新儒學》（臺北：臺灣學生書局，2008年10月），頁38。

[2]　牟宗三：《圓善論》（臺北，臺灣學生書局，1996年4月），頁132。

[3]　牟宗三：《圓善論》（臺北，臺灣學生書局，1996年4月），頁132-133。

> 決不能有別法以證實其為有如此之意義者。是以盡吾人之心即知吾
> 人之性，盡心知性即知天之所以為天。天之所以為天即天命之於穆
> 不已也。天命之於穆不已即天道不已地起作用以妙運萬物而使之有
> 存在也。[1]

　　由引文可以清楚看出，牟氏所指之儒學中的「天道」和西方哲學中
的「上帝」都具有一種創造萬物的「超越實體」的性格。顯然是順著西方
傳統形上學「存有物」的思考模式，將「天」比同於西方哲學中的「上
帝」，一個形而上的終極存有者，而以「天」對萬物的「創生」來解釋萬
物的存在。

> 故此天雖為一實位字，指表一超越的實體，然它卻不是一知識之對
> 象，用康德的詞語說，不是思辨理性所成的知解知識之一對象，而
> 乃是實踐理性上的一個肯定。說上帝創造萬物，這只是宗教家的一
> 個說法而已，說實了，只是對於天地萬物的一個價值的解釋。儒家
> 說天道創生萬物，這也是對於天地萬物所作的道德理性上的價值的
> 解釋，並不是對於道德價值作一存有論的解釋。因此，康德只承認
> 有一道德的神學，而不承認有一神學的道德學。依儒家，只承認有
> 一道德的形上學，而不承認有一形上學的道德學。此義即由孟子盡
> 心知性知天而決定，決無可疑者。[2]

　　接著牟氏卻說「儒家說天道創生萬物，這也是對於天地萬物所做的道
德理性上的價值的解釋」時，我們認為牟氏對天的理解之所以會前後期立
場互相扞格的原因，和牟氏通過康德哲學來重新詮釋儒家哲學有關。事實
上，康德哲學本身是一套「存有神學」。康德哲學乃是以「神」為最高的
存有者，並且以「上帝」的「智的直覺」作為一切存有者之存有者性的最
終基礎。雖然牟氏通過他對中國哲學的理解，儒學中的「本心性體」，以
牟氏的話來說就是「自由無限心」取代了康德系統中的「上帝」而形構了
「道德的形上學」。但是就「本心性體」在這樣一套「存有一神學」的系
統中所擔負的責任，仍然是賦予一切存有者以存有奠立全體存有者於一可

[1]　牟宗三：《圓善論》（臺北，臺灣學生書局，1996年4月），頁133。
[2]　牟宗三：《圓善論》（臺北，臺灣學生書局，1996年4月），頁134。

理解的基礎之上，即對萬物的存在有所說明。而與本心性體有相同內容，代表「客觀原則」的「天」也就順理成為具有「形上學第一因」性格的「終極存有者了」。

牟氏基本上認為「天」是一「形而上的實體」以「生生」為其真實的內容。但又認為天之所以為天，天之所以以「生生」為其真實的內容，都必需依靠吾人的「道德心性」來貞定。

> 天是一超越的實體，此則純以義理言者，而即如其為一如此之超越的實體，它即須被尊崇；它被尊崇即函著人須奉承之而無違，亦函著說順天者昌，逆天者亡。「事天」即是仰體天道生物不測之無邊義蘊而尊奉之而無違之意。……在事天上，「事」字之意義須完全轉化為自道德實踐上體證天之所以為天，而即如其所體證，而自絕對價值上尊奉之。[1]

也就是說，「天」是一「形上的實體」的說法，只是具有純粹義理上的形式意義，「天道」的內容仍需依靠吾人的「體證」，依靠吾人對吾人在真切的道德行為中所體認到的「絕對價值」的尊奉。因此他認為：

> 天之所以為天，上帝之所以為上帝，依儒家，康德亦然，須完全靠自律道德（實踐理性所規定的絕對圓滿）來貞定。[2]

總而言之，牟氏在他對儒學的詮釋中，確立了儒家理解「天」的基本理路：即通過「實踐工夫」和「實踐智慧」去體認一「形而上的實有」。不過，牟氏所建立的「道德的形上學」卻走入了西方傳統的形上學裡，無法支持他在早期思想中所建立的此一模式。而牟氏主張「『命』是個體生命與氣化方面相順或不相順的一個『內在的限制』之虛概念。」[3]一般所謂的「命運」指的就是這個概念。它是一個實踐上的概念，但不屬「理」，不是一個道德實踐的原則，當然也不屬於吾人的本心性體。它是一個與「氣化」有關的概念，但它卻又不是氣化本身所呈現的變化事實。所以，

---

[1]　牟宗三：《圓善論》（臺北，臺灣學生書局，1996年4月），頁136。
[2]　牟宗三：《圓善論》（臺北，臺灣學生書局，1996年4月），頁137。
[3]　牟宗三：《圓善論》（臺北，臺灣學生書局，1996年4月），頁142。

它不是一個實概念。「『命』就是吾人存在的遭遇、現實的處境，然而，為何有這樣的遭遇是無理由可說的。只有在吾人之個體生命與外在的境遇相順或相違，而使吾人感到一種無形的限制時，『命』才呈顯出來。此外，『命』與罪惡感或無明不同，罪惡或無明可化除斷盡，但是，『命』是不可化除的，命只在吾人道德實踐所證至的『天理流行』的『如』境中被轉化。」[1]換言之，「命」是一種「人力所不及」之境。於是，牟氏在「命」的概念著墨甚多的是在《孟子·盡心》的以下這段話：

> 口之於味也，目之於色也，耳之於聲也，鼻之於臭也，四肢之於安佚也；性也，有命焉，君子不謂性也。仁之於父子也，義之於君臣也，禮之於賓主也，知之於賢者也，聖人之於天道也；命也，有性焉，君子不謂命也。《孟子·盡心》

牟氏將此段話命名為「性命對揚」。「性者，氣下委於個體，就個體之初稟，總持而言之之謂也。命者就此總持之性之『發展之度』而言之之謂也。」[2]孟子這段話必須要站在「性命對揚」的意義上，才能有所體會。然而對於孟子來說，「性」有兩層意義：一層是感性方面的動物之性，屬於血氣之性的範疇也；而另一層則是仁義禮智之道性，牟氏也是從此一層來論「性善」。但不管從哪一層觀點來看待人性，在生活及道德實踐中都會遇到「命限」的景況，而牟氏就是從這個角度來把握孟子的「命」及性命關係：

> 口之於味方面皆喜歡美味，……凡此皆發自感性（動物性）之本性自然如此，無人得而否認，然而此中得不得卻有命存焉，你不可藉口說是性便可妄求，是故君子於此便不說是性，而重在命之限制。於此方面說是性，這於性之概念並無多大意義，只表示人之動物性自然如此而已。若特重此動物性之意義，則唯一的後果便是助長人之藉口而縱欲敗度而已，是以君子在此重命不重性。[3]

---

[1]　袁保新：《從海德格、老子、孟子到當代新儒學》（臺北：臺灣學生書局，2008年10月），頁226。
[2]　牟宗三：《才性與玄理》（臺北：臺灣學生書局，2002年8月），頁6。
[3]　牟宗三：《圓善論》（臺北，臺灣學生書局，1996年4月），頁151。

至於說到仁義禮智之義理之性方面，則仁之於父子方面之表現，義
之於君臣方面之表現，禮之於賓主方面之表現，智之在賢者身上之
表現，聖人之在天道方面之體證；凡此等等皆有命限存焉，並非一
往無阻皆能是全盡而無憾者。此固然也，但此中卻有性存焉，意即
此等方面之事皆原是性分中所應當盡之事，你不可藉口說有命存
焉，你便可不盡性分之所應當為而力求盡之而無憾。是以君子在此
方面不重在命（不謂命也）而重在說性之不容已。[1]

　　針對上述，李瑞全概括牟氏的解釋為：「簡言之，牟氏之解說是以第
一、二次出現之『性』為同義，均是指人的動物性或生理欲望之本性，而
以第三次出現的『性』字為人之義理之性；至於『命』字的三次出現皆為
命限命定之義，並不取天命之義；而『謂』字亦不解作稱謂，命名之意，
而指重不重，稱不稱述，依不依順之意。」[2]然命有受其正當的正命，也有
受其不正當的非命，因此要在「立命」中超越它，再進一步使它因著「天
理流行」的境界而被越過、被超化，卻不能被消除。於此可見，聖人之所
以能與天為一，就在於他能用義理之性轉化生之謂性，使「生之謂性」通
過「知命」而被正當化，並且在仁者的境界中被超越。尤有進者，「一是
從積極正面的意義來說盡心以體現仁義禮智之性；二是從消極負面的方
面說是人們克制人的動物性屬性以防止其氾濫，使其符合道德倫理的要
求。」[3]綜上所述，最終，依牟氏之「命」字作「命限」解，應無異疑。

第四節　即命立義以彰其心性天

一、對於勞思光在「心」、「性」、「天」、「命」的反省

　　勞氏認為孔子繼承了周人的精神方向，對人之地位的肯定，並以之為
儒學之源。這基本上掌握了儒學做為一門人文道德學的特點，但順勞氏以
「義命分立」的觀念，而將儒學詮釋成一種「完全的人文主義」，不免有
以偏概全之嫌。換言之，中國古代的原始宗教信仰，到了孔子是否就「完

---

[1]　牟宗三：《圓善論》（臺北，臺灣學生書局，1996年4月），頁151。
[2]　李瑞全：《當代新儒學之哲學開拓》（臺北：文津出版社，1993年3月初版），頁137~138。
[3]　石永之：〈牟宗三與孟子〉，《中共濟南市委黨校學報》（2012年6月），頁44。

全」消失了呢？「完全」的「人文化」了呢？這其實是令人頗費猜疑的。且據勞氏的說法，不僅不易解釋《論語》中諸如：「天生德於予」、「天之將喪斯文也」、「天將以夫子為木鐸」之類的文句，更將儒學中的一個重要的問題，即「天與人的關係為何」全給取消掉了。「天」在先秦儒學中的地位究竟如何？在當代儒學研究中，雖是言人人殊，但若一味地抹煞架空，似乎也不是忠於文本的作法。

其次，勞氏將自我區分為：「形軀我、認知我、情意我、德性我」的做法，顯然是受到西方哲學傳統中「身、心二元」、「知、情、意三分」的影響。孔、孟皆重「德性我」，對於「形軀我、認知我、情意我」同樣不予偏廢。《論語》重「學」，《孟子》的「踐形」、「氣一則動志」的說法，在在都表示了「形軀、認知、情意」的重要性。事實上，孔、孟並沒有將人嚴切劃割成多面向的層次。儒學中，處於具體實踐情境當下的人，是一個整體、一個整全的生命呈現。儒學中的「仁」，顯然不僅只是一「純粹的自覺活動」、一「去私念、立公心」的活動，儒家道德實踐的完成，應當是包含了「人與天之關聯的縱貫面向」、「人與自我之關聯的內在面向」、「人與生活世界之關聯的橫拓面向」以及「人與歷史之關聯的展聯面向」的一種生命活動的完全呈顯。因此，光就勞氏將「仁」完全收攝到「主體性」的這一「點」上的詮釋來看，其實是並不完整，亦不能讓人認同滿意的。

二、對於牟宗三在「心」、「性」、「天」、「命」的檢討

牟氏是近百年來嘗試詮釋並賦予中國哲學十分嚴格的知識形式。他其實是將中國哲學說的最為深刻，最足以跟西方分庭抗禮的一位成功典範。牟氏有些地方是忠於中國文化傳統，而這些是與中國文化傳統的理解上的想法是一致的。不過，當牟氏一旦賦予他一個知識的形式，交付給知識概念的語言去表達中國哲學時，其實是又出現了一些滑轉，形成了若干的誤解。

> 天道高高在上，有超越的意義。天道貫注於人身之時，又內在於人而為人的性，這時天道又是內在的（immanent）。因此，我們可以康德喜用的字眼，說天道一方面是超越的（transcendent），另一方

面又是內在的。天道既超越又內在，此時可謂兼具宗教與道德的意義，宗教重超越義，而道德重內在義。[1]

　　令人不安的是，牟氏在詮釋中國哲學的架構，是否過於依賴康德的「現象」與「物自身」之兩層存有論的區分呢？倘若依其所論，那麼做為一個無時間性、自給自足的領域，人們僅僅只要通過逆覺體證即可證入，那麼為何他又必須要折返人間，承接歷史使命，忍受現實的磨難呢？「如果實踐的工夫、修養，或是所謂的事上磨練，均需假定歷程，必須在時間中方為可能。那麼，『時間性』在中國哲學中又究竟該如何做為安立呢？」[2]於是，對於牟氏的儒學詮釋重點，袁氏便有了以下的深刻反省與批判：[3]

（一）關於「道德的形上學」的評判

　　牟氏以康德哲學系統下認知「神」的「智的直覺」來做為一切存有者之存有者性的最終基礎。雖然牟氏通過他對中國哲學的理解，以儒學中的「本心性體」取代了康德系統中的「神」而形構了「道德的形上學」。但是「就本心性體所擔負的責任仍然是賦予一切存有者以存有者性（就儒學的立場而言，即是道德性的存在意義和價值），奠立全體存有者於一可理解的基礎之上（對萬物的存在有所說明）。在本心性體的實踐中，一切我與非我的存有者並未存有化，道德界變成了一種附加於現實界之上的實踐理性之無限的精神世界。也就是說，『道德的形上學』仍然未脫『存有一神一學』（onto-theo-logy）的形式，不同的只是在儒學中的『本心性體』取代了『上帝』存有學的意蘊層次仍未撐開。終究，異於牟氏與康德，在存有論的觀點裡，沒有所謂的『價值界』與『自然界』之別，存有本身即是意義價值的最終底蘊，同時也就是自然造化的根源。」[4]

---

[1]　牟宗三：《中國哲學的特質》（臺北：臺灣學生書局，2009年7月），頁20。

[2]　袁保新：《從海德格、老子、孟子到當代新儒學》（臺北：臺灣學生書局，2008年10月），頁6。

[3]　有關袁氏對其牟氏在《孟子》「心」、「性」、「天」、「命」相關中之批判與反省，於袁氏文中有其更為精闢的見地。詳見袁保新：《從海德格、老子、孟子到當代新儒學》（臺北：臺灣學生書局，2008年10月），頁228-237。

[4]　袁保新：《從海德格、老子、孟子到當代新儒學》（臺北：臺灣學生書局，2008年10月），頁228-229。

（二）關於儒家心的自主自律的定位

牟氏表示：依儒家只承認有一道德的形上學，而不承認有一形上的道德學。

> 從海德格批判西方傳統哲學的角度來審視，這項（指牟氏的）詮釋
> 有兩個預設，卻是極具爭議性的。第一個是關於形上學的理解，牟
> 氏顯然是從「實體—神—學」這個單一架構來界定；另一個則是關
> 於道德的理解，牟氏更是徹底的只同意由康德的「自律道德」來規
> 定。但無論是前者，還是後者，都是西方特定歷史下的產品，我們
> 懷疑它們無條件的一體適用性。[1]

由此得知，牟氏解釋的缺點是忽略了兩個嚴重的問題。其一是使用主體哲學的觀點；其二是將「心」與「天」僅僅限於「道德」而談「道德的形上學」。用「天」來解釋作為「價值義的超越實體」，這樣的說法對於孟子的解釋來說是極富先驗主體性哲學色彩的道德理解。而以康德的「自由意志」、「自律」來說明「心」在詮釋上諸如：「仁遠乎哉？我欲仁，斯仁至矣」（《論語・述而》），「為仁由己，而由人乎哉？」（《論語・顏淵》），「由仁義行，非行仁義也」（《孟子・離婁》）等文句時，確實能彰顯出這些句中欲表達出儒家重視的主體在實踐上所具有的「自由性」、「自主性」與「能動性」。但是，問題的重點在於儒家所謂的仁、義、禮、智是否僅只是心的自主、自律呢？我們若是考察孟子所謂的：「乍見孺子將入於井，必有怵惕惻隱之心」（《孟子・公孫丑》），「嫂溺不援，是豺狼也。男女授受不親，禮也；嫂溺，援之以手者，權也。」（《孟子・離婁》）便可以發現，這其中的救援行動固然是源出自吾人本心的自主、自發的行為，這是吾人真切的實踐行為的內在根源，是吾人的自命。可吾人的自命卻不是吾人道德實踐的唯一根源，「孺子將入於井」及「嫂溺」對於吾人的「召喚」，同樣是促使吾人之本心靈動，發而為救援行為的發生根源。這是「天命」，是「存在境況」和其中的「當

---

[1]　袁保新：《從海德格、老子、孟子到當代新儒學》（臺北：臺灣學生書局，2008年10月），頁147。

然之義」對於吾人的呼召。對此，楊儒賓認為：

> 原始儒家所主張的道德實踐，是一種叫「情境的道德實踐」，……
> 其特點乃在於「情境心」的「情境」是先於「心」而存在；而且
> 「心」也在「情境」中交感成形。[1]

所以，我們認為儒家所謂的仁、義、禮、智，固然必須以「四端之心」的自主、自律為其根源，但是僅僅強調主體在實踐上所具有的自主性、自由性，而忽略吾人真實的存在情境，並不足以說明使人真正成為人的仁義道德。由是，牟氏帶有「主體主義」嫌疑的「境隨心轉」，卻是間接削弱了感通心靈的隨物適性及這些應是屬於主客交涉義涵的「因順」與「感應」。

（三）笛卡兒式的本有觀念之「心」的道德法則

牟氏通過對康德「自律」的概念而將儒家的「心」詮釋為一超越的「自由無限心」，將使「心」成為一完全「自給自足」的實踐主體。它不假外求，不需倚靠經驗，而只要根據它所固有的道德法則，就足以判斷道德上的是非善惡。陳榮華對此表示：

> 這種詮釋似乎將道德法則視作正如笛卡兒的本有觀念（innate ideas）。笛卡兒認為，那些必然確實的知識不來自感官經驗，因為感官經驗有錯誤的可能。它們來自上帝。祂預先把那些必然確實的知識放到人的心靈中。因此，人只要由其自然之光，將之反省出來，就可以得到它們。在這個笛卡兒的模式下去詮釋《孟子》的道德心，便似乎是天早已將所有道德原則具體而完整地放在人的心靈中。人只需要反身而自思其心，就能瞭解所有的道德原則了。[2]

陳榮華在此所要強調的是「我思」（思維我）具有完全的自給自足性。僅僅依靠思維我的自身就足以論定、保證外在世界甚至是上帝的存

---

[1] 楊儒賓：〈人性、歷史契機與社會實踐——從有限的人性看牟宗三的社會哲學〉，《臺灣社會研究季刊》第一卷第四期（1987年），頁158-159。

[2] 陳榮華：《葛達瑪詮釋學與中國哲學的詮釋》（臺北：明文書局，1998年3月），頁257。

在。而牟氏所謂的「自由無限心」具有同樣的自給自足性，對自由無限心而言，便似乎是天早已經將所有道德法則具體而完整地放在人的心靈中了。只要人的本心發用，就能訂立所有的道德法則，而「獨力」完成道德實踐，給出所有存有物之道德性存在（亦即其存在價值）。但是，誠如筆者前述，所謂的「天命」是此有在其當下的處境中，去聆聽、領會「當然之義」（他的本真存有，亦即是存有自身）對他的召喚，這樣的一種天命的下降是從不間斷的，天絕不能是將某些道德法則運送到人的心中後，便將人棄之於不顧的。陳氏也指出了「人的道德心是由於接受了道德——仁、義、禮、智——的冒出，才得以成立。因此，人的道德心不是自主的。它必須等待道德的冒出且觸動它。」[1]雖然，「陳氏的理解本身略有問題。」[2]不過，顯然「陳氏亦掌握到了將儒家所謂的『心』理解作主體性，並以之作為價值創造的唯一動源，在做為人存在的動源中，並不是完全地自給自足的，此即是一個重點。」[3]

（四）關於「天」盡其獨立的地位和意義

我們得知「無限心」以及「一切的存在活動皆攝於主體（人）」，是牟氏「道德的形上學」的基本預設。但是，因著牟氏的這兩個基本預設，卻是使得「天」在牟氏的詮釋系統中，不能有其獨立的地位和獨立的意義。雖然牟氏指出「天」是一「形上的實體」，並以「生生」為其「天道」的內容。但是本於其「道德的形上學」的立場，他終究還是認為「天之所以為天」必需由吾人的「本心性體」之「自律」來加以貞定。「如果人的『心』就是自給自足的道德主體，則人當下就可以訂定道德法則，且又依靠自己的能力，在這法則的引導下，作出道德的行為，完成對道德的實踐。如此一來，人無須他求，而僅依靠他自己本身，就足以成為聖人。在這個成德的過程中，天不扮演任何關鍵性的角色。」[4]如此看來，這樣一

[1] 陳榮華：《葛達瑪詮釋學與中國哲學的詮釋》（臺北：明文書局，1998年3月），頁257。
[2] 袁氏於此表示：陳氏的反省，立基於海德格對「主體性」的批判，確有洞見。但是將「道德」解釋為「冒出」，因而人心只是呈顯出被動的「接受」，完全取消人在道德實踐中的「自主性」，如此說來，似乎也不是忠於文獻的解讀。又，唐君毅先生在維護「天命」概念的詮釋中，指出道德實踐中「自命」與「他命」的一體呈現，其實是一個較為持平的看法。
[3] 袁保新：《從海德格、老子、孟子到當代新儒學》（臺北：臺灣學生書局，2008年10月），頁230-232。
[4] 陳榮華：《葛達瑪詮釋學與中國哲學的詮釋》（臺北：明文書局，1998年3月），頁257。

種對「天」的意義詮釋是很有問題的，這也就是為什麼僅以「心」來做為自足的道德心，在「道德的形而上學」的內部中，會因此而產生種種的義理矛盾及衝突。

（五）關於「立命─知天─知性」的存有學性格

牟氏「存在詮釋」所豁顯的境界，是以其「無限智心」為吾人的本心，從日常生活中的實踐主體只能是由「無限心」所轉化曲折為「坎陷」而成的主體。雖然它必需要落實到具體的生活世界中，但就主體自身而言，它仍舊是普遍的、絕對的精神自體的自我開展。楊儒賓認為：

> 當牟氏以起信論──黑格爾式的思維模式解決社會實踐（傳統的語
> 言稱之為外王）的窘境時，社會實踐雖然也可以有局部的自主性，
> 但這種自主性乃是無限心內在的驅力，「自我坎陷」為主──客的
> 對列而成。社會實踐的主體依然是無限心曲折轉化而成的主體，它
> 雖然需要落實到具體、特殊的生活世界裡來，但就主體本身而言，
> 它依舊是普遍的，依舊是精神自體的自我發展。[1]

然而在牟氏的理解系統中，「生活世界」的概念究竟為何？存在於世界中的實踐主體」又究竟為何？綜上所述，顯然都不能取得其獨立的地位和意義。於是，在牟氏的詮釋系統中，終將淪為褫奪性的第二序的概念。

我們從牟氏所謂的「自由無限心」和「良知的自我坎陷」，可以瞭解到他對「心」的理解基本上仍舊是本著西方傳統心靈哲學的「知、情、意」三分的架構。「道德心」只是「知、情、意」三分中的部分，是人類理性的一種「機能」（faculty）。然而，如袁氏文中提及：

> 在基本存有論的觀點來看，如果「性」指著人之所以為人的「存
> 有」，那麼，孟子的以「心」說「性」，就不是指人所具有的一種
> 超過、多過一般動物的機能（faculty）──「心」，而是指唯有人
> 能夠「明於庶物，察於人倫」地活在世界之中。換言之，「心」在

---

[1] 楊儒賓：〈人性、歷史契機與社會實踐──從有限的人性看牟宗三的社會哲學〉，《臺灣社會研究季刊》第一卷第四期（1987年），頁148。

這裡是指著一種存活的能力（ability-to-be），旨在凸顯天地萬物只
有人具有領會、詮釋自我的可能性。[1]

　　因為不是現成擺在眼前的事物，不能被我們感知的同時，我們也無法
認識其實質內涵。然而，我們雖無法從感觸直覺或是名言概念上理解，卻
可以從意義下來領會人之所以為人的豐盈可能性。也就是說，孟子所謂的
「人之所以異於禽獸者幾希，庶民去之，君子存之。舜明於庶物，察於人
倫，由仁義行，非行仁義也。」（《孟子‧離婁》），並不是在「量」上
強調人比禽獸多出了某種能力，而是要指出人之所以為人的「心」，苟能
充盡的呈顯，則吾人亦能如舜一般的「明於庶物，察於人倫，由仁義行，
非行仁義」。但吾人若不能「存養」、「擴充」此「心」，則「違禽獸不
遠」。所以，孟子顯然是從人所「能是」（ability-to-be）的觀點來予以說
明出人之所以為人。因此，我們若是以「心」來做為知、情、意三分中的一
部分，成為了理性的一種機能。如此一來，便無法說明人之所以為人了。
　　袁氏認為，牟氏對問題的提問方式是康德式的。關於這一點，楊氏則
有著更為清楚的說明：

　　　牟氏提出問題的方式是康德式的，也就是「主體要具備何種條件才
　　有可能」式的。牟氏所提出的問題，雖然橫跨了形上學、知識論及
　　倫理學的領域，就議題的指涉而言，確實彼此不一定相干，但就這
　　些議題的依據而言，牟氏認為它們都是依據主體的某些「條件」才
　　能成立。但牟氏所說的「主體的終極條件」，就如同康德所說的一
　　樣，所強調的都是人「理性的」、「普遍的」、甚至是「先驗的」
　　能力。……這些「條件」是超時空限制的，無關於個人及歷史、社
　　會情境差異。[2]

　　於是「自由無限心」就是在這種提問的方式下所產生的「主體的終
極條件」。無限心能「開」道德界、存在界，所謂的「開」指的是根據某
些「條件」而做為保證其道德界、存在界能夠得以成立。反之，我們若不

---

[1]　袁保新：《從海德格、老子、孟子到當代新儒學》（臺北：臺灣學生書局，2008年10月），頁234。
[2]　楊儒賓：〈人性、歷史契機與社會實踐——從有限的人性看牟宗三的社會哲學〉，《臺灣社會
　　研究季刊》第一卷第四期（1987年），頁148。

承認此一「無限心」，則牟氏的所有詮釋系統將全然失去依據。「牟氏對『心』的這樣一種詮釋顯然是站在全知、果位的立場，而將主體道體化，當然，相應地，在道德的形而上學中的道體亦是一主體化的道體。」[1]由此說「心」，心自然是無限的。但是儒學做為一門實踐哲學，其中「心」的概念的無限性，是必然要呈顯在它的整個實踐過程中的，我們不能將「心」予以「形上化」、「實體化」甚至「上帝化」後，再從它和存在界、道德界的結構關係來賦予它無限性。徐復觀先生便表示了與我們相類似的看法，他說：「心的作用是由工夫而見。是由工夫所發出的內在經驗，它本身是一種存在，不是由推理而得的（如形而上學的命題）。」[2]

　　於是我們認為「儒學的性格是『在世』的，孔、孟對人的指點是以人的日常生活為基礎的，而人的實踐行為（動源是心）是必然地要走進這廣大的生活世界中，去領會天之明命，通過對天命和世界的瞭解，去開顯自己和其他非己的存有者的存有，藉此瞭解並且開顯了天地萬物的存在意義。」[3]最後，對於牟氏這樣一種將「心」視為一終極的存有物（實體），並予之為道德、存在兩界所以建立的根據的理解方式，是將其「心」轉化為人的價值—現實兩層存在結構的樞紐。如此一來，不但不能反映出心做為他所謂的「人具體的實踐生活之本源與動力[4]」的意義。最終，將遺漏了心在「立命—知天—知性」中所呈顯出來的存有學性格。

　　即便如勞氏、牟氏為代表突出生命的學問，對孟學有較多的價值體驗和認同。不過，關於人們尋找安身立命的家園，我們卻清楚明白這個家園肯定無法建築在天上，而只能在人間構建。這就是西方哲學如果只講理想而疏離現實，只講抽象思辨而疏離生活世界，這種理想和抽象思辨不僅對人類生存無所幫助，而且自身也會失卻生命活力。由此看來，未來的中國哲學發展哲學與現實的生活世界的聯繫問題將是一個重要的議題。用海德格的話就是「遺忘了存有」，活在眼前當下的現在。線性的時間觀被打破，從未來返回現在，現在又是由過去積累而成，過去與未來同時拋擲現在，而形成迴轉的時間觀，過去與未來統一於現在，也由當下來開展。

---

[1]　林安梧：《儒學與中國傳統社會之哲學省察》（臺北：幼獅文化事業公司，1996年4月），頁211。

[2]　徐復觀：《中國思想史論集》（臺北：臺灣學生書局，1988年2月），頁248。

[3]　林安梧：《儒學與中國傳統社會之哲學省察》（臺北：幼獅文化事業公司，1996年4月），頁216-218。

[4]　牟宗三：《道德的理想主義》（臺北：臺灣學生書局，1985年9月），頁125。

　　深刻反省了對於勞氏及牟氏的說法，於是我們發現獲致「義命合一」這項結論的關鍵，在於一開始我們就不能將「人」與人之生命引動展開的場域「世界」對立起來，並將「自我」定位在「主體自由」的領域，而將「世界」定位為「客觀限制」的「事實界」；相反的，我們應該跨越這些二分性的理論障蔽，回到存在體驗的層面，從人與情境互動回應的一體性的經驗出發，從而明白「義之所在，即命之所在」。因為倘使一個人的行動總是離不開體會的生命情境，那麼，決定何者是義所當為、何者不是義所當為，一方面固然源自於自命、自我要求；但另一面，自命又何嘗不是來自於這個具體情境的召喚與限定呢？如是，落實使人得以為人的價值，代代承襲此一文化慧命，方得以成就儒者為之儒者的內聖外王之道。

　　中國哲學本就有其自己的特點，和西方哲學走的不是同一條路子，用西方哲學的方法研究中國哲學勢必圓鑿方枘，兩不相契。於是，人們逐漸反省是不是應該重新考慮如何研究孟子的問題。儘管近十幾年來的研究成果還有這樣那樣的不足，但擺脫「西學化向」，已然形成了一個基本的共識。擺脫「西學化傾向」不是說西方哲學的方法一概不能借鑒，而是強調借鑒不能替代本根，方法可以多樣，但必須充分重視中國哲學的特質。換言之，「本根必須牢牢紮在儒家哲學土壤之上，擺脫『西學化傾向』，已經有了好的開頭，一個好的徵兆，將是預示著一個大的時代即將到來。」[1]

　　如果我們採用海德格的進路，或是其他理解的路數，觀察前輩所論的困難窘境，不僅能夠克服省察並回歸文本，亦能夠撞見對於文獻足夠支撐的相互呼應。如此一來，無論是中國或是西方漢學家，皆能將其自身努力的見地用以嫁接至孟子學的現代詮釋上，並且逐步地得到樂見的迴響。於是，對於孟子的詮釋便不再是聊備一格的別出心裁，而是名家薈萃，讓經典持續發揮它的照明功能；佳作紛呈，讓經典融攝並解釋現代的經驗自身，成為了值得尊重並予以肯定的不朽。回顧孟學發展的歷史脈絡，漫長著作注疏可謂汗牛充棟，我們如何能以新視野來做為重探孟學的走向流變。相關問題，正可從致力於孟學的中西方漢學家來獲得啟發。文獻推知得以尋求解惑可能，還原經典獲致合理邏輯的思想掌握，傾力詮釋隱蘊因素，追問詮釋背後預設根據，始之融涉並將其納入隸屬的時代背景下來進行理解。

---

[1]　楊澤波：〈二十世紀孟子研究中「西學化傾向」的發展和趨勢〉，《傳統文化與現代化》第三期（1999年），頁19。

　　因此，無論是如前賢、新儒家，或接續的漢學家葛瑞漢、華靄仁、安樂哲等等，甚至是做為後輩的孟學研究者，在未來的中國哲學發展中，相對於「存在」問題的探尋不僅不會過時，而且還將佔有極重要的位置。尤有進者，只要哲學繼續為人類尋找著安身立命的家園，對問題的探尋就不會停止。儘管從現實的生活世界看，「牟氏對形上追求和本體建構又確實有一種疏離之感，這就是未能解決本體論與現實生活打成一片的問題，是儒學重建本體論的危機與困境。」[1]

　　每一個時代的詮釋者在詮釋其經典時，皆是立足於自身的情境出發，是探源詮釋所關懷的歷史意識，是為自身開啟文本於當前的適用性。於是，康德也好，海德格也罷，每位詮釋學者因其立場路數的對立歧異，自我的省視並比對其中的研究成果，誤解的除卻及疑慮的澄清，亦只是對於理解有其不同的體會罷了。換言之，因著時代不同，問題意識各異，所以，無論是中國亦或是西方漢學家，皆能期許在歷史的風雨傳承中，扮演著舉足輕重的「接著講」的角色，於是有了葛瑞漢，有了華靄仁，有了安樂哲……。終非僅是無關緊要的論述，也絕非是附庸與之流行的「照著講」之馬前卒。

---

[1]　李維武：〈現代新儒學重建本體論的貢獻與困境〉《中國哲學的現代轉型》（北京：中華書局，2008年7月），頁101。

第三章　葛瑞漢的《孟子》詮釋

第一節　問題的提出

　　葛瑞漢（Angus C・Graham，1919—1991）[1]，當代英國著名漢學家和哲學家，主要的研究「《孟子》人性理論背景」是在何種情況之下被提出來的。葛氏對於中國哲學的特點有著較為深刻的理解，認為「中國人看待世界的思維和方式傾向於相互依存，而非各自獨立；整中有分，而非部分集合；對立雙方相互補充，而非相互矛盾；萬物各自變化，而非靜止無息；重物之所用，而非物之質；關心相互感應，而非因果關係。」[2]接著，並指出在公元前四紀的「性」並非專屬一種哲學術語。他的意思是說在中國古代所言及的「性」，剛開始主要是屬於每一個關心健康和希望長生的普遍人的共通語言，並且涉及人類所特有生命的「進程」，因為擴大到有生命無生命的成長變化歷程的各種特徵，而將其意轉化成了（nature）。原本「性」是專門用來指稱人的健康生命的概念，其後擴大到適於它一切事物的成長並因應事物所發生的特性時，因而被翻譯成了「本性」（nature），最終，「性」也因此進入了哲學領域的範疇。

　　葛氏終生致力於中國古代思想的研究，並發表了多篇相關的論文，希望通過研究中國古代思想以尋找並解決現代西方哲學問題的方法，故採用思想史的背景來研究孟子的人性論。自《呂氏春秋》開始，花了相當大的功夫在先秦文獻的鑽研，使之能夠利用「性」這個語詞作為原始的含義，並藉此引用相當的論據，作為學說有利的論證，以便再回過頭來省察孟子的人性論。由此之外緣漸進至內裡，再依序切入孟子的核心論述。

　　按葛氏的說法，「對於在《孟子》中關於『性』的概念，採取了亞里

---

[1] 葛瑞漢是當代英國漢學界中國古典文學研究領域的權威。1949年取得倫敦大學亞非學院（School of Oriental and African Studies, SOAS）文學學士學位，並擔任古漢語講師，亦於1953年以研究程明道與程伊川的博士論文取得哲學博士學位。治學範圍甚廣，包括先秦時期的研究及對二程的研究和對中國古代漢語的研究，並成為當時倫敦大學最富盛名的中國學研究專家。

[2] 吳濤：〈英國漢學家葛瑞漢的中國學研究〉，《北方文學》中旬刊（2012年5月），頁231。

斯多德『本質』的概念來理解關於『性』的傾向，通過了宣稱不僅性是由天來做決定，以及這一決定構成了事物特有的進程。為了完善他的能力，促進心性的成長，人亦須參與他們關於『性』的成熟的進程中，就為古典儒家對於天人關係問題的解決開闢了道路。」[1]同時認為，在中國早期「性」的這個概念早已被規範好並想像為一種事物特有的生的進程，同樣被真實地想像成為關於這一事物的一種可觀察到的事實。葛氏延續了劉殿爵[2]的大部分主張，並從孟子同時代其他如《呂氏春秋》思想文本中挖掘出孟子人性思想的諸多源頭。他將孟子所處的公元前四世紀定義為由社會危機轉向哲學危機的時期。饒富玩味的是，葛氏從中發現了孟子關於「性」的看法與包括楊朱在內的早期之養生及養性學派間有著密切的關聯。

接著葛氏認為，雖然儒家駁斥這種陳論，但假若我們接受作為流行於公元前四世紀學說在《呂氏春秋》中所記錄的追求其自身健康、歡樂與長生是一項正確的描述，而非以普遍的善來做為人的本性。換言之，《呂氏春秋》中經常言及的養生部分，已經注意到了不可避諱的關於天和權威的部分。於是，人的不可改變的本性是源自於上天的賜予，關於此點，就連儒家亦無法否認。然而，既然屬於人控制之外的每件事情皆被定義為屬於天的方面，葛氏不免要問：「若是上天有意祖護楊朱，那麼儒家欲求助的，將又是什麼樣的權威呢？」[3]再者，假若天已然是確立了的一種秩序，在此秩序中，每一事物都有其本性，那麼，是否如同其他事物一樣，人應該是通過生命週期與其性相符合，皆是無需自我證明的善嗎？倘使天已然是最高的權威，那麼究竟要在何種程度上，我們才能夠得以揀擇天已經賦予我們本性的那種道德呢？由此觀之，楊朱的養生學說實際上是激發了孟子學說中的「性善」論。而為了能夠確認「性」的這一詞語的完整概念義涵，葛氏便回溯到了《孟子》周邊及其相關的文本，來做為說明探賾的支撐言論。

葛氏於1976年發表了一篇〈孟子人性理論的背景〉的一篇長文，詳細考察了古代中國文獻中「性」的概念，特別是針對於孟子的性善理論。此

[1] 葛瑞漢：〈孟子人性理論的背景〉《孟子心性之學》（北京：社會科學文獻出版社，2005年3月），頁70。
[2] 劉殿爵（D.C.lau, 1921-2010），香港語言學家、翻譯權威和哲學家，在1963年至1979年間翻譯成的《道德經》、《孟子》及《論語》英文版獲國際學術界公認為標準譯本。
[3] 葛瑞漢：〈孟子人性理論的背景〉《孟子心性之學》（北京：社會科學文獻出版社，2005年3月），頁23。

文一出，令學術界為之一振。其中孟子的人性論曾發生了一次影響很大的爭論，特別是在安樂哲（Roger T. Ames）和華靄仁（Irene Bloom）之間的爭論。安氏和華氏兩人皆是在葛氏文章的前驅之下，各自造成了不同的理解分歧。是故，兩人分別為文，對其見解表達論點「各殊」的看法。

　　葛氏以博大精深的學術研究而蜚聲四海，治學嚴謹，言必有據，著作完全立足於中國的經典哲學，對中國哲學有著開創性的研究，於漢學、語言學和哲學交匯處皆見其卓越學識的觀點。關於此一問題提出，筆者綜觀國內碩博論文皆未涉及葛氏等漢學家的相關議題論述。於此可見，國內學術界對於葛氏所做的研究的重視程度還是不夠，期待能有更多的學者專家能從跨學科領域視角出發，對於葛氏作為漢學研究的思想，進行更為深入細緻的研究。職故，本文將以漢學家的論著來做為研究材料，將葛氏等人的說法當作線索，納入論文的研究領域，期將視野打開，注入新血，希冀從孟學領域的意義中翻新出來。透過中西普遍的問題來察覺到內在的差異，從而為中西文化的會通尋找一線希望。倘若研究得出新義，駕馭了新的素材，並從新的素材中提煉，再度成了新的看法。相信便是取得了最新漢學界的材料，亦是與時俱進的目標臻得及自我融通的諄諄勉勵。

第二節　文獻的依據

　　葛氏之所以將先秦思想的研究來作為起點，起因是因為先秦時期的思想發展，已然確定了中華文明的主要走勢，並認為中西方文化覺醒之初，早就形成了它的基本觀點。在此理論的背景下，開始了對於中國古代思想世界的探索，藉西方學者的立場，全面詮釋了各家的哲學思想，並得到許多新的見解。葛氏在〈孟子人性理論的背景〉中鉅細靡遺地考察了中國古代文獻中有關於「性」的諸多概念，以做為人性理論的相關依據。關於「性」的這一概念，最初並非是什麼重要的問題，卻因楊朱「全性保真」的思想觀念，而被葛氏用來直截做為人性中屬於本性之性的哲學問題，於後，性的概念才被正式躍升而成為一個哲學性的問題。因此，葛氏所做的一項卓越性的工作，便是考察了在古代文獻中「性」的概念，用以解釋孟子所面對的人性問題。於是，「在面對同時代的論敵時，孟子的『性』的

1　針對兩人對於「性」的概念之迥然殊異的理解，將續於葛文後兩章梳理。

概念便是代表了他這一方去重建早期儒學規範之合法性的努力。」[1]

一、《呂氏春秋》及《左傳》之論述概念

葛氏認為在《呂氏春秋》中，人們將其本性視為其利己主義且有著形上學的基礎，反應出人初始本來的含意，同時也指出了人的健康養生和存全。但是到了孟子的時代，「性」的意涵便逐次擴大並將其意義推擴開展。

> 本生二曰－始生之者，天也；養成之者，人也。能養天之所生而勿攖之謂天子。天子之動也，以全天為故者也。此官之所自立也。立官者以全生也。今世之惑主，多官而反以害生，則失所為立之矣。譬之若修兵者，以備寇也，今修兵而反以自攻，則亦失所為修之矣。《呂氏春秋‧孟春紀‧本生》

> 萬物章章，以害一生，生無不傷；以便一生，生無不長。《呂氏春秋‧孟春紀‧本生》

萬物皆繁且盛並繼之以茂美，倘若以此傷害一個生命，那麼生命將無法避免被傷害；如用以養育一個生命，那麼此一生命將無不長壽。最初創造出生命的是天，養育生命並使之成長的是人，能夠保養上天創造的生命而不摧殘它，這樣的人必稱之為天子。成就一個人的生命原則必以全天為故者也，其「性」、其「本性」便是以完成其壽命為其本衷。但是，關於涉及一個人之完整的生命歷程的「性」，僅憑文中所言的「生」的概念，將無法被我們接受並加以證實承認。

> 夫水之性清，土者抇之，故不得清；人之性壽，物者抇之，故不得壽。物也者，所以養性也，非以性養也；今世之人，惑者多以性養物，則不知輕重也。《呂氏春秋‧孟春紀‧本生》

---

[1] 安樂哲、江文思編：〈導論〉《孟子心性之學》（北京：社會科學文獻出版社，2005年3月），頁2。

> 無為之道曰勝天，義曰利身，君曰勿身。勿身督聽，利身平靜，勝
> 天順性。順性則聰明壽長，平靜則業進樂鄉，督聽則姦塞不皇。
> 《呂氏春秋・季春紀・先己》

　　性的概念似乎是作為來自一個健康的人之生命的進程開始的，而且
相當範圍的擴大到所有無生命及有生命之物，當他們沿著其特有的進程已
經發展和正在發展，再擴大到將他們的特性並賦予所有的事物之時，它將
逐漸被「本性」（nature）做為解釋。除非是遭受到外界的傷害，否則其
「本性」（nature）將是成全並完成其壽命的最初與最終目的。人本來是
能夠長壽的，因外物使他迷亂，導致人無法達到長壽；外物本來是供養生
命的，不該是損耗生命去追求它。於是，「物也者，所以養性也，非以性
養也」。職是，順應天性就會聰明、長壽，平和清靜便趨事業發展，百姓
亦將樂其歸依；反之，則將近於奸邪更甚至是閉塞惶惑。

　　在此所言的「性」仍是「被規範」的，是一種事物特有的生的進程。
更甚至是說明了「水的『本性』（nature），一如水的清澈，顯然被揀擇
成為水的最佳狀態，除非遭受外物的汙染損害，否則它必將保持持續且如
此的清澈。」[1]大體而言，儘管當時的「性」強調的是一個人的健康與長
生，不過，亦涵括了人民的興盛，比如「勿使失性」、「民樂其性」、
「莫保其性」等等。[2]使用這些語詞，是要對於政治管理者諄諄告誡，告誡
他要讓老百姓勿失其性，勿失去他們應有的生活水準。這裡的「性」，依
舊是指著是「人特有的生命的進程」。

> 古人得道者，生以壽長，聲色滋味能久樂之，奚故？論早定也。論
> 早定則知早嗇，知早嗇則精不竭。秋早寒則冬必煖矣，春多雨則夏
> 必旱矣，天地不能兩，而況於人類乎？人與天地也同，萬物之形雖
> 異，其情一體也。故古之治身與天下者，必法天地也。尊酌者眾則
> 速盡，萬物之酌大貴之生者眾矣，故大貴之生常速盡。非徒萬物酌
> 之也，又損其生以資天下之人，而終不自知。功雖成乎外，而生虧
> 乎內。耳不可以聽，目不可以視，口不可以食，胸中大擾，妄言想

---

[1]　葛瑞漢：〈孟子人性理論的背景〉《孟子心性之學》（北京：社會科學文獻出版社，2005年3
　　月），頁21。

[2]　《左傳》襄公十四年，昭公八年、十九年。

見，臨死之上，顛倒驚懼，不知所為，用心如此，豈不悲哉！《呂
氏春秋・仲春紀・情欲》

　　世上富貴的人對於聲色滋味的態度大多是糊塗的。他們日夜追逐，倘
使幸而得之，便放縱而無法自禁。可一味放縱自我不能自禁，生命又豈能
不受傷害？對照古代的得道之人，生命得以長壽，樂音、彩色、美味能長
久地享受，又究竟是什麼緣故呢？那是由於尊生信念早已確立之故，因為
尊生信念已然確立，便可知曉如何儘早珍視生命，與生命息息相關的種種
便不會因此而告衰竭。

　　是故，一個統治者絕不輕言犧牲個人生命的完備來成就國家。因為最
初產生萬物的，是天；養成萬物的，是人；養成天所產生的萬物而不觸犯
它的，是天子。天子的行為就是做為保全人的天性和生命，這也就是為何
要設立官職的原因。設立官職是為了保全生命，個人也不該在危及其健康
和安全的情況下，將國家自身作為一份禮物並欣然地接受他。這種「利己
主義」哲學基礎是架構在「性」的概念之上，於是開始被解釋為「本性」
（nature）。「始生之者，天也；養成之者，人也。」人的生命原則，皆
以全天為故，就是做為保全人的天性和生命之事的行為。由此可見，除非
是遭受到外界的傷害，否則「本性」（nature）將是成全並完成壽命的最
初與最終目的。

今有聲於此，耳聽之必慊，己聽之則使人聾，必弗聽；有色於此，
目視之必慊，己視之則使人盲，必弗視；有味於此，口食之必慊，
己食之則使人瘖，必弗食。是故聖人之於聲色滋味也，利於性則取
之，害於性則舍之，此全性之道也。世之貴富者，其於聲色滋味也
多惑者，日夜求，幸而得之則遁焉。遁焉，性惡得不傷。《呂氏春
秋・孟春紀・本生》

萬人操弓，共射一招，招無不中。萬物章章，以害一生，生無不
傷；以便一生，生無不長。故聖人之制萬物也，以全其天也。天全
則神和矣、目明矣、耳聰矣、鼻臭矣、口敏矣，三百六十節皆通
利矣！若此人者：不言而信，不謀而當，不慮而得，精通乎天地，
神覆乎宇宙；其於物無不受也，無不裹也，若天地然！上為天子而

不驕，下為匹夫而不惛，此之謂全德之人。《呂氏春秋・孟春紀・
本生》

通過追求外物以損害生命以及過分放縱其耳、目、口之欲，所以，聖
人對於聲、色、滋味等這些東西，有利於生命的就擇取，有害於生命的就
捨棄，這便是保全生命的方法。世上富貴的人，其中沉迷於聲、色、滋味
的人很多，日夜追求這些東西，有機會得到就放縱逸樂不能自禁。試問，
無法自禁的生命，又豈能不受到傷害呢？

尤有進者，世上萬物明媚繁盛，倘使用來傷害一個生命，生命豈能不
被傷害；如果用來利於一個生命的成長，那麼生命沒有不被培養成長的。
所以聖人支配萬物，用來保全它們的天性。天性若是得以保全，那麼精神
和暢，耳聰目明，鼻子靈敏，口齒伶俐，全身關節皆能通暢利索。如此一
來，諸如此類之人，不須說話便得信用，不用謀劃就會得當，不假思索就
有所得。其精神通達天地，覆蓋宇宙，無所不包，無所不受。他們上達天
子而不驕，下做百姓而不憂。惟此，才稱得上是德行兼全之人。

天之愛民殃，豈其使一人肆於民上，以從其淫，而棄天地之性？必
不然矣。《左傳・襄公十四年》

淫則昏亂，民失其性。是故為禮以奉之：為六畜、五牲、三犧，以
奉五味；為九文、六采、五章，以奉五色；為九歌、八風、七音、
六律，以奉五聲。為君臣上下，以則地義；為夫婦外內，以經二
物；為父子、兄弟、姑姊甥舅、婚媾姻亞，以象天明，為政事、庸
力、行務，以從四時；為刑罰威獄，使民畏忌，以類其震曜殺戮；
為溫慈惠和，以效天之生殖長育。民有好惡、喜怒、哀樂，生于六
氣，是故審則宜類，以制六志。哀有哭泣，樂有歌舞，喜有施舍，
怒有戰鬥；喜生於好，怒生於惡。是故審行信令，禍福賞罰，以制
死生。生，好物也；死，惡物也。好物，樂也；惡物，哀也。哀樂
不失，乃能協于天地之性，是以長久。《左傳・昭公二十五年》

由上文得知，它包天含地籠罩在我們所產生的六氣之中，換言之，
上天既是無微不至的愛護百姓，又豈會讓一個人在百姓頭上任意妄為，放

縱他的邪惡而失去天地間原有的本性呢？這裡用一個人的生命變化過程中特有的進程來說明天地之「性」，因此構成了天地及六氣（風雨、陰陽、晝夜的精氣）中所產生特有的生命進程。人的這些精氣隨其口而形成了五味；散佈於人身即顯露其五色；傳輸於聲音又變成了五音……，其後，眾精氣藉由轉換過程又產生了喜、怒、哀、樂、愛、惡等六種情感。

　　葛氏表示，儘管他不甚理解其中的對應關係及其義涵，但似乎能夠理解的是在這些氣與情的關係中，能夠視出陰、怒等否定詞是來自於地，而相對於陽、喜等肯定語則是源自於天。是故，要使行動能夠審慎，命令得以信用，便要能夠使用禍福賞罰，用以制約死生。生，是人們喜好的事情；死，是人們厭惡的事物。喜好的事情，是歡樂；厭惡的事物，是哀傷。歡樂不失於禮，就能協調天地的本性，也因此才能夠得以久長。若是過度於精氣，縱欲於情氣，便會造成健康受損，壽命縮減，保生無障。尤有進者，「性」的指涉便是指用來維護、保障並用以平衡的「氣」，因其「生」而維持其特有生之間的進程，於此，才得以成就其「性」。

二、楊朱的「全性保真」和子華子的「全生為上」之脈絡淵源

　　公元前四世紀，「性」還不歸屬於哲學術語的範疇，但承前所述，是屬於每一個關心其健康並且希望能夠永保長生的人之普遍語言。隨著養生保生的提倡者因而進入了哲學的領域。其中最具代表性的便屬楊朱（約生於公元前350年），標舉「為我」旗幟，而遭致孟子的大肆抨擊。楊朱認為做人應該要「全性保真，不以物累形」。

> 夫弦歌鼓舞以為樂，盤旋揖讓以修禮，厚葬久喪以送死，孔子之所立也，而墨子非之。兼愛尚賢，右鬼非命，墨子之所立也，而楊子非之。全性保真，不以物累形，楊子之所立也，而孟子非之。《淮南子・氾論訓》

　　楊朱認為，必須「知生之暫來，知死之暫往」，從而「樂生」，以「存我為貴」。既不能「損一毫而利天下」，也不能「悉天下而奉一身」，如此一來方能「天下治矣」。不能為貪羨「壽」、「名」、「位」、「貨」所累，從而「全生」，使「君臣皆安，物我兼利」（《列子・楊朱》）。因

此，如何實現「全性保真，不以物累形」（《淮南子·氾論篇》），便是
楊朱學派的思想核心。楊朱所說的全「性」保真，那個「性」所指的是人
的自然生命的健康及生命的存全而言。因此，回歸自然便是楊朱學派的主
張要求。學說提倡既不損己為人，亦不損人為己，兩端張揚兼馳卻是難顧
齊全的罅漏主張，故此套言說思想在歷史上屢受非議，其中，孟子便發難
並痛斥其「拔一毛而利天下，不為也。」[1]

　　子華子，戰國時期魏國人。據劉向〈子華子序〉：「程氏，名本，
字子華，晉人也。」曾經為其趙簡子家臣，又「博學能通憤典丘索及故府
傳記之書。性闓爽，善持論，不肯苟容於諸侯。」後至齊、回晉，均不能
用。退而聚徒講學、著書。

　　子華子是楊朱思想的繼承者，主張節制情欲並講究養生之道，防範
疾病的發生，俾能盡其天年。強調生命遠比「爵為天子」、「富有天下」
（《呂氏春秋·重己》）來得寶貴。又於「道之真，以持身；其餘緒，以
為國家」（《呂氏春秋·貴生》），個人利益看得遠遠重於國家利益。

> 韓、魏相與爭侵地，子華子見昭釐侯，昭釐侯有憂色。子華子曰：
> 「今使天下書銘於君之前，書之曰：『左手攫之則右手廢，右手攫
> 之則左手廢，然而攫之必有天下。』君將攫之乎？亡其不與？」昭
> 釐侯曰：「寡人不攫也。」子華子曰：「甚善。自是觀之，兩臂重
> 於天下也，身又重於兩臂。韓之輕於天下遠，今之所爭者其輕於韓
> 又遠，君固愁身傷生以憂臧之不得也？」昭釐侯曰：「善。教寡人
> 者眾矣，未嘗得聞此言也。」子華子可謂知輕重矣。知輕重，故論
> 不過。《呂氏春秋·開春論·審為》

　　韓、魏兩國互相爭奪侵佔來的土地，子華子拜見韓昭侯（公元前358-
333年），見韓昭侯面有憂色便警告他：「不要為了爭一點地方而『愁身傷
生』，既然沒有人會以失去一只手臂為代價來接受整個天下，雖說一塊地方
固然小於天下，但較之危及生命而言，肯定是比損傷一臂更為嚴重得多。」[2]

---

[1]　孟子曰：「楊子取『為我』，拔一毛而利天下，不為也。墨子『兼愛』，摩頂放踵利天下，為
　　之。子莫『執中』，執中為近之。執中無權，猶執一也。所惡執一者，為其賊道也，舉一而廢
　　百也。」《孟子·盡心》

[2]　葛瑞漢：〈孟子人性理論的背景〉《孟子心性之學》（北京：社會科學文獻出版社，2005年3
　　月），頁20。

子華子曰：「全生為上，虧生次之，死次之，迫生為下。」故所謂
尊生者，全生之謂。所謂全生者，六欲皆得其宜也。所謂虧生者，
六欲分得其宜也。虧生則於其尊之者薄矣。其虧彌甚者也，其尊彌
薄。所謂死者，無有所以知，復其未生也。所謂迫生者，六欲莫得
其宜也，皆獲其所甚惡者，服是也，辱是也。辱莫大於不義，故不
義，迫生也，而迫生非獨不義也，故曰迫生不若死。奚以知其然
也？耳聞所惡，不若無聞；目見所惡，不若無見。故雷則掩耳，電
則掩目，此其比也。凡六欲者，皆知其所甚惡，而必不得免，不若
無有所以知，無有所以知者，死之謂也，故迫生不若死。嗜肉者，
非腐鼠之謂也；嗜酒者，非敗酒之謂也；尊生者，非迫生之謂也。
《呂氏春秋・仲春紀・貴生》

　　子華子的名言：「全生為上，虧生次之，死次之，迫生為下。」在此
分別談到他區分三種不同程度的生命價值。其主張「六欲皆得其宜」，並
認為使「六欲皆得其宜」的是「全生」，只有部分得其宜的是「虧生」，
至於「死」，只是回復到未生以前的無知狀態。如果六欲不能得其宜，受
盡委屈和侮辱而活下去，這便稱做「迫生」。觀其論旨，人生於世，最佳
的是「全生」，其次「虧生」，再其次便是「死」。至於「迫生」，不僅
是次於「死」，更甚至是不如「死」的。

三、諸說理論預設的重衡

　　對葛氏而言，諸子的重要性不在於對後世中國的思想和文化的發展作
出多大的貢獻，而在於他是否能完善地回應時代所提出的哲學問題以及對
解決西方理性主義所陷入的困境有什麼啟示。換言之，葛氏本人對於中國
思想的關注，是基於對西方民族框架內的思想危機的憂慮而油然生起。他
希望通過探索中國哲學之路，來獲得西方哲學困境的救贖。因此「在葛氏
進入中國先秦諸子文本之前，早已存在了一個理論預設，即將中國作為與
西方相異的思想價值體系，透過對於中國先秦思想家發展脈絡的梳理和對
於中國人獨特思維模式的探究來為西方哲學問題尋求答案。」[1]

---

[1]　劉玉宇：〈對兩種思想史研究的考察——史華慈與葛瑞漢先秦思想史研究比較〉，《現代哲
　　學》第3期（2004年），頁69、79。

　　《呂氏春秋》中所討論到關於「養生」一章，「性」被楊朱學派的「利己主義」理解為「來自於上天的賜予」，於是「性」便有了雙重的意義。其一，「性」被想像成規範的、一物特有的生的進程等等外在「結構」決定人的「意志」；其二，一物之性同時是被作為有關於這一事物可觀察到的事實，然而，倘若無外力干涉，它將如何改變甚至是存在的呢？

　　關於楊朱及子華子，葛氏指出其說總是存在著一種賦予統治階層的成員抵抗因不從政而造成的巨大道德壓力的哲學，而楊朱主義便是這種哲學的最初形態。但楊朱主義與後繼者的區別在於它並沒有什麼神秘因素。楊朱主義與墨家同樣是從利害權衡出發，但它關心的不是「我們應該怎樣利天下」？而是「什麼對人是真正的有利」？像是人們通常認為的財富與權力，亦或肉體的生命與健康以及感官上的滿足。墨家只關心「是否有益」，楊朱及子華子則要問「是對什麼有益」。在楊朱及子華子看來，因生活無節制或冒著生命危險而增加的財富所造成對健康的危害，那便是忘記了天賦予我生命才是唯一的實在。人的擁有物可以失而復得，但人的生命則是無法再生。葛氏又認為「楊朱及子華子也許不像孟子認為的那樣，是個只考慮自己的舒適而不去從政並為百姓謀福利的自私自利的人，他是恰當地指出要重視一般意義上的生命而並非只是他一己之生命。是故，孟子所理解的楊朱的自私自利也迥別於西方的利己主義（egoism）。」[1]中國思想家總是把人看成或多或少有私心的天生的社會性存在，而不是如無教化將成為純粹利己主義者的那種孤立的個體。葛氏還指出了「楊朱及子華子的所謂『為我』存在著『自我指涉』（self-reference）的悖論，它不能被確定為公共原則而加以貫徹。」[2]

　　在孟子時代，衡量利害關係是墨子學派和楊朱學派全神貫注的事。他們從中取得實例的基本形式是身體，關於身體，為了保持一只手臂，可以犧牲一指；但為了保全身體，居然能夠犧牲一臂。按照上述相關篇章，最好的生命是健康長生，享受著情感的歡愉，直至生命的終結。「孟子為了回應利己主義的挑戰，提出了四端是普遍的、先天的和純粹沒有私心雜念的道德傾向，而這些道德傾向發展亦類似於身體的生理發育，皆是屬於人

---

[1]　葛瑞漢：《論道者：中國古代哲學論辯孟子心性之學》（北京：中國社會科學出版社，2003年1月），頁57。

[2]　葛瑞漢：《論道者：中國古代哲學論辯孟子心性之學》（北京：中國社會科學出版社，2003年1月1日），頁57。

性的正常發展。」[1]

墨子在「批評」利己主義者亦提出了相同的觀點，並認為如果同意這種觀點的人，當然不可能拿失去一隻腳或一條手臂的代價來接受一雙鞋或是一頂帽子，更甚是用一整個國家來交換生命。是故，墨子更進一步說明爭一言以相殺，是貴義於身也。此外，再將焦點轉向孟子的論述：

> 魚，我所欲也；熊掌，亦我所欲也。二者不可得兼，舍魚而取熊掌者也。生，亦我所欲也；義，亦我所欲也。二者不可得兼，舍生而取義者也。生亦我所欲，所欲有甚於生者，故不為苟得也。死亦我所惡，所惡有甚於死者，故患有所不辟也。如使人之所欲莫甚於生，則凡可以得生者，何不用也？使人之所惡莫甚於死者，則凡可以辟患者，何不為也？由是則生而有不用也，由是則可以辟患而有不為也。是故所欲有甚於生者，所惡有甚於死者，非獨賢者有是心也，人皆有之，賢者能勿喪耳。一簞食，一豆羹，得之則生，弗得則死。呼爾而與之，行道之人弗受；蹴爾而與之，乞人不屑也。《孟子・告子》

孟子和前所論述的相互對照即可顯示，就算是卑賤如一個乞丐，寧願被活活餓死也不願取用嗟來之食。此說與後來的儒家和孟子間，在關於道德本能的理解上其實是相互呼應的。

> 子華子曰：「王者樂其所以王，亡者亦樂其所以亡，故烹獸不足以盡歡，嗜其脯則幾矣。」然則王者有嗜乎理義也，亡者亦有嗜乎暴慢也。所嗜不同，故其禍福亦不同。《呂氏春秋・孟夏紀・誣徒》

於此可見，為何孟子不得不花時間去反駁有性善、有性不善等諸多理論，除了鞏固無惻隱之心非人也，甚至表明了「故凡同類者舉相似也，何獨至於人而疑之？聖人與我同類者。」《孟子・告子》相較於孟子，楊朱與子華子以「利」為出發，橫行於當世的便是忽略了更為重要的價值，那就是「義」。因為「仁義」是有「人性」來做為它的基礎後盾，所以孟

---

[1]　蔡世昌：〈比較哲學視域中的孟子「人性」概念〉，《中國社會科學院院報》第二十卷第二期（2008年8月），頁3。

子一定強調仁義內在，是內在的合理性，一方面用以維護孔子的學說，另一方面則是提出了有別於楊朱觀念價值思考的立場。類似之處是要回到天性，但與道家相異之處是道家並無所謂的仁義問題，因此孟子有其警覺性的認為：若不將仁義安置在人性之中，用以維護人性或是自然之名，這樣一來，孔子學說不僅崩解，亦將蕩然無存。是故，孟子藉由論述來說明為什麼要闢楊墨。為何在那樣的時代，此論戰會成為顯性課題。如果沒了孟子的質疑撻伐，倘使不談仁義內在，不講性善，不求義利之辨，如此一來，不被楊朱論點所牽所繫而堅守儒學立場，幾不可能。

戰國時代的混亂與災難，主要來自於人性尊嚴的失墜、價值觀念的混淆，澄清之道必須重新肯定並正視人性的尊嚴。質言之，「任何不能從內在人性開出價值理想的功利思考，無論是楊朱的『全性保真，不以物累形』，還是墨子從『天志』以言『兼相愛，交相利』，都是不瞭解時代真正需求，反而助長戰國時代國君窮兵黷武的邪說，或不識時務的淫放之辭。」[1]

「果如前述，我們將可斷定，支持孟子力挽時代狂潮的心靈背景，其實也就是先秦儒家自孔子以來所秉持的人文關懷以及歷史意識。這種人文關懷，主要反映在『人皆可以為堯舜』（《孟子・告子》），亦即是『性善』的最高肯定之中。」[2]尤有進者，欲澄清這時代，唯有釜底抽薪在其價值的思考當中，持秉著人性尊嚴的這種靈明，從利之外找到更為重要的原則，將「性」的光與熱許諾給所有人類的歷史，深信聖哲相傳的薪火終將還給人類一個光明的世界。

第三節　詮釋的重點

一、生命進程之聖人與我同類的詮釋危機

葛氏指出了在西元前四世紀，「性」並非哲學術語，而是屬於每一個關心健康和希望長生的人的普遍語言，並涉及「人特有的生命進程」。「性」的範圍逐漸擴大的時候，用以強調所有事物是正在發展跟已經發展自身進程所發展出的特徵，在適用於這類事物所發展的特性時，它就可以

---

[1]　袁保新：《孟子三辨之學的歷史省察與現代詮釋》（臺北：文津出版社，1992年2月），頁23。

[2]　袁保新：《孟子三辨之學的歷史省察與現代詮釋》（臺北：文津出版社，1992年2月），頁27。

被翻譯為「本性」。意思是將「性」被想像成規範的、外在的結構決定人的意志為一物之特有的生的進程。並認為關於此事物的一種可觀察到的事實，若是沒了外部的干擾，他將是如何存在及其改變呢？

　　葛氏原本和韋利（Arthur Waley）[1] 見解雷同，皆認為孟子在作為一個爭論者，關於仁與義是屬於內在抑或是外在的言說都是一堆毫無價值可言的類推，而更多的見解是慣於反駁他們傾向於去證明的東西。直到被劉殿爵（D.C.lau）某種孟子論辯的分析，尤其為孟子發展了一種仁與義同樣有內在性的完全表達清楚的判斷的證明所改變。[2]葛氏在考察了對於古代文獻中「性」的詮釋概念，以及解釋孟子所面對的「人性」問題所做的一項具有卓越性的工作。他同時證明只有當他的使用被楊朱思想的擁護者們，變成了像儒家思想和實踐的合法性，並同時提出了挑戰的工具時，此時關於「性」的這一概念才能從其群體中變成了一個哲學上的論題。於是，在面對同一時代的諸多艱難論戰時，孟子的論「性」才能在此顯出他為儒學規範的合法性及合宜性所做的種種突破與努力。

　　中國哲學當中「性」的這個詞語相較於西方言之，欲覓尋相近的同義語詞可謂是寥寥無幾。於是，葛氏在亞里斯多德的「本質」中找到了相近的詞語。例如說到了《孟子》文本中的「聖人與我同類」，其中的「類」在亞里斯多德的系統中是一項非常重要的觀念。亞氏在做為一個西方哲學與科學奠基的始祖性的哲學心靈，皆與「本質」一詞有其密切的關聯性。他所念茲在茲的分類是對於人類在思考當中，面對雜多混亂的經驗現象世界，運用理性的思考來予以廓清。倘使不相信一件事物有其本質的話，將會使所有事物成為一團混亂。因為無法一一去指認一個個、一件件事物，便代表著無法將其事物區分開來。是故，西方人為了讓這個世界的秩序清楚並明朗起來，就必須要去肯斷每個事物皆有其本質。最終，亞氏於當時儼然成為了舉足輕重的百科全書，這便是西方人為了要拯救現象，而做為一個思考並解決問題的方式。

　　反觀中國人並不是不知道要區分事物，可他更強調事物的發展性和變動性，不會為了要讓這個世界有眉目、有秩序、更清楚，便做出了犧牲事物原貌的觀點。若事物有變動，他就不願把事物用一個本質給框架住，這

---

[1]　韋利（Arthur Waley, 1889-1966），英籍東方學者及漢學家。
[2]　葛瑞漢：〈孟子人性理論的背景〉《孟子心性之學》（北京：社會科學文獻出版社，2005年3月），頁37。

是中國人思考的特殊之處。他和西方思維有些接近但又不盡相同，因為對於變動有份尊重，所以才要保持彈性，強調有禮，設想餘地，而之於這個「禮」字，又是能夠加以把握並使其因革損益。因此，唯彈性事物才能夠保有變化。中國所言的道及常道，我們明白它所代表的是一個規律，可是這個規律於《老子》的文本裡，在很多時候所言述的「飄風不終朝，驟雨不終日」（《老子・二十三章》）還是可以見其不是人所固定思考方式的脫序，無法納入常規軌道裡頭，因為這些脫序不是人所固定思維的常態，所以也無法用其固定的思考方式去侷絆它、框限它。

因此，孟子並沒有如同於亞里斯多德關於「類」的清楚且確定的思考模式，他並沒有那麼強調本質主義的相關現象，當然更加強調的是人是有其普遍性的，是可以發展的，能夠通過後天修養而成為聖人的這一面向。一如孟子所言的「聖人與我同類」，他其實是在勉勵每個人皆可成為一個聖人，並且只要通過了修養，都可以像聖人一樣，而非是基於生物學的分類觀念。因此，他確實是在教養上諄諄於措辭中期勉的思考方式，在其道德實踐的方向上，忠於自己的本心，發揮成就於其人「性」，將有如堯舜一樣的燦爛人格。

不同文化背景下的個人因為受到先驗的文化背景的影響，看待世界的方式是不同的。作為漢學研究者的葛氏也不例外，儘管他本人一再努力試圖跳出西方中心主義的圍見，以他者的目光審視自己並理解他人。承前所述，葛氏強調唯有人才能夠擁有生命的進程，而關於孟子的人性概念是「事實的」和「規範的」觀點激勵了安樂哲。於是，安氏雖然認同葛氏「一物之性在其生的過程中是有其發展的特有進程」的主張，卻是極力反對將中文的「人性」譯成（human nature）。因為一旦涉及本質主義的涵義，將會誤置人性而作為是與生俱來的被給定（given）。葛氏關注的僅僅是兩種概念體系和語言結構之間的差異，於此，安氏則將理論上的差異擴展到人性的差異，在葛氏停駐於承認不同文化可能面對普遍問題進行思考時，安氏卻早已意識並認為共同性僅僅是生理上的或其他非文化意義上的。於是，當安氏在後來雖繼承了葛氏的這個觀點，卻是大異於葛述，同時認為只有人才有著歷史的根源，人的自我實現要在歷史中完成。安氏亦認為，這是在理解孟子上非常重要的一點，那就是絕對不能將他理解為類似於亞氏的相關見解。

二、對於「心」、「性」、「天」、「命」諸概念之因應侷限

（一）性與生

　　葛氏在〈孟子人性理論的背景〉這篇文章中花了相當多的時間在研究《呂氏春秋》，特別是將其養生家的觀點提出來，如「性」與「生」在古代的文字源流上是一脈相通的。人性論的討論背景在養生家的脈絡之下，便慢慢地給抽離出來了。主要是因為楊朱思想的立場迄至目前為止，我們能夠找到的是在高誘注的《呂氏春秋》中的「全性保真」，其中的「生」便是通我們所言的「性」。馮友蘭在《中國哲學史》中認為「楊朱是比較接近道家的先驅性人物，因為道家本來就是言及全性保真。」[1]從過去的背景淵源看來，《莊子・外雜》中的「外保而內真」，說明了人的心性在面對混亂的世界，若是要外保而內真，就得需做到「見素抱樸」，而其中的「樸」指的就是本真的意思。苟全性命於亂世，於自己生命最最真誠的部分，不至於受到扭曲，這便是道家隱世的生存方式。

1、「性」源於「生」的語音上的變化

　　我們可以在道家或儒家的文獻中看見養「生」、傷「生」、害「生」或是全「生」等等再孳乳其部首使之成為「性」的這種普遍用法，甚至在討論生長和健康的問題時，也是運用這樣的短語，然後斷定「性」最初也僅是一種在生命意義上作為名詞使用的「生」的一種語音學的變化而發展成動詞的「性」嗎？其中，「傅斯年則採此說。」[2]

　　為了證明此一現象，葛氏考察了《呂氏春秋》中的〈本生〉及〈重己〉二篇。根據文獻，傅斯年提出了在這些篇章中，在一般意義上，當「生」不是錯誤地涉及生命（死生、長生、生之長也），意思是當他不涉

---

[1]　馮友蘭：《中國哲學史》（臺北：臺灣商務印書館，1999年12月），頁85。

[2]　傅斯年在其所著的《性命古訓辯證》p79-82中說：此篇標題曰本生，文中所指關於養「生」者多，養「性」者少。然在《呂氏春秋》中，原本上下一慣用「生」字而不用「性」字，其改作「性」字者，為後人所改焉也。至於〈重己〉亦如是，全篇皆言其養生之道，但篇末卻又忽論「安性」、「養性」及「節性」等諸詞，若按上文，便可知其為「安生」、「養生」及「節生」也。而《呂氏春秋》乃為戰國時期最為晚出之書，其書中並無生性二字之分，是故於戰國時期無此二字之分明也，其分之者，皆為漢儒所為之。於是，傅斯年堅持且甚至懷疑是否用一個部首區別「性」的這些慣例要早於漢代。自傅斯年完成此書之後，早期漢代文獻有為數相當的「性」字，沒有偏旁的例證，一一被發現。

及特殊的生命（害/便一生、吾生、逆其生）時，部首絕不增加。換言之，我們僅僅在水／人之性、伐性、養性、性命、安性、即乎性、利／害於性、全性、性惡得不傷等等這樣的詞語中，才得以找到部首。不過，葛氏認為，無論在何種情況下，關於「性」，它其實更加強調及維護的是重視身為「人特有的生命進程」，特別是無法須臾切割的「健康」和「長生」的生命進程。

2、本性（nature）

葛氏認為，在中國哲學的專門術語中，「性」這個詞是極少數接近英文詞語中的一個詞。「它通常被譯成『本性』（nature），而且有一位思想家事實上談到了人之性、馬之性和水之性，我們稱之為『本性』（nature）。」[1]於此可知，儒家的「性」並非是僵化不變的，而是指自然、自然發生的過程，從其字義上推敲，與其特殊無關，自身本來如此（being so of itself）。因而葛氏便直截了當地將其「性」解釋為人的「本性」。

> 樂則生矣，生則惡可已也，惡可已，則不知足之蹈之，手之舞之。
> 《孟子・離婁》

以歌舞之情為喻，不能自已，蓋有諸中而形於外也。孟子認為快樂是自自然然的，當我們感覺快樂自然滿足，道德之善便在我們身上自然而然的滋長。於是，將善稱之為自然之說，亦有其積極向善的價值。換言之，快樂之情，自是不可遏止，遏止不住，自是在不覺間，有於中而形於外也。尤有進者，一種具有生物的本性，只有當它被適當地培養和不被傷害時，才能夠自在地顯示其自身，他的論辯將會被自然地提供他所能夠為之的暢所表明，是故，教育不過僅是遵循著自身的方向，培育了一種自然而然的過程。

3、生之謂性（Inborn is what meant by nature）

中國所謂的「性」指的是源出於生，如：生活、出生，如同語音學運

---

[1] 葛瑞漢：〈孟子人性理論的背景〉《孟子心性之學》（北京：社會科學文獻出版社，2005年3月），頁12。

用其特徵來作為描述，於是被公認為一個詞源，如同在告子中所謂的「生之謂性」。因而韋利（Arthur Waley）說道：「『性』（nature）是意味著一種事物，首先所具有的性質且用（Inborn is what meant by nature）來翻譯『生之謂性』的定義。」[1]葛氏認為只有未被傷害和適當的被培養才能夠展望並持續實現完全可能的生長發展。

　　葛氏用英文中的自然（nature）來解釋漢語中的「性」，並且指出二者的區別，很具啟發性。「性」是一個名詞，是由「生」這個動詞衍生而來的。「生」有出生、生活和產生、發生的意義。如告子所說的「生之謂性」。英文中的（nature）便是根據拉丁文中的生（nascor）字的派生字（natura）而來的。可見漢語中的「性」與英語中「自然」有其相似的源頭。漢語中的「性」也與漢語中的「自然」有著相當密切的關係，這時的「自然」與英語中的「自發」（spontaneity）有極相似的意義。於是葛氏進一步指出，在先秦思想中（荀子是例外）的「性」不指先天或天生，而是指某一特定事物的生命或延續不斷的存在或其生長過程。如果就不動不變的事物而言，性是天生得到充分滋養，不受外侵。「葛氏的這個理解說出了中國思想中『性』的過程和自發、自然的特徵。這種反對實體化的既定、給定，而是強調在過程中體現自然、自發的思想，是中國思想與西方思想的不同之處。」[2]這一點也與中國思想反對獨立的存在，而強調在關係中產生存在的說法是統一的。中國思想中的真實觀念就是在和諧的天人關係中形成的，而這種真實的觀念與性的概念亦是相互支持的。

（二）性與故

　　葛氏認為這是在《孟子》中所保留關於人性非常重要的文獻，極其重要且值得討論。

　　　孔子曰：「何謂始乎故？長乎性？成乎命？」曰：「吾生于陵而安於
　　　陵，故也；長于水而安於水，性也；不知吾所以然而然，命也。」[3]

[1]　Arthur Waley, Three Ways of Thought in Ancient China, Doubleday, 1956 (1939), p154 and The Way and its Power, p 43.
[2]　徐冰：〈中國本土思想中的情感與真實－對葛瑞漢和漢森的回應〉，《北京青年政治學院學報》第十三卷第四期（2004年12月），頁43。
[3]　《莊子・外篇達生第十九章》

　　莊子在此將其「『性』思考成『一物在其開始時就有的性質』，將被葛氏認定是一種具有危險卻又凸顯出強而有力的印象。其中的『故』字，有著本於原始的及固有的（在前的）意思」[1]，從而清楚的區別因為「故」而得以生長成長並成就的「性」義。

　　葛氏指出「故」是識別問題核心的意義，早在漢以前和漢代早期的文獻中，「故」通常被當作是與貶義字的「智」相互呼應。

　　　　恬瑜無為，去智與故。《管子・心術上》

　　　　去智與故，循天之理。《莊子・刻意》

　　　　釋智謀，去巧故。《呂氏春秋・季春紀》

　　「『巧故，偽詐也。』葛氏認為這僅僅是一種來自於上下文的猜測，卻非是使人信服的臆想。『故』寧願是一種靈巧的活動，就如同智謀一般。」[2]一般人往往被迫於所厭惡的事物，而失掉他理應喜好的東西。又或者是被誘惑於所喜好的事物，因此連厭惡的事物都予以忘記。以上種種敘述皆是不合於道的，所以才說厭惡不該喪失常理，喜好不能超越常情。安愉無為，消除智謀和故巧，說的便是保持空虛純潔。拋卻智巧與世故，遵循自然的常規，才能免於自然的災害，避開外物的牽累，沒了旁人的非議，更無鬼神的責難。是故，往返自身求得，使其耳目適得，節制嗜好欲望，放棄智巧計謀，摒除虛浮偽詐，讓自己的意識在無限的空間中遨遊百度，使自我的思想立於清虛無為的境界。如此一來，便沒有什麼事物能夠危害身心，沒了危害身心的諸事，便能知道事物的精微，知曉事物的精微，方能夠懂得事理的玄妙，懂得事理的玄妙，才算是真正的道，真實得於道。

　　　　孟子曰：「天下之言性也，則故而已矣。故者，以利為本。所惡於
　　　　智者，為其鑿也。如智者，若禹之行水也，則無惡於智矣。禹之行

---

[1]　葛瑞漢：〈孟子人性理論的背景〉《孟子心性之學》（北京：社會科學文獻出版社，2005年3月），頁14。

[2]　葛瑞漢：〈孟子人性理論的背景〉《孟子心性之學》（北京：社會科學文獻出版社，2005年3月），頁65。

水也，行其所無事也。如智者亦行其所無事，則智亦大矣。天之高也，星辰之遠也，苟求其故，千歲之日至，可坐而致也。」《孟子·離婁》

　　孟子通過了「天下之言性也」，將養性用作楊朱哲學語言所能理解，而被視為是培養的健康和長生。關於本性（nature）的說法僅僅用一「故」字，彷彿僅是考慮人的欲望永遠不超過其出生時所有的肉體欲望，因而忽視了道德，只考慮了「利」字。此語之於孟子而言，形同毫無節制的自私自利。舉例來說，讓杞柳成為桮棬來做為告子思考讓人為善的方式，說明智者試圖通過此一方向代替遵循人性。亦如同水傾向於下來做為孟子告訴告子人之本性莫不傾向於善，來說明禹疏導洪水，像是有助於水找到自然向下流的河道的一樣方式來引導人們。

　　葛氏指出了孟子為確定反對的理由，因而指出了「至點」的例子。「這個至點就是從一個太陽年變化到另一個太陽年的日子。通過審視其『故』作為先前至點的日子，我們就能夠提前一千年來估算這一日子。」[1]為了做到這一點，我們必須既不是「故」而來求助它們習慣上所是的事物，猜想一下這個日子將年復一年保持著同樣的狀況。但也不是「智」試圖在沒有審視先前日子的情況下去固定這一日子。人的本性並非僅僅只是出現在最初狀態的「故」，而是「在其『故』中我們仍舊能夠審視並看見道德成長的諸多發展及其可能性。」[2]如此一來，我們將清楚地得知「性」與「故」中截然不同的價值與差異。

　　我出生自山地就安於山地的生活，這就叫做「故常」；長大後又生活在水邊，安於水邊的生活，這就叫做「習性」；不知道為什麼會如此而這樣生活著，這就叫做「自然」。對於孟子而言，以上文字便是能夠充分表達出並非在其道德教育之前，人們就開始習慣並成其所是，而是指出了「假如被用作適當的引導，它將成為一種變成什麼東西的自然傾向的一種屬於人的本性。」[3]因著「長乎性」的習於，因著「長於水而安於水，性

[1] 葛瑞漢：〈孟子人性理論的背景〉《孟子心性之學》（北京：社會科學文獻出版社，2005年3月），頁68。
[2] 葛瑞漢：〈孟子人性理論的背景〉《孟子心性之學》（北京：社會科學文獻出版社，2005年3月），頁68。
[3] 葛瑞漢：〈孟子人性理論的背景〉《孟子心性之學》（北京：社會科學文獻出版社，2005年3月），頁68。

也」的發展變化而始異於「安於陵」。最終，而別於「始乎故」。

（三）性與氣

　　葛瑞漢所認為的「氣」，首先指的是呼吸是空氣，是物體給予力量和維持其運動及生長使之充滿活力的氣體。「在這充滿活力的氣體之外，物體自身和所有別的堅固而靜止的事物將其凝固或給融化了。」[1]

> 「敢問夫子惡乎長？」曰：「我知言，我善養吾浩然之氣。」「敢問何謂浩然之氣？」曰：「難言也。其為氣也至大至剛，以直養而無害，則塞於天地之間。其為氣也配義與道，無是餒也。是集義所生者，非義襲而取之也。行有不慊於心則餒矣。我故曰：告子未嘗知義。以其外之也。必有事焉而勿正，心勿忘，勿助長也。《孟子‧公孫丑》

　　葛氏設想了作為內在於我們的一種「氣」的生長，這樣的氣是屬於我們身體的「氣」，亦可稱之為道德發展之充滿活力的「精氣」。比如在「牛山濯濯」中，孟子將「氣」描述為白天由於諸多傷害性的行為而將其浩然之氣逼散至蕩然無存，但是到了夜晚，雖然覺察不易，這個「氣」卻是呈現漸進式地恢復更甚至是被予滋養。如同被牛啃噬破壞後的樹木，再度滋生成長一樣。葛氏認為這是孟子用一種道德教化與理性教化的形式，來作為分享的一種假定。並強調通過了浩然之氣，似乎也印驗了即便僅是微乎其微的氣蘊，卻無礙無損於道德意欲呼出的盡致淋漓。「其最高程度將會顯其來自聖王普照的一切權力並充塞其天地之間，甚至是將整個世界調和成一致。」[2]

> 宋人有閔其苗之不長而揠之者，芒芒然歸，謂其人曰：『今日病矣，予助苗長矣。』其子趨而往視之，苗則槁矣。天下之不助苗長

---

[1]　葛瑞漢：〈孟子人性理論的背景〉《孟子心性之學》（北京：社會科學文獻出版社，2005年3月），頁14。

[2]　葛瑞漢：〈孟子人性理論的背景〉《孟子心性之學》（北京：社會科學文獻出版社，2005年3月），頁41。

者寡矣。以為無益而舍之者，不耘苗者也。助之長者，揠苗者也，非徒無益，而又害之。」「何謂知言？」曰：「詖辭知其所蔽，淫辭知其所陷，邪辭知其所離，遁辭知其所窮。生於其心，害於其政；發於其政，害於其事。聖人復起，必從吾言矣。」《孟子·公孫丑》

通過對於宋人揠苗助長來讓我們體會，一味盲昧並強迫其生長的危險性，並進一步說明「天下之不助苗長者寡矣……，非徒無益，而又害之。」由此得知，「孟子似乎總是先想到了統治者，而這些統治者亦試圖裝出其有被賦予勝過其自身的道德人格之完成而統治帝國權力的神授能力。」[1]

在儒家學派之外，這種發散性的權力被用於反道德的詞彙來作為表達，但是孟子仍將此說和道德之氣予以結合。意思是「孟子將道德的發展視為是自然發展的，我們只要用正確的行為去操存並培養自身時，自然即會激勵我們向善的道德之氣的發展。不過，倘使放任並依著自身的情形，它將我們的內部逐次發展，我們將根本無從於我們自身以外的任何某處立即的去護持它把握它。」[2]

三、葛瑞漢對於《孟子》中關於「性」的善與不善之詮釋

在《孟子·告子》中關於批評人性爭論的三種學說，其中包括有性善，性不善與性可以為善、可以為不善以及性無善無不善等論述。而對於此中的論點，葛氏分述如下：

（一）性善論

如同身體的自然生長一般，不需後天努力便在自身產生的，道德傾向亦同時屬於自然的。[3]它們能夠被培養、節制或甚至是傷害，這是葛氏認為

[1] 葛瑞漢：〈孟子人性理論的背景〉《孟子心性之學》（北京：社會科學文獻出版社，2005年3月），頁41-42。
[2] 葛瑞漢：〈孟子人性理論的背景〉《孟子心性之學》（北京：社會科學文獻出版社，2005年3月），頁42。
[3] 葛瑞漢：〈孟子人性理論的背景〉《孟子心性之學》（北京：社會科學文獻出版社，2005年3月），頁38。

孟子於論辯當中最為人所熟悉的部分。按照孟子的觀點，每個人皆有其惻隱之心、羞惡之心、辭讓之心和是非之心，這四心是四種基本道德。至於仁、義、禮、智之「端」，所謂的「端」指的是它們出現時最初初萌的嫩芽。

> 人皆有不忍人之心。先王有不忍人之心，斯有不忍人之政矣。以不忍人之心，行不忍人之政，治天下可運之掌上。所以謂人皆有不忍人之心者，今人乍見孺子將入於井，皆有怵惕惻隱之心；非所以內交於孺子之父母也，非所以要譽於鄉黨朋友也，非惡其聲而然也。由是觀之，無惻隱之心非人也，無羞惡之心非人也，無辭讓之心非人也，無是非之心非人也。惻隱之心，仁之端也；羞惡之心，義之端也；辭讓之心，禮之端也；是非之心，智之端也。人之有是四端也，猶其有四體也。有是四端而自謂不能者，自賊者也；謂其君不能者，賊其君者也。凡有四端於我者，知皆擴而充之矣，若火之始然、泉之始達。苟能充之，足以保四海；苟不充之，不足以事父母。《孟子·公孫丑》

針對大多數人所認定的培訓和教育為道德發展的先決條件，如同就其先天的、純粹的、普遍的以及毫無私心雜念的道德發展，孟子對此論述並不懷疑。但置身在今日的二十一世紀的場域中，要能證明在沒有利己的動機下做出無私的行為，和不從社會上被限制且顯而易見的本能反應，都是非常困難的。話雖如此，但就孟子的思想而言，只有當它是受到培養且不被傷害時，才能夠充分地顯示其本性的自身。而教育則是非必然遵循其自身的方向，至於道德，他則是特別喜歡用牛山的寓言來作比擬。

> 孟子曰：「牛山之木嘗美矣。以其郊於大國也，斧斤伐之，可以為美乎？是其日夜之所息，雨露之所潤，非無萌蘗之生焉，牛羊又從而牧之，是以若彼濯濯也。人見其濯濯也，以為未嘗有材焉，此豈山之性也哉？雖存乎人者，豈無仁義之心哉？其所以放其良心者，亦猶斧斤之於木也。旦旦而伐之，可以為美乎？其日夜之所息，平旦之氣，其好惡與人相近也者幾希，則其旦晝之所為，有梏亡之矣。梏之反覆，則其夜氣不足以存。夜氣不足以存，則其違禽獸

不遠矣。人見其禽獸也，而以為未嘗有才焉者，是豈人之情也哉？故苟得其養，無物不長；苟失其養，無物不消。孔子曰：『操則存，舍則亡。出入無時，莫知其鄉。』惟心之謂與！」《孟子・告子》

　　這種比擬強烈的表現在牛山這種地方，倘若人和禽獸不去干預耗毀牛山之木，那麼此一牛山，即便是任由雨露自然無礙地澆淋滋養，最終，耗毀伐砍的部份必重新滋生出來。由上述牛山濯濯之例，將道德發展視為如身體成長一樣的自自然然的過程，將教育視為如身體護養一般地養育方式一樣，對於「性」的這種能動力量，便明顯地存在於用來表示這些概念特徵的隱喻之中。為了將「性」視為一個人完整的成長過程，並非是侷限於一種存在，而是正在投射或正在發展的一個動態的過程。並非僅僅是一種派生的被追溯，甚至是被完成的一種被給予的關係。是故，我們才可從其《孟子》文本中的「故苟得其養，無物不長；苟失其養，無物不消。」的道德上，獲得無限的啟發與結論。

形色，天性也。惟聖人然後可以踐形。《孟子・盡心》

君子所性，仁義禮智根於心。其生色也，睟然見於面、盎於背。施於四體，四體不言而喻。《孟子・盡心》

孟子曰：「存乎人者，莫良於眸子，眸子不能掩其惡。胸中正，則眸子瞭焉；胸中不正，則眸子眊焉。聽其言也，觀其眸子，人焉廋哉？」《孟子・盡心》

　　葛氏認為在漢以前的哲學家並不承認身與心的二分。對於孟子而言，他堅信道德之氣的生長將直接影響到身體的發展，並試圖警告我們，既然外表和身體的構成是自然而然的發展，就好似人按其自身的本性發展一樣，若無內在的善心，即便用盡氣力去模仿聖人，亦是徒勞無功的。如同「形色」二字，這樣具體的詞語被拿來當作聖人的舉止及其外貌，顯示了孟子正用如「胸中正，則眸子瞭焉；胸中不正，則眸子眊焉。」完全自自然然的語詞來思索它們。因為「只有當其作為一種道德盡善盡美的產物，

唯是聖人，才能夠得以長成近乎完美人格的形狀典範。」[1]

　　於是，孟子在爭論人性有善與不善的論題之勢不兩立的爭論中，聲稱人性為善，首先須將相異的三種理論立場拒絕和排除在外，並要求及解釋為何不容於三種見解的存在闡述。

（二）性無善無不善

　　對於告子而言，只有生而沒有性，為了道德的目的，生命過程本身的欲望、情感、精氣以及感覺等等，皆是通過了自我訓練而加強其自我的控制。正是在這一點上，告子的學說特別對於孟子是一種挑戰，既然他不僅與把道德和自然相調和，以及與生命自然生長的趨向問題的解決相衝突，而且他否認了問題自身的現實性。[2]故對告子來說，不存在這樣的問題，就沒了其他的問題，從而否定問題自身的相關現實性。

> 告子曰：「性，猶杞柳也；義，猶桮棬也。以人性為仁義，猶以杞柳為桮棬。」孟子曰：「子能順杞柳之性而以為桮棬乎？將戕賊杞柳而後以為桮棬也？如將戕賊杞柳而以為桮棬，則亦將戕賊人以為仁義與？率天下之人而禍仁義者，必子之言夫！」《孟子‧告子》

> 告子曰：「性，猶湍水也，決諸東方則東流，決諸西方則西流。人性之無分於善不善也，猶水之無分於東西也。」孟子曰：「水信無分於東西，無分於上下乎？人性之善也，猶水之就下也。人無有不善，水無有不下。今夫水搏而躍之，可使過顙，激而行之，可使在山，是豈水之性哉？其勢則然也。人之可使為不善，其性亦猶是也。」《孟子‧告子》

　　葛氏在孟子抨擊告子的人性論中，並非要企圖證明人性為善，而是懷疑在作為一種毫無方向的方向，不是趨於健康長壽的生命概念，非由生命

---

[1]　葛瑞漢：〈孟子人性理論的背景〉《孟子心性之學》（北京：社會科學文獻出版社，2005年3月），頁43-44。

[2]　葛瑞漢：〈孟子人性理論的背景〉《孟子心性之學》（北京：社會科學文獻出版社，2005年3月），頁55。

自然方向的生動理論，如此一來，極易紊漫於趨向善或是背離善。是故，
「既然孟子在作為否認存在的一種自然趨向於善的思想家，那麼在感情上
去承認於相反方向上的一種自然趨向，它必定是一種獨特的理論。」[1]

> 告子曰：「生之謂性。」孟子曰：「生之謂性也，猶白之謂白
> 與？」曰：「然。」「白羽之白也，猶白雪之白，白雪之白，猶白
> 玉之白歟？」曰：「然。」「然則犬之性猶牛之性，牛之性猶人之
> 性歟？」《孟子・告子》

　　以上說法看似嚴密且富邏輯性的描述，但為何告子要堅稱生之謂
「性」？輕易承認猶白之謂「白」呢？按常理推估，只要是經由天生且在常
理上將其「生」視作沒有任何方向的過程，反觀於「性」，是普遍作為在特
有方向上的一種作為特殊事物發展的生，是屬於內在道德或是反道德的同源
性趨向。是故，因生之謂性，所有事物應是相同無誤，這也就是告子為何如
此堅持其「性」，便是意味著是「天生的」（innate）。可一旦發現「性」
若僅僅是「生」的突顯義，那麼任何特殊事物的發展便會大大排除於所有
內在的趨向。如此一來，也就無從區分牛、犬，更甚至是人之「性」了。

> 告子曰：「食色，性也。仁，內也，非外也。義，外也，非內
> 也。」孟子曰：「何以謂仁內義外也？」曰：「彼長而我長之，非
> 有長於我也。猶彼白而我白之，從其白於外也，故謂之外也。」
> 曰：「異於白馬之白也，無以異於白人之白也！不識長馬之長也，
> 無以異於長人之長歟？且謂長者義乎？長之者義乎？」曰：「吾弟
> 則愛之，秦人之弟則不愛也，是以我為悅者也，故謂之內。長楚人
> 之長，亦長吾之長，是以長為悅者也，故謂之外也。」曰：「嗜秦
> 人之炙，無以異於嗜吾炙。夫物則亦有然者也。然則嗜炙亦有外
> 歟？」《孟子・告子》

　　告子將「長之」之義作為例證，因為長者是外在的事實，這一事實並
不依賴於我，於是我便簡單的將他視為一個長者，如同我將白的物體視作

---

[1] 葛瑞漢：〈孟子人性理論的背景〉《孟子心性之學》（北京：社會科學文獻出版社，2005年3月），頁56。

白的情況一般。孟子揭露了告子這種模稜兩可的閃爍解釋，並以「且謂長
者義乎？長之者義乎？」作為其暗示性，「一如將一位長者僅僅視為一個
事實的認定，將不合乎一種恭敬的行為」[1]，無怪乎「義」之尊難施於長者
身上。對此種種敘述，葛氏不僅不認同孟子的描述，反而批判了對於孟子
言述中幾近是吹毛求疵的說法。

（三）性可以為善，可以不為善

葛氏認為此一「性可以為善，可以不為善」的說法，恰恰是能夠在
《孟子》中找到符合於這樣的一個事實規範，即：「在一個好的統治者的
統治之下，人們的行為將趨之為善；反之，若身處暴君的高壓統治，人民
的行為亦將歸趨於不善。」[2]

> 或曰：『性可以為善，可以為不善，是故文武興則民好善，幽厲興
> 則民好暴。』或曰：『有性善，有性不善，是故以堯為君而有象，
> 以瞽瞍為父而有舜，以紂為兄之子且以為君，而有微子啟、王子比
> 干。』今曰『性善』，然則彼皆非歟？」孟子曰：「乃若其情則可
> 以為善矣，乃所謂善也。若夫為不善，非才之罪也。惻隱之心，人
> 皆有之；羞惡之心，人皆有之；恭敬之心，人皆有之；是非之心，
> 人皆有之。惻隱之心，仁也；羞惡之心，義也；恭敬之心，禮也；
> 是非之心，智也。仁義禮智，非由外鑠我也，我固有之也，弗思耳
> 矣。故曰：求則得之，舍則失之。或相倍蓰而無算者，不能盡其才
> 者也。《孟子·告子》

葛氏將其中的「情」字，視為接近於亞里斯多德的「本質[3]」（essence）。
並認為孟子在解釋其「端」字，認為這是對於所有人是普遍且基於道德生

---

[1]　葛瑞漢：〈孟子人性理論的背景〉《孟子心性之學》（北京：社會科學文獻出版社，2005年3
月），頁61。

[2]　葛瑞漢：〈孟子人性理論的背景〉《孟子心性之學》（北京：社會科學文獻出版社，2005年3
月），頁29。

[3]　×之「情」是使它成為一種真正的×的東西，每一個×都有的，沒有它就不可能是一個×；在
這種用法中，「情」字令人驚奇地接近於亞里斯多德的「本質」（essence）。
葛瑞漢：〈孟子人性理論的背景〉《孟子心性之學》（北京：社會科學文獻出版社，2005年3
月），頁44。

長的四種的「端」，並指出了「非由外鑠我也」，來做為它是完完全全隸屬於「情」的證明。是故，×之「才」便是其為善的所有潛在可能。

> 人見其濯濯也，以為未嘗有材焉，此豈山之性也哉？雖存乎人者，豈無仁義之心哉？其所以放其良心者，亦猶斧斤之於木也。旦旦而伐之，可以　為美乎？其日夜之所息，平旦之氣，其好惡與人相近也者幾希，則其旦晝之所為，有梏亡之矣。梏之反覆，則其夜氣不足以存。夜氣不足以存，則其違禽獸不遠矣。人見其禽獸也，而以為未嘗有才焉者，是豈人之情也哉？《孟子·告子》

從牛山濯濯中得知，「才」和「材」（出於某種有用之物所製成的材料）其含義是有其緊密的關聯的。但是，為什麼孟子認為變成善的可能性是不相關的呢？按照葛氏如下的回答：

> 乃若其情可以活到七十歲，乃所謂七十也，若夫死產或死於二十，非其構成之材可以指責也。[1]

換句話說，人可以為善，也可以為不善。按照「性」的流行用法，孟子已經表明為善正是人的本性，假如他已經確立了我們已經看到他試圖去確立的各點，則葛氏所認為的兩個面向各是：

1、隨著屬於人的體質結構的早期道德衝動，任何人都可以成為一個心甘情願和全心全意的仁義之人。倘若僅是要求他人知道通過服從，由外在強加的標準來做出正確的行動完全是不夠的。換言之，若沒有了這樣的一種可能性，他將不可能成為人。

2、一個人為惡，不是因為早期的衝動正在從其體質的結構中消失，而是因為為了放縱其欲望而去抑制了這些早期的道德衝動。

「為了去尋找一種有生物的個性，我們必須發現當不受傷害並有足夠的營養時，便能夠充分實現內在的能力。至於人，假若他關心健康的話，才能夠因此而得以培養成為使之為聖人的能力。」[2]葛氏強烈質疑孟子在按

---

[1] 葛瑞漢：〈孟子人性理論的背景〉《孟子心性之學》（北京：社會科學文獻出版社，2005年3月），頁45-46。

[2] 葛瑞漢：〈孟子人性理論的背景〉《孟子心性之學》（北京：社會科學文獻出版社，2005年3

照本性來做為選擇的意義上，通常是寧願做出道德的選擇而非是做為歡樂與長生的這個證據上，其實是透顯出罅漏與不足的。孟子雖然再三強調在人的本性中，道德甚至比生存的願望來的更為基本重要。一如前所論述的四種基本的道德一樣，做為我們初初運用本性選擇的意義上而言。假若如孟子所言，他提供了寧願選擇道德能力而不是別的自然傾向的理由，一如西方傳統中的理性，葛氏認為在此一觀點上，孟子並沒有將道德優位的論述說得清楚。於是，我們可以提出的論點即是：當一物之性寧願選擇其最本質的傾向，而非所有超出本質的傾向。因此，無論所持的特有的天性為何，即使如禽獸般的在處於自我保護的能力下皆是相似的。同樣的，做為一個人和其他種類的區別，也是使他優於他類的一種特質。

（四）有性善，有性不善

葛氏認為「它是被安排在最好的統治者的朝廷和家族中的惡棍，與在暴君的朝廷和家族中的高尚之人的這樣的一個例子所支持。」[1]

> 子華子曰：「王者樂其所以王，亡者亦樂其所以亡，故烹獸不足以盡獸，嗜其脯則幾矣。」然則王者有嗜乎理義也，亡者亦有嗜乎暴慢也。所嗜不同，故其禍福亦不同。《呂氏春秋・孟夏紀・誣徒》

孟子說：「故凡同類者舉相似也，何獨至於人而疑之。聖人於我同類者。」《孟子・告子》葛氏理解為我們的嘴與耳有著共同的感覺，如此一來，我們便可以從狗與馬的物種中分判出來。

> 富歲，子弟多賴；凶歲，子弟多暴。非天之降才爾殊也，其所以陷溺其心者然也。今夫麰麥，播種而耰之，其地同，樹之時又同，浡然而生，至於日至之時，皆熟矣。雖有不同，則地有肥磽，雨露之養、人事之不齊也。故凡同類者，舉相似也，何獨至於人而疑之？聖人與我同者。故龍子曰：『不知足而為屨，我知其不為蕢

月），頁46-47。
[1]　葛瑞漢：〈孟子人性理論的背景〉《孟子心性之學》（北京：社會科學文獻出版社，2005年3月），頁29。

也。』屨之相似，天下之足同也。口之於味，有同嗜也，易牙先得
我口之所嗜者也。如使口之於味也，其性與人殊，若犬馬之與我不
同類也，則天下何嗜皆從易牙之於味也？至於味，天下期於易牙，
是天下之口相似也。惟耳亦然，至於聲，天下期於師曠，是天下之
耳相似也。惟目亦然，至於子都，天下莫不知其姣也；不知子都之
姣者，無目者也。故曰：口之於味也，有同嗜焉；耳之於聲也，有
同聽焉；目之於色也，有同美焉。至於心，獨無所同然乎？心之所
同然者，何也？謂理也，義也。聖人先得我心之所同然耳。故理義
之悅我心，猶芻豢之悅我口。」

《孟子・告子》

　　孟子小心表明了人與人之間的道德差別並不只是他們本性上的不同，
通過並指出大多數的年輕人依賴於豐年，而非依賴於饑年。葛氏道出孟子
暗示了「非天之降才爾殊也」，用以繼之於人性之所有型態最為純粹的一
面。上述的穀物便是一個典型的例子，按其本性發展，非僅為其雨露之
養，而是指只有當被適當地通過人的勞動作為施以養料時，才足以完成自
然而然的生長的所有可能。

　　馮友蘭提出了孟子通過把性的範圍和獨特的人相結合而避免了困難，
在這一論辯中，「肉體的欲望不屬於人性，而是屬於人與動物共有的本
性。」[1]不過，按葛氏說法，孟子並沒有否認甚至懷疑不同存在物之間的
本性其中的部分是可以重疊的，比如人與動物共同的欲望是可以重疊的。
其中的欲望亦蘊含於本性之中，正如同獨有的道德傾向屬於自身一樣。然
而，既然孟子承認欲望自然地與道德相互衝突，那麼，是否將無法同意
「世碩[2]」中的「人性」有其性善與性不善的問題呢？於此，葛氏依舊使
用「長生」一詞來作為陳述問題的實驗。換言之，我們有著欲望，然而在
欲望之間，若是追求長生的欲望和其他欲望相互衝突，也僅僅是在於他們

---

[1] 馮友蘭：《中國哲學史》（臺北：臺灣商務印書館，1999年12月），頁159。

[2] 王充《論衡・本性》：「周人世碩，以為人性有善有惡。舉人之善性，養而致之則善長；性
惡，養而致之則惡長。如此，則情性各有陰陽善惡在所養焉。故世子作《養書》一篇。宓子
賤、漆雕開、公孫尼子之徒，亦論情性，與世子相出入，皆言性有善有惡。」對於上引《論衡・
本性》的一段文字，董洪利說：「這個觀點認為，人性中先驗地存在著善和惡兩種因素；善的
因素得到培養，人性就表現為善；惡的因素得到培養，人性就表現為惡。」見董洪利：《孟子
研究》（南京：江蘇古籍出版社，1997年），頁80-81。

衝突的方面。是故，為了實現對於我們長生的這種自然本能，衡量彼此的衝突而導致相反選擇的傾向，權衡助於道德的完善並做出與本性一致的抉擇，則完全是有其必要性的。

在孟子時代，衡量利害關係是墨子學派和楊朱學派全神貫注的事。他們從中取得實例的基本形式是身體，在身體上，為了保持一只手臂，可以犧牲一指；但為了保全身體，居然能夠犧牲一臂。

> 人之於身也，兼所愛；兼所愛，則兼所養也。無尺寸之膚不愛焉，則無尺寸之膚不養也。所以考其善不善者，豈有他哉？於己取之而已矣。體有貴賤，有小大。無以小害大，無以賤害貴。養其小者為小人。養其大者為大人。今有場師，舍其梧檟，養其樲棘，則為賤場師焉。養其一指，而失其肩背，而不知也，則為狼疾人也。飲食之人，則人賤之矣，為其養小以失大也。飲食之人，無有失也，則口腹豈適為尺寸之膚哉？《孟子・告子》

當我們因較大的欲望而拒絕甚至捨棄較小的欲望時，我們將遵循作為包括道德及肉體上視為一個整體的自然傾向的之於我們的本性一樣。如前所述，在身體上，為了保持一只手臂，可以犧牲一指，但為了保全身體，卻是能夠放棄一臂是一樣的。

> 公都子問曰：「鈞是人也，或為大人，或為小人，何也？」孟子曰：「從其大體為大人，從其小體為小人。」曰：「鈞是人也，或從其大體，或從其小體，何也？」曰：「耳目之官不思，而蔽於物。物交物，則引之而已矣。心之官則思；思則得之，不思則不得也。此天之所與我者，先立乎其大者，則其小者不能奪也。此為大人而已矣。」《孟子・告子》

因此處理性善與性不善時，強調孟子所認為的只有當心靈是持續而有活力時，當能夠判斷我們的各種欲望及道德衝動之相對的重要性時，我們才得以發展人的體質結構之所有相異的可能性。孟子再次思考了「性」的意涵，並強調「只有當它持續不斷地去處理利害關係時，一個人才能夠生

活於生命的自然期限之外。」[1]

（五）小結

　　葛氏認為中國古代哲學理性論證的發展，起因於各家各派之間辯論的需要。作為所有論辯之源的孔子，因為沒有使用任何形式的自然論證，因為他不需要為自己的論點提供理由。但從墨家開始，為了駁斥其它學派的學說，在著作中進行論證就成為了一種必要。「哲學主流是以作為關連性思維為主，只是在關連中而遭到質疑時所援用分析方法，如孟子和告子的人性之爭就是如此。」[2]

　　從《孟子・告子》「性無善無不善」中一連串關於人性論爭論的長篇文章開始。首先，告子認為人性像水般的自自然然，能夠被引導而朝東抑或是向西，孟子隨即以性傾向於善來同告子論辯。而在上述文章中可得知：按孟子的觀點，這一內在趨向指導我們趨向道德的完善；按楊朱的說法，這一內在趨向指導我們趨向健康及養生；按告子的看法，只有生而沒有性，為了道德的目的，生命過程的本身、精氣、欲望、情感、感覺等等，透過自我訓練來加以控制。「如此一來，告子學說對於孟子便是成為一種特別的挑戰。因為他不僅與把道德和自然相互調和，以及與生命自然生長趨向問題的解決相互衝突，而且他還否認了問題自身的現實性。然而較之告子而言，似乎是不存在著這樣的問題。」[3]

　　孟子在抨擊告子人性論的對話中，並不是試圖證明人性為善，而是懷疑作為一種容易引導向善或悖善之毫無方向的過程，企圖表達人的欲望及情感的可能性，所以告子透過提出三段對話的固定形式，來避免孟子的抨擊。開頭的陳述中，告子支持否認並通過求助於我們本性中的內在道德或反道德的同源性趨向。就「性」言之，是普遍作為在其特有的方向進程或是方向本身中的一種特殊事物發展之「生」。按葛氏說法，「是做為沒有方向過程的『生』（born），而不將它曲解為『天生的』（inborn）。」[4]

---

[1]　葛瑞漢：〈孟子人性理論的背景〉《孟子心性之學》（北京：社會科學文獻出版社，2005年3月），頁54。

[2]　劉玉寧：〈對葛瑞漢和陳漢生先秦哲學「理性」的考察〉，《孔子研究》（2007年1月），頁97。

[3]　葛瑞漢：〈孟子人性理論的背景〉《孟子心性之學》（北京：社會科學文獻出版社，2005年3月），頁55。

[4]　葛瑞漢：〈孟子人性理論的背景〉《孟子心性之學》（北京：社會科學文獻出版社，2005年3

假若「性」僅僅被視為是「生」，那麼在任何特殊事物的發展過程中，便不能有著區別牛犬更甚是人之性的內在種種趨向。因此，告子雖承認人的唯一性，儘管他不是在人的本性中，而是在本性的道德控制中發現了它，而使得人禽之辨成為了告子論辯中的真正難題。

　　關於「性可以為善，可以為不善」的言論，「葛氏在早期研究二程時，一度認為二程在此有些混亂，所以將不適宜西方所規範的實然、應然二分的這種思考架構給帶進了中國閱讀當中。」[1]但對於葛氏所認為的「情」竟然與亞里斯多德所強調的（essence）有著驚人的相似度。如此一來，類化的過度本質則是不需接受的。因為「才」指的是草木初生，就心性的實質內涵而言，在字義上有其能力之意。接近於孟子上下文中所講的四端之意，所指的是本心，它其實反映出的是人之性的面貌，一個沒被扭曲的真實呈現，因為「仁義禮智非由外鑠我也，我固有之也。」果如是，我們不禁要問：人又為什麼會不善呢？若說人性中的善是我們道德實踐，為善是作為成為可能性的根據。那麼，人之為不善的根據究竟又是什麼呢？

　　關於葛氏所言說的本質主義，其「主義」的意義在於亞氏對於整個西方的傳統來講，他有著相當重要的塑造作用。但在二十世紀有了與「本質主義」針鋒相對之新的哲學叫做「存在主義」。換言之，在「存在主義」出現前的過去二千年的西方哲學，皆是屬於「本質主義」的思考模式。職是，人不是被本質所完全的規定，人是有待於自我完全的理解或是決定於他們的內涵的。「不是本質先於存在，而是存在決定本質」。翻轉至此，便是存在哲學家與其過去的本質關係劃一分道揚鑣的切割。

　　　「乃若其情則可以為善矣，乃所謂善也。」這段文字是孟子對於自己為什麼將「善」繫屬於「人性」概念之下，所作的一項語義釐清。它的原意其實是：順著人性之實而言，則每個人都具有其實現善行的能力，這就是我所謂「性善」之「善」的意義。換言之，整個語句中出現了兩個「善」字，第一個「可以為善矣」的「善」，是指具體的善行而言；第二個「乃所謂善也」的「善」，則是指人

　月），頁59。
[1] 葛瑞漢著，程德祥等譯：《中國的兩位哲學家：二程兄弟的新儒學》（鄭州：大象出版社，2000年4月），頁35。

的可以為善的能力，亦即就人性自身而言。[1]

對於本質而言，每個都是分布在它固定位置中的種、類、屬的系譜裡面，一旦完成並取得它的位置之後，它就被決定是什麼了，不容混亂，不能逾越。若在逾越混亂中就會造成對於事物無法作出加以指認的要素，所以，只要能掌握到本質，它的變化將是無關輕重的，這便是過去西方一再強調拯救現象的亞氏之「本質」的傳統。可是對於存在主義的哲學家而言，則認為這樣是完全的扼殺人性。因為關於人是什麼，它其實是有待於自我的解釋，所謂的存在先於本質，於此之存在所指的就是人活著對於自我不斷地進行詮釋和選擇。它強調生命、強調實踐、強調修養、強調自我實現的完成，這個路數和中國哲學的調性是契合的。存在就是活著，活著便是能夠進行不停地自我理解和實現。是故，孟子所言的「聖人與我同類」，便是強調人並非是如葛氏所遵從亞氏本質的一成不變，它其實是有待於興發的。「聖人與我同類」，便是要來興發大家，興發每一個人來成為聖人，興發每一個人來成就成為這個時代所亟須的典範。

又「有性善，有性不善」非如葛氏所述和孟子所言之大小相異不同。環境的好壞並不一定是造就為善為不善的結果，究其關鍵，在於人心是否「陷溺」。

> 人之有德慧術知者，恆存乎疢疾。獨孤臣孽子，其操心也危，其慮患也深，故達。《孟子·盡心》

> 萬章問曰：「舜往于田，號泣于旻天。何為其號泣也？」孟子曰：「怨慕也。」萬章曰：「父母愛之，喜而不忘；父母惡之，勞而不怨。然則舜怨乎？」曰：「長息問於公明高曰：『舜往于田，則吾既得聞命矣；號泣于旻天、于父母，則吾不知也。』公明高曰：『是非爾所知也。』夫公明高以孝子之心為不若是恝。『我竭力耕田，共為子職而已矣；父母之不我愛，於我何哉？』帝使其子九男二女，百官牛羊倉廩備，以事舜於畎畝之中。天下之士多就之者，帝將胥天下而遷之焉。為不順於父母，如窮人無所歸。天下之士悅

1　袁保新：《孟子三辨之學的歷史省察與現代詮釋》（臺北：文津出版社，1992年2月），頁53-54。

之，人之所欲也，而不足以解憂。好色，人之所欲；妻帝之二女，而不足以解憂。富，人之所欲；富有天下，而不足以解憂。貴，人之所欲；貴為天子，而不足以解憂。人悅之、好色、富貴無足以解憂者，惟順於父母，可以解憂。人少則慕父母，知好色則慕少艾，有妻子則慕妻子，仕則慕君，不得於君則熱中。大孝終身慕父母，五十而慕者，予於大舜見之矣。」《孟子・萬章》

據以上所載，顯示不良的外在環境不見得使人更加退墮，有時反倒成為了更加興發並砥礪一個人的心志操守，培養一個人在面對惡劣的環境時，依舊能夠挺立高尚的人格。此外，除了形軀，還有天爵、良貴，緊繫著我們的仁義之性。如果僅僅為滿足口腹之欲，便如同「養其一指，而失其肩背，而不知也，則為狼疾人也。」是人所鄙視的「飲食之人」，無法從其整體生命結構中，辨識出道德心性與形軀欲求的貴賤大小。然而，我們不禁要問：人究竟為何會「弗思」呢？「誰」又該擔負起「弗思」的責任呢？

> 案：此中「思則得之，不思則不得也，此語中之「之」字即指心官言。心官，孟子此處隱指仁義之心言。心官與耳目之官相對而言，「思」是其本質的作用，故通過此「思」字，它可以與耳目之官區以別。「思」能使你超拔乎耳目之官之拘蔽以外，它是能開擴廣大你的生命者。故若你能思，則你便得到你的心官（你的仁義之本心）而實有之，及你的心官便可存在在這裡而不放失；你若不思而只隨物欲轉，一若純任耳目之官而逐物，則你便得不到你的心官而實有之，及你的心官便不能存在在這裡而亡失。此處以思不思定心之存亡，前第八中以操存與否定心之存亡。操存是工夫語，思是心官所發之明。操存底可能之內在的動力，極其最內在的根據，即是「思」也。「先立乎其大者，則其小者不能奪也」，此中之「立」亦是由思而立。[1]

由以上牟先生將孟子的「思」理解成仁義本心的本質作用，亦即道德本心對其自身的明察。是故，思與不思，不但決定了本心的存亡，也可說

---

[1]　牟宗三：《圓善論》（臺北：臺灣學生書局，1996年4月），頁51。

明為何會有其大人小人之別。「一如孟子所謂的『即心言性』，一反『即生言性』的傳統，最主要的理由便是以『天生本有』來作為言性的判準，不但流於空洞、形式，且一旦納入到了不同的義理系統，雖然得到實質內容的充實，如告子的『食色，性也』，但每每只見到人在生物學上的生理本能、欲望，而無法真正的彰顯出人之所以為人的尊嚴。因此，孟子為了說明人在生活實踐中的道德經驗與價值內涵，於是就吾人心靈的直接感應來指證人心的內容。所謂的『君子所性，仁義禮智根於心』，即在說明性善源於心善，『心』在孟子人性論中，是具有其實踐性的關鍵。」[1]

　　日常生活中載浮載沉的心，它其實是和身體及環境的關連相互一體的。它在一方面能夠奮起自覺，挺立道德價值；然而在另一方面也可能被物欲所侵擾而一念自餒，隨波逐流更甚至是作惡。而「心之義又可分為其二：一為先驗具超越真理，一為先驗理則的道德心，落於形軀而為其物應物之實存心。」[2]而其實存心，是較近於本心而與之有別，突顯出整個生命當中是可以被翻轉，能夠活得很本真，也是可以活得人云亦云。實存心強調的是人在成為自己的過程當中，它可以擁有的是成為自己（挺立）或是失去自己（退墮），實存心所揭露的便是在成為自己當中，同時也有著失去自己的所有可能。成為自己便如同海德格的想法一般，說的便是人的真的自我，便是不斷地在每個生命情境的當下去敞開，要如同天一般的存在。然而究竟為什麼人能夠盡心知性而又知天呢？因為天沒有拒絕過任何的事物，天、性、心皆能夠承擔的事物，那便是一個真真實實的一個自我。而實存心就是成為其本真的存在，又或是非本真存在的一個自由狀況。果如是，那麼道德上的惡又是從何而來？因為人擁有選擇自由之故，它可以是「從其大體」，也能夠識「從其小體」。是故，人只有通過了限定，從其本心本性，活出了自我，才能夠完成自我的真真實實如天一般的存在。

　　尤有進者，「當實存心充盡其明照價值的作用，而『無以小害大，無以賤害貴』的結果，就是『養其大者為大人』；但是，若是實存心不能充盡其明照價值的作用，而寧可『養其一指而失去其肩背』，其結果想當然爾，肯定是不離『養其小者為小人』了」[3]。於是，相較葛氏上述用以養生

[1]　袁保新：《孟子三辨之學的歷史省察與現代詮釋》（臺北：文津出版社，1992年2月），頁74-75。

[2]　袁保新：《孟子三辨之學的歷史省察與現代詮釋》（臺北：文津出版社，1992年2月），頁80-84。

[3]　袁保新：《孟子三辨之學的歷史省察與現代詮釋》（臺北：文津出版社，1992年2月），頁84。

與健康保全的思維，保持一只手臂，可以犧牲一指，卻為了保全身體，居然能夠犧牲一臂之謬誤。最後，終將與《孟子》文本的種種論述分道揚鑣。

第四節　批判和反省

上個世紀初，中國對於西學的引進，為當時的學術界注入了新的血輪。一百年後的今天，海外漢學界依舊以其蓬勃之姿，在全球風靡不停。然而「我們在為西方漢學繁榮發展而歡欣鼓舞的同時，不斷有學者對其進行反思，認識到漢學產生的學科背景、問題意識、理論手段、表述話語等等都是屬於西方的。中國在漢學的體系內不過被作為西方對照世界的出現，以便使西方認識自身，解決自己文化框架內的問題的一個管道。更有甚者，大多學者認為漢學只是西方文化霸權的產物，是西方學者運用西方話語，而來對於東方文明的操縱、闡述和建構。」[1]

即便如此，人的道德善惡問題始終是貫穿於幾乎是占儒家主要地位的中國哲學史中。儘管關於「性」在孔子的《論語》中僅僅提及兩次[2]，並沒有造成當時對於人性問題的渴望。以至於到了孟子的時代，迫亟從根本實踐的問題上，重新領略中國的哲學問題，捍衛自我學說，勇於面對異家諸派攻擊並予以回應挑戰的種種企圖。葛氏於文中指出，西元前四世紀，「性」並非是哲學術語，而是屬於每一個關心其健康和希望長生的人的普遍語言，涉及到「人特有的生命進程」。於是，隨著「養生」的提倡，「性」因此進入了哲學領域。但細嚼葛氏所言的「人特有的生命進程」中，其「進程」的意旨究竟為何？又，將中文的「人性」譯為（human nature）這種極度貼近本質主義的表達及規範，是否真與《孟子》的文本諧合呢？於是，本質主義的釐清討論，生命特有進程的真實意涵，便是成為了作為研究葛氏所言《孟子》之「性」所不能亦是逃無可逃的反省及批判的論述議題。

---

[1]　劉傑：《葛瑞漢的關聯思維之再詮釋——以《論道者》為例》（上海：上海師範大學碩士論文，2014年），頁40-42。

[2]　「性相近也，習相遠也。」（《論語‧陽貨》）及「夫子之言性與天道，不可得而聞也。」（《論語‧公冶長》）。

一、關於「人特有的生命進程」之評述

　　葛氏談到了涉及「人特有的生命進程」，特別是健康和養生。認為「性」的概念似乎是作為一個健康的人之生命進程的開始的，而健康的生活是首要的，特別是在屬於人特有的構成、生長和衰亡，是每一個人個別的特徵。又《左傳》中所用的六氣或是天地在人之中所產生的精氣如陰陽、風雨、晝夜等等[1]，藉此來說明特有的生之性。假如我們懷有去超越或肯定或否定的情感，我們便會打亂源於天之積極肯定之氣和源於地之消極否定之氣的平衡，也因此而傷害到我們的健康。通過了中和此感情，我們變回到維持精氣兩種不同等級之性的平衡，在此所言及的「性」，便是他們的生的特有之伸縮之間的進程。

　　葛氏在《呂氏春秋》中避免傷害及充份修養的強調論述一物之性，關於這一事物的一種可被觀察到的事實，倘若沒有外力的干預，它將如何存在或是如何改變其中呢？通過在過程中發現並免受其外部的干預時，假定我們確立了人之性，如同我們發現了水之性那樣。通過了發現而使得它免受於外部的干預時，它將如何發展並去求助於作為一種可以要求無視流行道德的品行原則之「性」呢？相對於如何在西方的本性（nature）概念中，也有著同樣明顯的規範和事實方面的結果，這樣的本性概念通常還是被解釋成反對傳統道德的武器。所以承認的面向，「即一個人的『本性』（nature）是有關他的一種事實，而在做為當他違背了本性時，將不是我們成就行動的理由。」[2]如同強調像水這樣的一種無生命之物，當它排除了

---

[1]　《左傳》昭公二十五年（傳二五・三）「夏，會于黃父，謀王室也。趙簡子令諸侯之大夫輸王粟、具戍人，曰：「明年將納王。」子大叔見趙簡子，簡子問揖讓、周旋之禮焉。對曰：「是儀也，非禮也。」簡子曰：「敢問，何謂禮？」對曰：「吉也聞諸先大夫子產曰：夫禮，天之經也，地之義也，民之行也。天地之經，而民實則之。則天之明，因地之性，生其六氣，用其五行。氣為五味，發為五色，章為五聲。淫則昏亂，民失其性。是故禮以奉之：為六畜、五牲、三犧，以奉五味；為九文、六采、五章，以奉五色；為九歌、八風、七音、六律，以奉五聲。為君臣上下，以則地義；為夫婦外內，以經二物；為父子、兄弟、姑姊甥舅、婚媾姻亞，以象天明，為政事、庸力、行務，以從四時；為刑罰威獄，使民畏忌，以類其震曜殺戮；為溫慈惠和，以效天之生殖長育。民有好惡、喜怒、哀樂，生于六氣，是故審則宜類，以制六志。哀有哭泣，樂有歌舞，喜有施舍，怒有戰鬥；喜生於好，怒生於惡。是故審行信令，禍福口賞罰，以制死生。生，好物也；死，惡物也。好物，樂也；惡物，哀也。哀樂不失，乃能協于天地之性，是以長久。」

[2]　葛瑞漢：〈孟子人性理論的背景〉《孟子心性之學》（北京：社會科學文獻出版社，2005年3月），頁21-22。

被外界汙染及損害的情況時，便可以充分展現其本性（nature），也唯有在我們理解到它是被恰當的培養且沒有遭受到傷害的狀態，才能夠展現其生命的真實。綜而言之，「假如他把它想像成為比能夠健康、肉體的歡愉和長生更多的某種東西，在未預料他被培養的結果的這一情況下，去決定一個人如何被培養是困難的。」[1]意思是說其結果都不能預知知曉，又該當如何言及決定呢？如若當一個人在其進程中而面對環境時，完全不受傷害並且得到應有的資源滋養，試問，是否果當有其如此環境？是否真有如此可能一說？

　　《呂氏春秋》紀錄追求自身的健康、歡樂和長生，而非是普遍的善，是為人的本性，這樣的理論對我們來說是最為古老的中國人性（human nature）哲學。葛氏將孟子的「性」的概念置於在當時孟子理解的天人相互關係的背景下來作為思考。按葛氏的說法，孟子「性」的概念不僅宣稱性由天給定，天命與事物的過程亦相契合，並宣稱要完善「性」的能力，促進「性」的成長，還必須要有人為的主觀作用，有人為參與其「性」的成熟的「進程」，這便為古典儒家解決天人關係問題從而開闢了新的途徑。葛氏於此研究所提出的問題，成為隨之而來的學術交流中爭論的議題，並於諸多議題中，呈顯出關於「性」究竟是在何種程度上是「真實的」且「合乎規範的」。葛氏認為早期中國「性」被想像成為「一種事物特有之生的進程」，具有事物規範的重要意義。如同被想像為關於事物經觀察而得知其為實在，即：倘若缺乏外界的干擾，它自身將會成為怎樣的一種存在？或是如何做為改變？葛氏最終認為，對於孟子而言，在關於真實的（某些事物是什麼）與規範的（某些事物應該是什麼）兩者之間並不存在矛盾。然而，若仔細觀察並細部推演，將不難發現「性」的這種雙重性仍然導致了嚴重的矛盾問題。其中，倘若「性」是真實的，與生俱來的，且均衡地存在於所有人身的東西，儘管在成為他最後應當是什麼的規範，對於一個人一生中意義的召喚與追尋而言，試問，因其相對意義，人性還能說是一個真正的合乎規範的詞語嗎？還能夠用一種值得追求去變成某種東西的描述？「性」的所有規範果真是簡單地源出於天命的嗎？或者是由於它的規範性力量而衍生出這樣的一個事實，既是指人性的發展過程，亦是一種典型人物所取得的道德完善過程。換言之，「人性是一種永

---

[1]　葛瑞漢：〈孟子人性理論的背景〉《孟子心性之學》（北京：社會科學文獻出版社，2005年3月），頁22。

恆的、先驗的事實？還是一種歷史的、文化的產物？果如前述，這些先驗的事實或歷史的產物，作為一個『性』的規範能夠是和諧一致的嗎？」[1]尤有進者，《呂氏春秋》中所念茲在茲的養生問題，已注意到了對於天和權威的需要，即人的不可改變的本性是其源於天的賜予。但，我們不禁要問：既然是人的能力控制所及之外的每一件事都被定義為屬於天的方面，如是，若當時天所擁護祖護的是楊朱，是子華子，那麼一來，儒家該將如何自處？如何求助？訴諸的又是一個怎樣的一種權威呢？

質言之，葛氏對於先秦各個思想家的解讀與以往的學者都不盡相同，一定程度上是受到了他生活時代中的非理性主義的啟發和影響。他以理性作為尺度來梳理中國先秦思想史，以天人關係為線索，用各家學說在不同歷史時期的理論觀點解讀天命秩序從崩潰再到統一的過程。然而在此詮釋中，相對於傳統經學的解讀，葛氏認為在先秦百家爭鳴的時代裡，理性經歷了一個從發展到衰落的過程。「當儒家加入了楊墨之爭後，理論的焦點從身體力行轉向了辯術，從而將理性推向了反理性，致使古代中國理性出現短暫的輝煌後便沉寂在了歷史文化長河中。然而從另一個角度來看，葛氏對中國先輩前賢斷章取義的解讀，一定程度也反映出他受西方二十世紀中葉以來的反智主義和非理性主義思潮的啟發和影響。」[2]

葛氏所指出在先秦思想中「性」雖不只是先天或天生，而是指某一「特定事物的生命延續不斷的存在或其生長的過程」；如果就不動不變的事物而言，「性」則是天生得到充分滋養，不受外侵。葛氏雖強調唯有人才能夠擁有「生命的進程」，但關於其「進程」一義，即使是擲地有聲，卻是充斥著難聞其詳之憾。所幸安樂哲於後繼承了這個觀點[3]，按照這個觀點，只有人才有著歷史的根源，人的自我實現要在歷史中完成是安氏在理解《孟子》時的非常重要的一個創見，而非僅將它解釋為類似於亞里斯多德的意思。儒家成為自我修養所必需的個人創造性的相關實踐，在社會的儀式和制度中，我們目睹了對於過去所有偉大成就並予以深深尊重。然而，在古代的中國傳統中，歷史並非是一種對於簡單的過往事件而給予一種確切性的精密描述，或是成為說教的合理性。是故，創造性便是成為了

---

[1] 江文思：〈導論〉《孟子心性之學》（北京：社會科學文獻出版社，2005年3月），頁3。

[2] 劉傑：《葛瑞漢的關聯思維之再詮釋——以《論道者》為例》（上海：上海師範大學碩士論文，2014年），頁37-38。

[3] 關於安氏之相關論述，本章其後將有詳細論述。

精密描述的昇華。那些成為創造性轉化的種種作為，成為規範而起作用的君子如「孔子」。因此，尊重歷史不必然是保守的，因為在事實上，它更能夠顯現並同時反映了一種對於做為過去的延伸並擁有存在性探索的深深敬意。

二、本質主義的窠臼

（一）本質還是存在關係的釐定

葛氏於文中提及亞里斯多德的「本質」，因為在中國哲學當中「性」的這個概念是能夠在相對於西方寥寥可數的字句當中，找到可以依傍且相近的同義語。不過葛氏未免也太多慮了，雖然在《孟子》文本中提到了「聖人與我同類」，其中的這個「類」字對於亞氏而言，是個非常重要的觀念。亞氏在作為西方哲學與科學奠基始祖的哲學心靈導師，與其「類」字間皆有其密切的關連性。他所言及的分類指的是人類在思考當中，面對雜多混亂的經驗現象世界，當下的第一步便是要用理性思考來作為一切廓清的動作。如此一來，亞氏在當時便成為了一部遠近馳名的百科全書。一個人聰明與否的考驗便是當我們在面對雜亂無章的時候，有些人便是靠著分類的概念作出了區分。認為所有的事物都有著「種」、「屬」的分類的亞氏，他堅信每件事物皆可以給它下定義，而作為一個「種」找到了它所應當歸「屬」的「類」，便可以定義它，從中覓尋它的本質。它若是這個，就不能也不可以是別的事物，而嘗試著為這個世界建立一個科學的知識性的圖像，並從中找到它的位置，亞氏的整套系統思考方式皆由此出。可是相較於《孟子》的系統中，並無所謂的「種」、「屬」、「類」這些分類系統單位的隸屬本質。

> 亞里斯多德有（essence）一詞。此詞，通常譯為「本質」或是「體性」。此似可類比儒者所言之「性體」。然實則不類。蓋此詞若做名詞來看，其實指是一「類概念」（class-concept），又是一方法學上的概念，可以到處應用。而儒者所言之性體則不是一類概念。即使孟子由此以言「人之所以異於禽獸者幾希」，然此幾希一點亦不是類概念，孟子說此幾希一點亦不是視作人之定義，由定義而表示出。如當形容詞使用或當方法學上之概念使用，則可，此如

要點、本質的一點（essential-point），或人之所以為人之「本質」
（the essence of human being）等皆是。此性體亦可說是人之本質
的一點，是人之所以為人，乃至所以為道德的存在之本質；但即以
此「本質」一詞譯此「性體」，則非是。此亦如吾人亦說此性體即
是吾人道德實踐（道德行為之純亦不已）之「先天根據」或「超越
的根據」，但同樣不能即以先天根據或超越根據譯此「性體」一
詞。此皆是詮表方法上之詞語，可以廣泛使用，俱非足以代表此
「性體」一觀念也。儒者所說之「性」即是能起道德創造之「性
能」；如視為體，即是一能起道德創造之「創造實體」（creative
reality）。此不是一「類概念」，它有絕對的普遍性（性體無外、
心體無外），惟在人而特顯耳，故即以此體為人之「性」。自其有
絕對普遍性而言，則與天命實體通而為一。故就統天地萬物而為其
體言，曰形而上之實體（道體metaphysical reality），此則是能起宇
宙生化之「創造實體」；就其具於個體之中而為其體言，則曰「性
體」，此則是能起道德創造之「創造實體」；而由人能自覺地作道
德實踐以證實之，此所以孟子言本心即性也。……故此性體譯為
（nature）固不恰，即譯為（essence）亦不恰，其意實只是人之能
自覺作道德實踐之「道德的性能」（moral ability）或「道德的自發
自律性」（moral spontaneity），亦即作為「內在道德性」（inward
morality）看的「道德的性能」或「道德的自發自律性」也。心之
自律（autonomy of mind），康德所謂「意志之自律」（autonomy
of will），即是此種「性」。作「體」看，即是「道德的創造實
體」（moral creative reality）也。[1]

「性」的這種能動力量便明顯地存在於用來表示這些概念特徵的隱喻
中。為了將「性」視作一個人完整的過程，一個人非一種存在，而是正在
做或正在製作的一個過程，並非僅僅止於是一種派生的被追溯以至於被完
成的一種關係。換言之，在「存在主義」心中，西方哲學在過去兩千年都
是依附在「本質主義」下的思考方式來做為思考，完全不見人之所以為人
的特別之處。因而讓人深刻反思，人不應該是被「本質」所完全規定的，

---

[1]　牟宗三：《心體與性體（一）》（臺北：正中書局，2009年10月），頁39-41。

身為一個人應該是有待於興發的，有待於自我完全的理解，更甚至是有待於決定它的內涵。尤有進者，瞭解到「不是本質先於存在，而是存在決定於本質」，這便是存在哲學跟過去「本質主義」大相逕庭的思維。因「存在」就是「活著」，活著就可說是進行自我的理解投射和自我實現。正因如此，「存在主義」到了二十世紀才有了華麗翻轉的機會。

　　然而，為何當代中國哲學學者會認為西方的存在哲學和我們本土中國哲學的調性是如此的相似呢？那是因為它所強調的是生命，是實踐；強調自我實現的完成，強調修養，強調的這些種種的路數和中國哲學是相近的。因為人不是一成不變而是有待於興發的，孟子所強調的「聖人與我同類」便是要興發各位，興發每個人成為聖人。是故，在這個時代我們所需要的是典範。於是，孟子當時所經歷的時代，是絕大多數中國人的生命尊嚴，遭到了前所未有的一個極其被漠視的危機時代。「而孟子，這位堅持文化理想、矢志維護人性尊嚴、以王道仁政強聒時君的儒者，就是在這樣的時代背景下，『是以所如者不合』，而成為整個時代絕無僅有的惟一見證。」[1]

（二）人的意義的覺識

　　孟子在〈予豈好辯哉〉中表示「我亦欲正人心，息邪說，距詖行，放淫辭，以承三聖者」。表面看去，似乎是以批判楊墨之學為主要任務，但深入分析，它卻是孟子自我期許的時代使命，透過心性之學的展開，嘗試為戰國時代的混亂，重建一個真正尊重生命及人性理想的價值世界。孟子哲學，基本上就是一個以人性為首要關懷的價值思考哲學。

　　葛氏將「情」解釋成為「某種事物本質上所真正是的東西」，來保有利於它對於任何被給予的事物，何者是作為「本質」上的這樣的一個普遍翻譯，便是意欲保留這種作為「性」的遺傳學條件的概念。於此，劉述先強調「孔子到孟子之間的繼承性，對西方學者割裂孔子和孟子的思想的傾向深感憂慮，認為孟子對心性的重視是對《論語》中已有思想觀念的進一步發展。劉氏告誡著不要將西方哲學的概念引入到早期中國思想的解釋之中。因此，他會表現出對於實在論者之對於孟子道德情感的假定和主體性

---

[1]　袁保新：《孟子三辨之學的歷史省察與現代詮釋》（臺北：文津出版社，1992年2月），頁14。

的敘述特別敏感。」[1]

　　劉氏認為，西方傳統的解釋，甚至是當今哲人的解釋都未必能夠把握孟子關於人性和人類善性的立場。按劉氏觀點，孟子十分清楚人性的善來源於天，而天是超越的。承認由道德的相對性提出問題的重要，並且堅持說儒家傳統對這些問題提供了一種非西方式的解答，這種解答既不需要也不可能用西方哲學詞彙加以表達。儒家將道德心作為源頭起點，並不在於求助對人的善性的理論強調說明，而是注重生活體驗中道德行為的具體的、經驗主義的表現形式。接著我們再觀察孟子與告子之間的爭論，劉氏提出了可以認為「孟子在動物之性和人之性之間確立了真正的區別。這一區別在關於『性』的看法上的基本上改觀，這是某些過去的注釋家沒有完全給予公平對待的。因為孟子駁斥告子對性的生物學的理解時，並乘機再次斷言，他所感覺到的東西在經驗上被證明了即是人根本不同於別的動物，因為只有人在認知中並獲得道德善性的顧問和能力。這一斷言等於宣稱一種內在於人的生命的超越稟賦提供了一種從事善或向善的基礎。」[2]

　　信廣來再次審視此一問題，謹慎權衡各種見解，避免使用葛氏以亞里斯多德哲學的「本質」概念去理解「情」的傾向。信廣來認為：「說某物之情『本質』上是什麼，毋寧說它『實際』上是什麼；考慮到性的動詞用法因素，並斷定與其將『性』涉入那種完全是天賦的和先天的傾向，毋寧說『性』是得自於後天的養成和學習。有關於這後一種傾向，是在某一特定發展階段才可以作為某種事物之情的真正出現。」[3]

　　於是，當中國學者開始反思時，道德和政治秩序便容易遭受破壞，自然地，便會特別關注其社會和諧。甚至認為，特別關心社會道德秩序，因為他們認為社會道德秩序是社會穩定的保障。可見，中國哲學主要追求的是「道」。換言之，他們認為西方哲學總是在自由而冷靜之中去尋求真理，這無疑是一種簡化而單純的比較「追求真理的人」（Truth-Seekers）和「追求道的人」（Way-seekers），有時還容易讓人產生誤解。最明顯的一點甚至是在這種觀點的暗示下，說明了中國文化似乎比西方文化更加重

[1] 劉述先：〈孟子心性論的再反思〉《孟子心性之學》（北京：社會科學文獻出版社，2005年3月），頁184-185。

[2] 劉述先：〈孟子心性論的再反思〉《孟子心性之學》（北京：社會科學文獻出版社，2005年3月），頁178-187。

[3] 信廣來：〈孟子論人性〉《孟子心性之學》（北京：社會科學文獻出版社，2005年3月），頁201-204。

視社會與政治的和諧。

　　葛氏堅稱關於「性」是只有在未被傷害和適當的被培養時，參與到那種自然的，而且實現了完全的可能性的發展之中。此處含意的「性」，將是必須被理解為尤其特別的前後關係所被制約的能動過程。換言之，便是指人「性」僅僅是止於一種能夠被理解的一種過程而已。是故，依葛氏這種概念路數的重建中，能夠被發現的另一種識見即是：他的主張「性」似乎基本上是規範的，對於任何事物最好的方法便是成長，如同它自身所言一般。於是，「一物之性在其生的過程中是其發展的特有進程，是一種本質是善的一種形上學的概念。」[1]對此，安樂哲強調在做為「性」的這種基本的相互關係，在它最原始的意義上，「『性』並不總是簡單意味著『本質上是善的』，但作為在『善於』（good at）或『適合於』（good for）獨自發展那些把人與家庭和社會相連結的紐帶中，它一定意味著相聯繫的『善』。」[2]

　　人的心智相對於意義，對於周遭環境的理解是可以通過我們的反省程序，用理論的系統知識再加以全部的涵蓋性去說明並理解它。然而關於人的意義的覺識反省，就如同是一座大冰山，浮出來被我們意識且反省到的也僅僅是冰山的那一小角。相形之下，那些屬於寬廣深奧的浩瀚領域，則是拒絕被我們滲透性甚至是一次性的被說明清楚。所以，別再以為你懂自己，屬於你當中的很多的學習及做出的抉擇，這其中背後所蘊藏的含意，它其實是非常的飽滿而豐富的。是故，真正去思索創造並解決難題的時候，其實更需要的是去要求自己好好的去師法自然，在整個生命進化的過程當中，其實是有著太多太多被我們所視而不見，聽而不聞，卻是亟需謙遜學習並迫切應變的種種之處。

第五節　承西啟東的立論疏理

　　關於人性，孟子提出了有別於楊朱的價值思考方式，這個觀念的思考方式是他類似於楊朱或是道家的思考。他要回諸人的天性，但又與道家

---

[1]　葛瑞漢：〈孟子人性理論的背景〉《孟子心性之學》（北京：社會科學文獻出版社，2005年3月），頁21-22。

[2]　安樂哲：〈孟子的人性概念：它意味著人的本性嗎？〉《孟子心性之學》（北京：社會科學文獻出版社，2005年3月），頁107。

有別的是道家認為天性裡頭並無仁義。因此，孟子深有此警覺性，認為如果不將仁義安置在人性當中的話，從此人們將盡可以以其維護人性之名並再以回歸自然之名，而拒絕任何的仁義道德。如此一來，孔子的學說終將徹底崩解。我們在《孟子》的「予豈好辯哉？」[1]、「乃所願，則學孔子也」[2]、「予未能為孔子之徒也，予私淑諸人也」[3]、「楊墨之道不息、孔子之道不著，是邪說誣民充塞仁義也。……吾為此懼，閑先聖之道，距楊墨，放淫辭，邪說者不得作」[4]文獻中所知的孟子，便是一個追隨孔子、復興孔子學說的孟子。換言之，若要維護孔子學說，在那個時代當下，將人性論成就為學者們共同關心的課題時，必須表明一個立場，這立場便是要講性善，一定要言仁義內在，不然一定會被楊朱給牽著走，要有別於告子、楊墨，一定得有這樣的一個立場。一是要談性善，二是要說仁義內在，最後還得要義利之辯，必定要有如此鮮明的學說立場，才真算得上是嫡傳孔子的學說。

葛氏於文中堅持孟子所揚起的挑戰，是楊朱的享樂主義以及隨之而來的一種反道德本性的觀念。按葛氏的觀點，通常修正一種更古老的關於「性」的觀點，反映了這樣的觀點，「性」與「生」（出生、活著、生長）幾乎沒有或者只是偶然地被區分。由於引進了道德的可能性的觀念來作為性，亦作為自然的兩方面的基礎，孟子正在改變以前簡單地意味著終其一生人所自然傾向的發展，並不簡單地暗示任何道德傾向於這樣的一種概念。儒家在做為人完善其本性的這種證明，正是按照道德來行動的時候，而非是做為當他正在追求他自己長生的時候。

葛氏在《呂氏春秋》等著作中給予避免傷害及充份修養的強調一物之性，同時被作為關於這一事物的一種可被觀察到的事實。倘若沒有外力的干預，它將如何存在或者說是如何做出改變的呢？關於這樣問題的解釋，我們將很容易發現，如果葛氏將被想像為某物能夠持續且永恆的健康，並沉浸在肉體的歡愉以及保生長生的任何種種。不過，在未被預料能

---

[1]　《孟子‧滕文公》

[2]　曰：「伯夷、伊尹何如？」曰：「不同道。非其君不事，非其民不使，治則進，亂則退，伯夷也。何事非君？何使非民？治亦進，亂亦進，伊尹也。可以仕則仕，可以止則止，可以久則久，可以速則速，孔子也。皆古聖人也。吾未能有行焉，乃所願，則學孔子也。」《孟子‧公孫丑》

[3]　《孟子‧離婁》

[4]　《孟子‧滕文公》

夠忠實呈現被培養種種結果的情況之下，而來造就並決定如何被培養的驗證是有困難的。在轉向西方的範疇時，運用任何的方法、途徑、趨向、規範及所有的可能性等等的詞語，來做為幫助我們在面對「性」所做出的種種考量。但，承前所述，我們不禁要問：關於人「性」，果真能夠助其身體的保生長生，甚至是種種的代謝嗎？可以盡情幫助它能溫馴安順且適合地長生保生，並得以改造自身的情性過程嗎？換言之，天充分安排了人的所有，定住了所有的給予，人無法改變的本性義皆是源出於上天的賜予，但，假若這個偉大的天它所袒護關照的並非為儒家，而是楊朱，甚至是子華子，那麼，儒家該求助訴諸的又是一個怎樣的一種威權呢？

　　於葛氏，精氣的滋養是為了人所生所長的生命期限；於孟子，道德傾向的培養是為了人所要完成的如天般存在的成聖成賢。於西方，傳統中的理性，寧願擇其「本質」拯救現象的傾向；於孟子，道德比生存能力更為基本，最初將人從禽獸本性區別出來的是「道德能力」。於是，孟子依著道德教化的形式，通過養成成就了浩然之氣，充塞於天地人我之間，聖王普照的一切，將使整個世界和諧一致。最終，我們將發現和明白，一味強調西方本質，揠苗助長，疊床架屋，將迫使「生」墮入了種種危險之境。

　　　　我們只要回顧前一節引述〈予豈好辯哉〉的文獻，孟子從「當堯之
　　　　時，水逆行氾濫於中國」，到「我亦欲正人心，息邪說，距詖行，
　　　　放淫辭，以承三聖者」，一方面歷記古代聖王在人類邁向文明的歷
　　　　史進程中，對於維護人類生命尊嚴所作的貢獻；另一方面又通過古
　　　　今的對此，嚴厲的批判楊墨之學對仁義之道的摧殘，已使得整個文
　　　　明瀕臨「率獸食人」「人將相食」的毀滅邊緣；這種敘述方式，充
　　　　分反映出孟子的時代認知，實來自於一種以人性為本位的歷史意
　　　　識。換言之，如果「庖有肥肉，廄有肥馬，民有飢色，野有餓莩」
　　　　是戰國時代的社會寫真，由這個現象就歸結出「吾為此懼，閑先聖
　　　　之道，距楊墨，放淫辭，邪說者不得作」的判斷，顯然是因為孟於
　　　　滿腔的道德情懷，強烈的歷史意識，使得他不得不效法往聖先哲，
　　　　站在維護人性尊嚴的立場，與整個時代搏鬥。
　　　　果如前述，那麼我們可以斷定，支援孟子以三辯之學力挽戰國時代
　　　　狂潮的心靈背景，其實也就是先秦儒家自孔子以來所秉持的人文關
　　　　懷，以及歷史意識。這種人文關懷，在孟子的觀念中，主要反映在

「人皆可以為堯舜」，亦即「性善」的最高肯定中。由於道德心性乃體現天道，創生一切意義、價值的根源，因此無論歷史的際會再窮阨，只要持守住人性尊嚴的這點靈明，賢聖相傳的薪火終將還給人類一個光明的世界。孟子立身於烽火戰塵滿佈的戰國亂世，三辨之學的建立誠然是那個時代最忠誠的見證，但是它背後的心靈世界，卻早已跨越了時空的限制，將人性的光與熱許諾給所有人類的歷史。[1]

二十世紀西方哲學的危機由來已久，起源於古希臘的理性，自啟蒙運動以來被推上了至高無上的地位。科學上的各種基本原則和方法，哲學上的各種理論與思潮，無不建立在對理性的堅定信仰上。信仰在很長時間裡有力的促進了人類文明的進步，同時也推動了科技的長足發展。但正是科學技術的進步，將人類對於理性的崇拜推向了極端。人們堅信科技和理性可以認識並解決一切問題，於是理性被異化為工具理性。然而任何事物的存在都是特定歷史條件下的產物，理性觀念本身也不例外。二十世紀初的許多被奉為經典的科學理論，遭遇危機之際，使得整個科學的基礎幾乎被動搖了，從而導致人們對於理性的種種普遍質疑。

葛氏所強調的「人特有的生命進程」的評述其實是有其危險性的。雖言其「進程」，乍看之下，葛氏雖認為天無法賦予一切，於關係中仍須有其動態生生不息之別於他說而有其振聾發聵的醒醐。但所強調每件事物皆有其性，且將他的變動性、成就性訴諸於楊朱等等之全性保真的概念，只消保全其養生，完善其健康，便就擔負其一切的變化。只要做到上天賦予，便是通過完成其性的潛在可能而成，即是不被傷害的養育與保全。可一旦說到了潛在，思考邏輯仍舊是跨越不出亞氏的本質主義。葛氏所強調的「人特有的生命進程」，其中的「特有」，仍舊無法脫離上天的賦予，而針對上天的賦予使命，必需如如實地做好全然的滋養健康與生命保全。若相悖馳，雖爵不取，即富不為，才不致破壞了天所賦予個體擁有必須維持和擔負的進程。最後，持著先天本具，順著先天本有的依恃賦予，而予與開展的生命進程，終究仍是與「始乎故」、「長乎性」、「成乎命」之中國哲學通過生命的體驗與實踐來安頓生命，成就圓滿的人格，實現人的價值，開顯出人之所以為人的存在意義之說，而與之背道而馳。

第四章　華靄仁的《孟子》詮釋

　　漢學家華靄仁[1]在《孟子心性之學》一文中倡論《孟子》中的共同人性（common humanity）思想，並援引西方社會生物學理論，有針對性地強調《孟子》所謂的性，是社會生物學意義上的普遍人性。華氏認為，孟子的人性觀念是孟子在一系列「被迫」參與的爭論中所孕育出來的，而華氏站出來跟安樂哲進行商榷和論爭，約略亦含有此一味道。於是，關於孟子中所呈顯的普遍道德性善潛能的觀點及相對於現代的平等觀念，又對於那些共識性的看法在我們今日變動的現代文明中扮演了相當重要的角色，此乃作為普遍主義立場的代表華氏之一貫的看法。

第一節　問題的提出

　　關於「性」的問題在歷經數個世紀的進程後，成為了中國思想中一個明確與持久的焦點。事實上，這是屬於中國思想獨有的特徵之一，且多半可以理解為是《孟子》的遺產。悠悠歷史長河中有其偉大對話的特徵，隨著豐碩且重要的貢獻者在其自身自然生命之一段漫長時間，持續地捲入於論述之中，代代地延續下來。我們可以觀察到在這種偉大的對話過程中，幾乎不存在一個並不直接提出「性」的問題和並不認真對待預先反映此一主題的思想家。既然相關課題在思想家之間交鋒的過程中經常地被提出，不住地貫穿於所有的時代，從而注意到了其中的思想家與其他的思想家論戰的種種方法。因此，關於一種觀點激盪著我們能夠曉知某種論點，亦是引領我們研究《孟子》的特色之一。

　　由於安樂哲在葛瑞漢後便再度重申於《孟子》中的「性」，是有其進程含意的。不過，安氏所強調「性」的文化性的作法，卻是引來華靄仁認

---

[1]　華靄仁（Irene Bloom, 1939-2010），師從著名學者狄百瑞（Professor William Theodore de Bary），長年執教於哥倫比亞大學，致力於中國思想史研究與漢語經典翻譯，對於孟子與人權問題的傾注研究受到學界的關注。

為是亟須商榷的意見。是故，華氏於〈孟子的人性論〉[1]中力倡《孟子》中的「共同人性」思想，並援引西方社會生物學的理論，有針對性地強調《孟子》的「性」是社會生物學意義上的普遍人性。然而，華氏強調所謂的「生物學」、「生物性」並非指的是一般研究生物的構造、功能、發生和發展規律的自然科學，而是屬於社會生物學（Sociobiology）意義上的一個概念。其意旨是社會生物學即是關於所有社會行為的生物學基礎的系統研究，這是近五十年來西方進化生物學和現代綜合進化論領域的重要進展。質言之，社會生物學誕生的標誌是哈佛大學教授威爾遜（Edward O. Wilson）於1975年發表的鉅著《社會生物學：新的綜合》（Sociobiology: The New Synthesis）[2]，「在此著作中，威爾遜將人的本性界定為精神發展的遺傳法則，不僅這些遺傳法則深深地影響了文化進化，威爾遜此一論述對於華氏等漢學家的觀點，更是產生了重大的影響。」[3]

　　華氏與安氏的分歧點是始於1991年兩人在亞洲研究協會（Association for Asian Studies）上有關於人權問題的一次對話[4]，華氏提及了人權問題，安氏卻反駁道：人權是一個哲學上無凝聚力的概念。華氏對於安氏的話語感到吃驚，因而認為安氏並不把《孟子》中的人性看作是一個本身就是描述的和規範性的。其中包含了反映在人中間的相似性與差別性的概念，而寧願是一種成就性的、靈感性的概念。這篇文章最具有決定性的主張是孟子認為人僅僅在細節上是相似的，而在重要性上是有差別的。如同安氏所指出的「人的相似性是不重要的，重要的是明顯的取得文化上的成就」。[5]華氏對安氏所述接著表示：「讀了安氏的文章後，我感到不得不去做出回答，甚至感到不知怎麼地我正在閱讀一種不同的《孟子》，而且包括再更大的一點上，其觀點的含意，將它描述成一種『特別強烈的文化上的相對

[1] 華靄仁：〈孟子的人性論〉《孟子心性之學》（北京：社會科學文獻出版社，2005年3月），頁125-173。

[2] Edward O. Wilson: Sociobiology: The New Synthesis, Boston: Harvard University Press, 1975. 1985年由四川人民出版社出版了該書之摘譯本（由李昆峰編譯），2008年北京理工大學出版社出版了中文全譯本（由毛盛賢、孫港波、劉曉君等人編譯）。

[3] 韓振華：〈從宗教辨難到哲學論爭——西方漢學界圍繞孟子「性」說的兩場論戰〉，《中山大學學報》（社會科學版）第五十二卷第240期（2012年6月），頁164。

[4] Alan Kam-Leung Chan. Mencius: Contexts and Interpretations[C]. Honolulu: University of Hawaii Press, 2002, p227. 此文取自韓振華：〈二十世紀九十年代以來西方漢學界關於孟學的三次爭論〉，《中南大學學報》（社會科學版）第二十卷第二期（2014年4月），頁69。

[5] 華靄仁：〈在《孟子》中人的本性與生物學的本性〉《孟子心性之學》（北京：社會科學文獻出版社，2005年3月），頁227。

主義』最是令人擔心的」。[1]由此可見，「華氏更是傾向於在普遍主義前提下挖掘孟子人性思想與西方當下人權話語之間的共同之處，而社會生物學所內含的普遍主義視角，在華氏看來正是恰恰能與孟子人性思想的接榫之處。」[2]

> 因此，在適合於用普遍相似的語言去討論「性」的地方，它將是對設想任何正式的同一性的一種曲解。既然「性」是一種在一個總是特殊的背景中被實現的過程，它是一種最終存在於和來源於歷史特點的普遍化。任何嚴格的同一性和普遍性的意義，以及伴隨著它的平等之概念，最終皆是不適宜的。[3]

　　華氏認為在安氏的諸多分析過程中，這便是對於一個不同《孟子》的理解並具有其壓倒性之重要的一個言論。按孟子的觀點，是否存在著一種共同的人性，亦或是一種普遍的人的本性。由安氏所提出的問題，並運用到一些人文社會科學的原則，參與到當前使之具有話題性的討論之中，與一種更加具有包容性的人文相對主義相對性，使得人們不得不去處理「文化上的相對主義」[4]。「按照在我們可以推測到的有關於爭論的情況中他所主張的東西，孟子關於人性的某些論點的再審查，鼓勵了我捍衛關於其一種普遍的人的本性之觀念的肯定與見解。同樣地，在人被其主張和例子所推動的程度上，我將以為，孟子甚至提供了超越於論述人的本性之本質的、一種更寬廣的歷史和文化的限度之上的、鼓勵關於在本質上是人文主

---

[1] 華靄仁：〈在《孟子》中人的本性與生物學的本性〉《孟子心性之學》（北京：社會科學文獻出版社，2005年3月），頁228。

[2] 韓振華：〈二十世紀九十年代以來西方漢學界關於孟學的三次爭論〉，《中南大學學報》（社會科學版）第二十卷第二期（2014年4月），頁69。

[3] 安樂哲：〈孟子的人性概念：它意味著人的本性嗎？〉《孟子心性之學》（北京：社會科學文獻出版社，2005年3月），頁112。

[4] 華靄仁：〈孟子的人性論〉《孟子心性之學》（北京：社會科學文獻出版社，2005年3月），頁143。華氏對於安樂哲的論述亦於文中表示：事實上至少存在兩個問題，在包含了與普遍性相對立的、圍繞著文化相對性的討論當中，這兩個問題並不總是被區分的。一方面，不得不去處理主體自身的看法，舉例而言：關於「人性」，孟子相信什麼？在什麼意義上，可能去發現他相信它是普遍的還是特殊的？另一方面，不得不去處理經過不同的訓練、運用不同的原始資料之博學的評述者的看法：什麼樣的進步已經被導向集中（或內聚）在運用比較方法進行研究的人，在各種依賴於文獻、其他的文化史材料，以及來源於人種學領域工作的資料的研究之訓練中，所做之交叉文化的研究基礎上？

義觀點的合法性。」[1]

　　過度強調「性」的文化成就的面向，因排他性的立場而導向對於人的差等甚至是精英主義的肯定，而造成孟子其他重要立場的被忽視。因緣於安氏在人性問題相對文化主義的立場，於是華氏便於文中暢論《孟子》中所闡述的「普遍共通人性」（common humanity）的種種思維，並援引西方社會生物學的理論，有針對性地強調《孟子》所謂的「性」是社會生物學意義上的普遍人性。「華氏認為，孟子的人性觀念是孟子在一系列『被迫參與』的爭論中孕育出來的，而華氏本人站出來跟安氏進行商榷和論爭，約略也有其這樣的味道所在。」[2]

　　華氏之所以會不同意安氏，當然跟兩人在學術旨趣上的差異和對立有關。[3]然而，他們的爭論並不限於哲學內部，而是高度相關於論述的議題視域。關於這場論戰，與華氏立場相通的有漢學家孟旦（Donald J.Munro）[4]。孟旦在《孟子與新世紀的倫理學》[5]、《儒家倫理的生物學基礎，或儒學何以綿延久遠之原因》[6]等論文中，將威爾遜的社會生物學說視為新世紀不容忽視的理論。於是，孟子的人性說恰恰能夠從社會生物學的研究中獲得支持。在孟旦看來，孟子所使用的經驗性論證的方法、對於共同人性的論證、倫理體系中情感的重要性以及孟子對於親屬情感紐帶和心的評估性的強調，在在皆可視為社會生物學中應有的意義與主旨。因此，只消揚棄孟子思想中論「天」的內容並輔之以社會生物學理論，那麼孟子倫理學思想便能夠在其新世紀中大放異彩。

　　此後，不斷地有人加入了這場論爭。劉述先[7]、信廣來（Kwong-

---

[1]　華靄仁：〈孟子的人性論〉《孟子心性之學》（北京：社會科學文獻出版社，2005年3月），頁144。

[2]　韓振華：〈二十世紀九十年代以來西方漢學界關於孟學的三次爭論〉，《中南大學學報》（社會科學版）第二十卷第二期（2014年4月），頁69。

[3]　華靄仁強調普遍主義立場、社會生物學傾向；安樂哲則主張文化相對主義立場。

[4]　孟旦（Donald J.Munro），1931年出生於美國，是一位著名的漢學家，對中國哲學的研究既有哲學味又有其中國味，還滲透著深刻的教育思想。哈佛大學學士（1953），哥倫比亞大學博士（1964），密西根大學哲學、漢學教授，香港中文大學錢穆講座教授、唐君毅講座教授。

[5]　Alan Kam-Leung Chan. Mencius: Contexts and Interpretations[C]. Honolulu: University of Hawaii Press, 2002, p305-315. 此文取自韓振華：〈二十世紀九十年代以來西方漢學界關於孟學的三次爭論〉，《中南大學學報》（社會科學版）第二十卷第二期（2014年4月），頁70。

[6]　Donald J. Munro. A Chinese Ethics for the New Century [M].Hong Kong: The Chinese University Press,2005,p47-60.

[7]　劉述先：〈孟子心性論的再反思〉《孟子心性之學》（北京：社會科學文獻出版社，2005年3月），頁174-195。

LoiShun）[1]、M.斯卡帕里（Maurizio Scarpari）[2]、M.E.劉易斯（Mark Edward Lewis）[3]、江文思[4]等人皆撰文表達了自己的意見。不過，華氏與安氏儼然是這場論爭中的主角。這場論爭從表面上看來，能否以西方哲學的（human nature）詮釋來做為孟子中所提及「性」的種種問題，實際上所涉及的問題相當廣泛，如：「性」究竟是屬於特殊的還是隸屬於普遍的？再者，「性」最終究竟是一個能動的過程抑或是僅僅是做為一個固有的型態呢？

第二節　詮釋的重點

一、華靄仁對於《孟子》中「性」的詮釋

何以異於人哉？堯舜與人同耳。《孟子‧離婁》

　　華氏開宗明義便引《孟子‧離婁》中的話語，並說道：孟子所言和眾人並無不同，就是堯舜也與眾人一般啊！孟子有關於人的本性的這一論點的問題，究竟是如何被解釋，可以依賴於我們關於是什麼東西迫使他去評論的這樣的評價。這裡關於孟子對話的本質有兩點可以提出來：首先，是他們的語言和語氣不僅出現在《孟子‧滕文公》的例子中，在很多其他地方亦可揭示出像這樣的一個人在真實的世界中，懷著那樣的憂慮並處於那樣的困境之中，而且深深地被託付於實際且直接呈顯的真實世界。於此，華氏認為葛瑞漢選擇的詞語其實是恰當的，一如孟子一定發現墨翟的功利主義不少是可憎的一樣。原因是源於利己主義的那一些人，用了太多的生物學和家族的詞彙來做為思考準則。其次是，假如他們的設想存在於古代的中國中，這種爭議最初是關於哲學家的爭論。換言之，大多數哲學上重要的爭論是在哲學學派之間進行的，那麼學者們可能過分的限制了他們的

---

[1]　信廣來：〈孟子論人性〉《孟子心性之學》（北京：社會科學文獻出版社，2005年3月），頁196-224。

[2]　M.斯卡帕里：〈在早期中國文獻中有關人的本性之爭〉《孟子心性之學》（北京：社會科學文獻出版社，2005年3月），頁243-266。

[3]　M.E.劉易斯：〈早期中國的習俗與人的本性〉《孟子心性之學》（北京：社會科學文獻出版社，2005年3月），頁267-286。

[4]　江文思：〈在《孟子》中人是如何相似的？〉《孟子心性之學》（北京：社會科學文獻出版社，2005年3月），頁287-304。

視域。因為孟子也經常與統治者辯論，直接體現在《孟子・梁惠王》中，但多半是間接的。他們中的大多數並不強烈的隸屬於任何一個哲學學派或是哲學家，而僅僅只是被吸引。「如果引起懷疑的話，因為是很明顯的理由，在所有這些流行的學派中，華氏認為最為可惡的便是法家。依華氏的觀點是：孟子目標中的某些方面幾乎確實是在一種真實的生命中被發現的，因為所有的趨向混合在一起，我們只有部分地能夠去重建這種真實的生命。」[1]

從社會生物學的視角強調，作為「類」的人擁有共同的遺傳法則。《孟子》所言的「性」正是這樣的一種共同普遍的人性。從《孟子》中隨處可見之「人皆有……，」，便是合乎此一觀點的論證。

> 無論如何，人們可以選擇去解釋在《孟子・盡心》中孟子關於「萬物皆備於我」的主張，無論我們是如何的來詮釋這一句話，產生這種意識的道德想像力是某種更傾向於在有生物之中的聯繫，而不是其區別，關於在這一點上是很明顯的。關於人，孟子並無否認人之不同的發展，但其論述的重心是有關差異的認識一定不被允許去遮掩人共同擁有的普遍的人性。因為在其結尾處，就如同開始一般，正是那種被共同擁有的東西才是最為深刻的。[2]

在漢語語境中，不管是哪一種生物學理論，在與《孟子》的人性論會通時，都會顯示出扞格不入，皆會被視作為一種變形齟齬的達爾文主義。不過當華氏藉助了社會生物學視角來解讀孟子的人性論時，絕非僅是求知識學上的方便，而是另含深意。華氏認為，孟子人性論觀念是孟子在一系列被迫的參與中的爭論下所孕育提煉出來的。而如果按照安氏的說法，將性視為一種文化上的東西，那麼這樣的性就一定不是普遍的，這和孟子的主張顯然不吻合。因為孟子既然將性斷定為是源於「天」的恩賜，那麼這種性就一定不能從「文化上的相對主義」來做為理解。於是華氏充滿憂慮地說道：「我感到不知怎麼地我正在閱讀一種不同的《孟子》，而且包括

---

[1]　華靄仁：〈孟子的人性論〉《孟子心性之學》（北京：社會科學文獻出版社，2005年3月），頁139-140。

[2]　華靄仁：〈孟子的人性論〉《孟子心性之學》（北京：社會科學文獻出版社，2005年3月），頁172-173。

再更大一點的觀念涵義上，我將它描述成一種特別強烈的文化上的相對主義，將是令人擔心的。」[1]尤有進者，葛瑞漢同樣的也是再三強調並不認同安氏對於早期儒學中「性」概念的過度詮釋，認為安氏從關係性角度來解說「性」，其實是一種完全西方化的再定義。

二、華靄仁對於《孟子》中關於「性」的善與不善之詮釋

華氏認為：在《孟子‧告子》之間開始的爭論，本質上有四個回合。首先，孟子的立場是仁義源出於「性」，而非是「性」的人為扭曲，如同告子的桮棬源出於杞柳的類推是一樣的。其次，他堅稱「性」不是無方向的，而是直接導向善，除非有重大力量更變其向，如同水的自然就下而流一般。在第三回合中，通過要求贊同不同之物有一種相似之性以反對告子「生之謂性」的主張。到了第四，也是最長的一次爭論，超出了仁義，特別是這個義字，是屬於內在抑或是外在的論辯主張。套句安樂哲所言的「人的相似是不重要的，重要的是明顯取得的文化上的成就。」[2]「安氏必然與告子觀點相異[3]」。於是其後，在孟子與公都子關於「性」的可供選擇觀點的討論過程中，而與孟子迥異的闡論如下所述：

（一）性善論

當公都子試圖進一步去確認其推測孟子關於本性的觀念是正確的，孟子則用與下述三種相異觀點的「情」的主張回答，以作為能夠成為真正的人的傾向。

> 公都子曰：「告子曰：『性無善無不善也。』或曰：『性可以為善，可以為不善，是故文武興則民好善，幽厲興則民好暴。』或

---

[1]　華靄仁：〈在《孟子》中人的本性與生物學的本性〉《孟子心性之學》（北京：社會科學文獻出版社，2005年3月），頁228。

[2]　安樂哲：〈孟子的人性概念：它意味著人的本性嗎？〉《孟子心性之學》（北京：社會科學文獻出版社，2005年3月），頁110。

[3]　告子採用了我們稱之為「狹隘的生物主義」（narrowly biological）之「性」的觀點，而被安樂哲稱之為「動物的滿足」。倘若安氏關於性的觀念是一種成就概念且「人的相似是不重要的，重要的是明顯取得文化上的成就」是對的，華氏便質疑孟子不存在為什麼而將不得不去拒絕第三種觀點的直接且明顯的理由。

曰：『有性善，有性不善，是故以堯為君而有象，以瞽瞍為父而有
舜，以紂為兄之子且以為君，而有微子啟、王子比干。』今曰『性
善』，然則彼皆非歟？」孟子曰：「乃若其情則可以為善矣，乃
所謂善也。若夫為不善，非才之罪也。惻隱之心，人皆有之；羞惡
之心，人皆有之；恭敬之心，人皆有之；是非之心，人皆有之。惻
隱之心，仁也；羞惡之心，義也；恭敬之心，禮也；是非之心，智
也。仁義禮智，非由外鑠我也，我固有之也，弗思耳矣。故曰：求
則得之，舍則失之。或相倍蓰而無算者，不能盡其才者也。《詩》
曰：『天生蒸民，有物有則。民之秉彝，好是懿德。』孔子曰：
『為此詩者，其知道乎！故有物必有則，民之秉彝也，故好是懿
德。』」《孟子‧告子》

　　明顯建立在「情」與「才」基礎之上的爭論是針對下述三種不同觀點
而發。告子仍舊不明白存在著屬於「性」本身和超越飢餓、欲望以及求生
存這兩者的「先天之人」（innately human）的傾向。反觀孟子，則是將
「情」視之成為人的真正傾向，即是屬於每一個人的觀點，是「四端」出
現的追隨。

人皆有不忍人之心。先王有不忍人之心，斯有不忍人之政矣。以不
忍人之心，行不忍人之政，治天下可運之掌上。所以謂人皆有不忍
人之心者，今人乍見孺子將入於井，皆有怵惕惻隱之心；非所以內
交於孺子之父母也，非所以要譽於鄉黨朋友也，非惡其聲而然也。
由是觀之，無惻隱之心非人也，無羞惡之心非人也，無辭讓之心非
人也，無是非之心非人也。惻隱之心，仁之端也；羞惡之心，義之
端也；辭讓之心，禮之端也；是非之心，智之端也。人之有是四端
也，猶其有四體也。有是四端而自謂不能者，自賊者也；謂其君不
能者，賊其君者也。凡有四端於我者，知皆擴而充之矣，若火之始
然、泉之始達。苟能充之，足以保四海；苟不充之，不足以事父
母。《孟子‧告子》

　　孟子在〈公孫丑〉中反覆表述著「人皆有不忍人之心」，於是作為
「四端」或者是「心」所潛在的每一種的可能性，將依次被提及。他重申

此「心」是人皆有之的，為了解決與告子間的爭論，反覆提及仁義禮智是之於心中之端，成為了絕對的權威。「非由外鑠我也，我固有之也，弗思耳矣。故曰：求則得之，舍則失之。」當他論述仁義禮智是我固有的權利時，如此細微之別並非是一種「脆弱、嬌嫩或是嘗試性的」[1]，而當他逐步提出諸如下列主張時，他解釋說「或相倍蓰而無算者，不能盡其才者也」《孟子·告子》。隨後孟子即明顯的發展了「心」的理論，用以反對「自然的不平等」（natural inequality）的觀點，並駁斥以下三種主張的論述。

（二）性無善無不善

當告子於《孟子·告子》中宣稱「生之謂性」與宣稱「食色性也」時，就其本身而言，孟子並不否認這種觀點，此點說明是重要的。他並沒有用不同的選擇來反對已經稱之為「狹隘的生物主義」的告子主張。他也「沒有暗示告子把本性錯誤地看作建立在低等之基礎上的某一東西，相反的，他事實上是與更高級的與更良好的東西與之結合在一起的事物。」[2]作為一種類推，認識到飢餓的後果與享用的食物，在路線上其實是與告子相同的。於此之處，它們具有了真正風味的添加物，運用食物的內在意義，比擬成享用主義的內在意義。很明顯的，孟子拒絕了告子的觀點，並非因為他僅是簡單和完全的錯誤。相反地，他拒絕他，是因為他是狹隘的與不完全的，是一個來源於告子未能考慮到的道德衝動之自然性的這一事實的缺點。就孟子而言，享用主義就像是享用食物一樣自然的，因此，他也絕不會說著本性僅僅是一種道德衝動。因為那樣的說詞將會是一種簡化、狹隘，而非是孟子的初衷之語。於是，就華氏而言，告子的「狹隘的生物主義」被用於這樣的一種認識，道德之「心」的功能將恰如身體的動力一樣，在人的中間為自然的所消解。

華氏認為，孟子所說的人性是意味著在遺傳學或基礎生物學意義上的（human nature）。然而，無論是用規範的述評，還是用可描述的術語來說，它都是一個可理解的詞彙。按照華氏的理解，這便是孟子所持的

---

[1]　華靄仁：〈孟子的人性論〉《孟子心性之學》（北京：社會科學文獻出版社，2005年3月），頁150。

[2]　華靄仁：〈在《孟子》中人的本性與生物學的本性〉《孟子心性之學》（北京：社會科學文獻出版社，2005年3月），頁234。

見解，是孟子在當時是和與他相反的三種見解之爭論中逐步確立了他的理論。如和他所持相反見解中最重要的莫過於由告子所倡導之性無善無不善的見解。華氏將告子的見解稱之為「狹隘的生物主義」，因為告子所主張的「性」完全是屬於生理自然的，完全能被還原為生物學的生命和肉體的欲望。不過，華氏認為：孟子所主張「道德的本能」雖與告子不同，因為告子不承認道德是人的生理本能，但卻又不否認孟子的主張同時也是屬於「生物學的」。再者，孟子又以「天之降才」這一術語，肯定了道德本能的存在。如此一說，亦有些接近於我們稱之為遺傳的這一現代術語。此外，華氏又於《孟子》文獻中說明了「聖人與我同類」，並進一步反映了這些皆是證明遺傳學能力的種種特質，肯定了人性的基本相似性。根本言之，孟子將先驗道德律的天賦和遺傳學通過類比而得出其相似性。最後，華氏認定為這就是孟子對（human nature）所作的種種驗證和說明。

華氏既然認為孟子對於人性的態度是屬於基礎生物學的，將生等同於一個事物特有的生命或生長，並作為一個規範性的詞語，它保留了與生的原始的聯繫。於是，在沒有外力干涉而有適當滋養的條件下，「性」仍然是屬於對於某些事物將如何存在或是如何變化的一種描述。按照華氏的觀點，孟子意圖用一種「更寬泛的生物學主義」來取代告子的「狹隘的生物學主義」。這一種更寬泛的生物學主義，在人的遺傳學特徵或性之中，包含了道德之「心」的本能。針對孟子關於道德也是遺傳學特徵而為所有人共同擁有這一主張，華氏提出了作為結果，「本性」既是生理事實，又是規範尺度，既是我們所是，又是我們所應是。那麼一來，我們去認識和完善它，就等於把我們對於人性的存在安置在作為一個整體的「天」或自然的背景之中，並使我們能參天之化育或服務於這一更大的整體。

（三）性可以為善，可以不為善

關於「天」是人類生命的根源和人性的根據的觀念，亦會衍生同樣的問題，即：

如果天創造了生命，並賦予每一個人道德的潛能，那麼問題來了，為什麼會是一些人的潛能被充分實現，而另外一些人的潛能卻是始終保持著惰性呢？其實與孟子的對話者曾提出過這個問題，孟子本人也意識到了這個問題。比如說「孟子承認存在發展的不平等性，並一再注意到環境對培

養『天』之所與的潛能具有實際的重要性。」[1]是故,在「強烈的環境主義」定義下的見解,通過一種更加平衡的和範圍更大的那種恰如培養一樣,並不忘記自然環境主義所瞭知的。當然,「一種生物學上的觀點所認識到的內在的特徵,華氏認為是在孟子所稱之為『天』之降才,用現代的術語便是稱之為『遺傳』。」[2]是故,「對於人可以為善,可以為不善,是一種全然依賴於環境的強烈的環境主義(strong environmentalism)的一種回答。」[3]

> 富歲,子弟多賴;凶歲,子弟多暴。非天之降才爾殊也,其所以陷溺其心者然也。今夫麰麥,播種而耰之,其地同,樹之時又同,浡然而生,至於日至之時,皆熟矣。雖有不同,則地有肥磽,雨露之養、人事之不齊也。故凡同類者,舉相似也,何獨至於人而疑之?聖人與我同類者。《孟子‧告子》

以上表述似乎更近於環境的一種觀念。「『天』按其共同的原則,即共同向善的傾向創造了人類,但有『不能盡其才者』,這種回答是如此的坦然。隨著再次肯定一些人不能實現他們的潛力,並非是『天之降才爾殊』,而是由於環境『其所以陷溺其心者然也』的緣故,環境在發展個人能力中的重要性,在此便得到了諸多強化。」[4]華氏指出了在農業中的可變性,土壤的肥力、雨露的滋養以及人力的投注皆會造成穀物的豐歉,重點是依賴不同環境促進或妨礙生長,而非強調植物自身品系的優劣。華氏在其結論上推斷「故凡同類者,舉相似也,何獨至於人而疑之?聖人與我同類者。」換言之,孟子又回到了在人之中基本相似性的這一論題上。於是,華氏肯斷,孟子在對於「強烈的環境論者」的這一觀念,是根據環境中假定其「性」的可變性所做出的反應。

> 故龍子曰:「不知足而為屨,我知其不為蕢也。」屨之相似,天下之足同也。口之於味,有同嗜也,易牙先得我口之所嗜者也。如使

---

[1] 華藹仁:〈《孟子》的實踐性和精神性〉,《中國哲學史》第二期(2004年2月),頁125。

[2] 華藹仁:〈在《孟子》中人的本性與生物學的本性〉《孟子心性之學》(北京:社會科學文獻出版社,2005年3月),頁236。

[3] 華藹仁:〈孟子的人性論〉《孟子心性之學》(北京:社會科學文獻出版社,2005年3月),頁157。

[4] 華藹仁:〈《孟子》的實踐性和精神性〉,《中國哲學史》第二期(2004年2月),頁125。

口之於味也，其性與人殊，若犬馬之與我不同類也，則天下何嗜皆
從易牙之於味也？至於味，天下期於易牙，是天下之口相似也。惟
耳亦然，至於聲，天下期於師曠，是天下之耳相似也。惟目亦然，
至於子都，天下莫不知其姣也；不知子都之姣者，無目者也。故
曰：口之於味也，有同嗜焉；耳之於聲也，有同聽焉；目之於色
也，有同美焉。至於心，獨無所同然乎？心之所同然者，何也？謂
理也，義也。聖人先得我心之所同然耳。故理義之悅我心，猶芻豢
之悅我口。《孟子・告子》

　　於此，又提出了肉體的需要與滿足和心靈的歡愉被看作是能夠相互
類推的。「關於前者，沒有什麼東西是如此粗野的，或是關於後者，亦沒
有什麼東西是如此崇高的，以至於阻礙了他們所有作為人的方面的被認
識。」[1]於是，聖人和普通人等，這些普通人領悟後而追隨著的聖人，便是
稱之為「與我同類者」[2]。

　　華氏接著論道：「運用了正在生長的穀物的類推之後，孟子於其後立
即採用了最為著名的生態學的類推。」[3]值得注意的是，在「心」的環境
中，為牛山之樹的毀壞而傷心。同樣地，當一個人「放其良心」和使自身
墮落的時候，他便逐漸佔據了一種道德上僅僅與禽獸有細微差異的同等之
物。於是，華氏指出「在山坡上木材的缺乏或是在人之中人才的缺乏絕非
是山之『性』（本性nature）和人之『情』（真正的人的傾向）的反映。」[4]

---

[1] 華靄仁：〈孟子的人性論〉《孟子心性之學》（北京：社會科學文獻出版社，2005年3月），頁
157-159。

[2] 安樂哲：〈孟子的人性概念：它意味著人的本性嗎？〉《孟子心性之學》（北京：社會科學文
獻出版社，2005年3月），頁114。於其中評論道：當孟子說「聖人與我同類者」，所意味的東
西，與其說它是某種本質上的同一性，不如說是涉及一種「家庭的相似性」。就我而言，「一
種家庭的相似性」完全足以建立一種基本的類似，而且事實上，我發現斷言「人的本質上的同
一性」將意味著什麼是不清楚的。而除了「聖人與我同類者」外，「何以異於人哉，堯舜與人
同耳」《孟子・離婁》及「子服堯之服、誦堯之言、行堯之行，是堯而已矣。子服桀之服、誦
桀之言、行桀之行，是桀而已矣」《孟子・告子》。是故，成為聖人必須表現出我們所具的潛
能，成為暴君則必須拋棄那潛能。我並不相信孟子希望強調成為像堯這樣的人的困難或成為堯
這樣的人所僅能有的「創造性行為」的唯一性。最後，安氏更以「大道，若大路然，豈難知
哉？人病不求耳。子歸而求之，有餘師」來呼應此文的「為之在己」。

[3] 華靄仁：〈孟子的人性論〉《孟子心性之學》（北京：社會科學文獻出版社，2005年3月），頁
159。

[4] 華靄仁：〈孟子的人性論〉《孟子心性之學》（北京：社會科學文獻出版社，2005年3月），頁
159。

　　換言之，公都子與孟子詳細闡述了這種觀念的最初輪廓皆不盡相同。通過在這點上引入了自然現象及普遍經驗的部分，而非僅是依賴於歷史教訓的實例。再者，孟子似乎喚起了一種不朽的存在，那便是通過了關於人人皆有的「真正之人」的傾向與才能，是由於「天」所賜予的，而在普遍的生命進程中，所以被一一表現出來的樣貌。最終，孟子繼續發展了儒家的人本主義，由於此種實際的理由，儒家人本主義才得以始終如一的回歸到整體的共同經驗。

（四）有性善，有性不善

　　依此完全按照個人的愛好所做出揀擇的例子，被華氏稱之為「強烈的不平等主義」的主張，亦可稱之為在「天」所賦予的每一個人的才能方面，存在著一種基本的相似性。

> 故凡同類者，舉相似也，何獨至於人而疑之？聖人與我同類者。《孟子·告子》

　　華氏以為，倘若不是孟子如此殫精竭力地為人的中間基本的相似性的主張，來做為進行辯護的話。想必由公都子在《孟子·告子》所提出的活生生的問題，幾無任何討論的空間與意義。公都子提出有關於在人的中間明顯差別的這一因素和相關問題時，用其清楚明白的平等主義的涵義論道，他是如此反對孟子關於基本相似性的主要前提，來做為言說的背景。

> 公都子問曰：「鈞是人也，或為大人，或為小人，何也？」孟子曰：「從其大體為大人，從其小體為小人。」曰：「鈞是人也，或從其大體，或從其小體，何也？」曰：「耳目之官不思，而蔽於物。物交物，則引之而已矣。心之官則思；思則得之，不思則不得也。此天之所與我者，先立乎其大者，則其小者不能奪也。此為大人而已矣。」《孟子·告子》

　　華氏說道，「假若不是孟子如此強調人人平等，就公都子而言，無論

如何運用這個方法提出問題將是毫無意義的。」[1]

> 耳目之官不思，而蔽於物。物交物，則引之而已矣。心之官則思；
> 思則得之，不思則不得也。此天之所與我者，先立乎其大者，則其
> 小者不能奪也。此為大人而已矣。《孟子·告子》

當被作為與別的方面相平行時，這種表述，不僅沒有削弱孟子主要前題的基礎，而且還在與其基本的生物學前提一致的這一點上解釋了它，並使之精緻化。人的各個部分被視作是互相依存的，如同孟子中所提及的寡欲而非是消除欲望那樣，不否定將身體的性質作為人的本性之一，反之，更同意的是有存在著關於「心」的關注與指導感覺的重要性之種種主張。

華氏繼續說道：人的「大體」將不得不與靈魂相互一致。就柏拉圖而言，靈魂正是一個人的本質上所是的東西。「小體」與物質的肉體相一致，在柏拉圖的觀點中，它在其行程中必須乘載著靈魂。故在柏拉圖的系統中，關於感覺的「主宰」，實是代表了一種值得考慮的挑戰。換言之，華氏強調在《孟子》文本中，肉身死後並沒有靈魂永恆存在的論述。假定人終將一死，他們僅僅有著一種正常生物學上的期待。擺脫掉了肉體上的約束以便持續下去，而不受妨礙靈魂觀念的種種限制。如此說法，於《孟子》文本中似無所見亦不被接受。因為在孟子的觀念中，通過了思考與指導別的器官的能力，如此一來，「心」才能夠得以充當肉軀的主宰。經由這「天與我」的能力反映，人們就能夠主宰也是天所賦予的生物學的能力。此便如華氏所言的「此為大人而已矣」[2]之真正其為自然之人的不平等的假定。

（五）小結

華氏強調，在人人皆有的「真正之人」的傾向中，某種事物將使我們傾向於我們自己作為人的尊嚴的一種感覺。當選擇必須被做出時，在孟子

---

[1]　華靄仁：〈在《孟子》中人的本性與生物學的本性〉《孟子心性之學》（北京：社會科學文獻出版社，2005年3月），頁237。

[2]　華靄仁：〈在《孟子》中人的本性與生物學的本性〉《孟子心性之學》（北京：社會科學文獻出版社，2005年3月），頁238。

反映保持人自己的人性之可能性的這一點上，正是這種尊嚴的感覺。「大體」是人人皆有的部分，在人之中它是尊貴的存在，需要在大體方面去確立自我和反應的什麼東西是尊貴的。但是由於人亦有來自於天的賜予，其中包含了最初的努力而被賦予保存的部分。於此，華氏再度表示，「做為一個整體的被提出，告子認識到了在人之中的基本相似性，但卻未察覺到道德傾向原是其本性中的一部份；其次，對於這樣一種觀念的回答，顯示缺乏明確向善的傾向之人，僅僅是形成他們的某種環境的反應；第三，是對這種認為人的本質上是相同觀念的回答。」[1]華氏說明自己已經提出對孟子最具挑戰性的觀念，必定是屬於最後這一種，因為他與孟子確信的兩種觀念之「人的基本是相似的，但由於其本性是不同的人包含了一種事實上向善的可能性」相互衝突。是故，當告子的「狹隘生物主義」表明了人是如此狹隘以至於將人的本性看作是純粹的食欲這樣觀念的內在限制時，使得生物學的觀察被具體化了。換言之，「當觀念的簡化趨勢被拒絕時，第二種「強烈的環境主義」的觀念亦將被具體化。而在將人看作是基本相似的第三種觀念中，突出於注重實踐的孟子自身，將再無法找到任何使之為具體化的東西。」[2]

　　不過，相較華氏對於其「性」套用於生物學本性之種種論述，我們仍不免要問：人性果真是善的嗎？此一問題一直以來就是一個備受爭議的問題。但我們只要回歸《孟子》文本，把握孟子一貫堅持的「仁義內在」，屢言「四端之心我固有之」，便可確信孟子在這種對於人均有其足以實踐道德或為善的能力之種種肯定，亦是他所主張性善的意義歸趨所在。於是，華氏提出了當公都子試圖進一步去確定其推測孟子關於本性的觀念是否正確時，孟子則用相異觀點之「情」的主張回答，以作為能夠成為真正的人的傾向。而相對於孟子言說所引發公都子疑惑的爭議是可以被理解的，因為孟、告彼此間的人性論述相異，又與他人間的人性思維不同，更遑論人性論者中的人性問題。又，「善」的概念所引申的意義往往隨著言說中的語境脈絡而多所變動，也難怪公都子將如此地無所適從。

---

[1]　華靄仁：〈孟子的人性論〉《孟子心性之學》（北京：社會科學文獻出版社，2005年3月），頁166。

[2]　華靄仁：〈孟子的人性論〉《孟子心性之學》（北京：社會科學文獻出版社，2005年3月），頁166。

孟子對「善」的觀念。似乎是相當流動的，他所說的善教、善政、善言、善行，或為善為不善等等，都是指一種現實上的恰當、美好。……孟子並不曾如希臘人一般，費許多斟酌推敲的苦心去為「善」界定一個精確的涵義。因之，所謂「善」，並不是指某一有確定內涵的概念或理想境界，而只是對種種適宜狀態的得當指點。[1]

　　由上得之，孟子在回答公都子時，一方面重申「即心言性」的人生價值觀，另一方面亦針對「性善」中的「善」字，同時賦予了明確的澄清。是故，對於華氏的主張，筆者亦藉由袁保新先生於《孟子三辨之學的歷史省察與現代詮釋》[2]中的論述來作為回應。

　　「惻隱之心人皆有之，……仁義禮智非由外鑠我也，我固有之也，弗思耳矣。」我們從段文字中，可以清楚地看到孟子「即心言性」的基本立場。換言之，孟子由人皆有之的惻隱、羞惡、恭敬、是非之心，指出貫穿吾人生命活動、道德經驗背後的價值意識（道德心），先天的具備仁、義、禮、智這些「理則」[3]，只要吾人心靈能自覺反思這些內在的道德理則，必然能發為道德善行；苟若「弗思」，則雖「違禽獸不遠」[4]，但卻是「非才之罪」，亦即不是我們實現善行的良能之才有什麼不足之處。這裡，孟子所謂的「才」，根據牟宗三先生義理的辨析[5]，以及岑溢成先生從文字、訓詁觀點的疏解[6]，已可確定是「性」的同義詞。因此，承其上段文字而言，孟子顯然是透過「仁義禮智非由外鑠我也，我固有之也」的說明，來表達他的「人性」概念是就先驗、應然層面來理解其義涵的，與告子等人「即生言性」的路數不同。

---

[1]　曾昭旭：《道德與道德實踐》（臺北：漢光文化公司，1983年3月），頁96。

[2]　袁保新：《孟子三辨之學的歷史省察與現代詮釋》（臺北：文津出版社，1992年2月），頁53-54。

[3]　此處袁保新先生於行文中論述的理則，所指的便是用仁、義、禮、智作為本心真性的先驗內容，本文之所以名之為「理則」，蓋一方面因為「天生蒸民，有物有則」，另一方面則是指「心之所同然者何也？謂理也，義也」。換言之，它們既是普遍之理，也是規範性的法則，故合而言之，名之為「理則」。

[4]　《孟子‧告子》

[5]　牟宗三：《心體與性體（一）》（臺北：正中書局，2009年），頁416-424。

[6]　岑溢成：〈孟子告子篇之「情」與「才」論釋〉，《鵝湖月刊》第五十八、五十九期（1989年4、5月）。

「*乃若其情，則可以為善矣，乃所謂善也。*」這段文字是孟子對於自己為什麼將「善」繫屬於「人性」概念之下，所作的一項語義釐清。它的原義是：順人性之實而言，則每個人都具有實現善行的能力，這就是我所謂「性善」之「善」的意義。換言之，整個語句中出現兩個「善」字，第一個「可以為善矣」的「善」，是指具體的善行而言；第二個「乃所謂善也」的「善」，則是指人的可以為善的能力，亦即就人性自身而言。前者是即「事」而言的「事善」，後者是即「性」而稱的「體善」；前者以後者為基礎，後者又是前者判斷的標準。兩者的關係以及義理層位上的不同，本甚炯然，只是一般人拘執於經驗層面的思考，昧於孟子「即心言性」的理路，因此才會困惑於人之為善、為不善的經驗表象，而無法理解孟子在先驗層肯定性善的真正旨趣。[1]

以思想史的觀點來看，「孟子道性善」固然是繼承孔子「為仁由己」之學，針對當時一些反仁義的人性論逆流，如楊朱從「全性保真」而「拔一毛以利天下不為也」、告子由「人性無善無不善」而主張「義外」所建立的一種衛道性的學說。基於前述分析，我們知道孟子的人性論主要建立在「仁義禮智根於心」的肯斷之上，而他之所以要進一步肯定「性善」，則是在指出每一個人皆具有實現善的「本心真性」，亦即吾人的心性乃一切道德善行的實現根源。但問題是孟子究竟憑藉著什麼樣的理由來肯定「仁義禮智非由外鑠我也，我固有之也」的呢？如果人之為不善是因為不能「盡其才」、「弗思耳矣」，那麼人又為什麼會不能盡其才？，何以為弗思呢？其關鍵應在於人心是否「陷溺」。

孟子曰：「……，雖存乎人者，豈無仁義之心哉？其所以放其良心者，亦猶斧斤之於木也；旦旦而伐之，可以為美乎？其日夜之所息，平旦之氣，其好惡與人相近也者幾希，則其旦晝之所為，又梏亡之矣。梏之反覆，則其夜氣不足以存。夜氣不足以存，則其違禽獸不遠矣。人見其禽獸也，而以為未嘗有才焉者，是豈人之情也哉？」《孟子・告子》

---

[1]　袁保新：《孟子三辨之學的歷史省察與現代詮釋》（臺北：文津出版社，1992年2月），頁53-54。

> 孟子曰:「……,一簞食,一豆羹,得之則生,弗得則死。嘑爾而
> 與之,行道之人弗受;蹴爾而與之,乞人不屑也。萬鍾則不辨禮義
> 而受之。萬鍾於我何加焉?為宮室之美、妻妾之奉,所識窮乏者得
> 我與?鄉為身死而不受,今為宮室之美為之;鄉為身死而不受,今
> 為妻妾之奉為之;鄉為身死而不受,今為所識窮乏者得我而為之,
> 是亦不可以已乎?此之謂失其本心。」《孟子‧告子》

在我們與世界的頻繁交際及接觸互動之中,同樣地,外在世界亦以各
式各樣的聲色之美,財貨之富,撼動著我們的欲望,使我們在頻頻向外索
討的盲目追逐中,漸漸背叛了本心良知的召喚。例如:對於「得之則生,
弗得則死」的簞食豆羹,較之往常在「嘑爾」、「蹴爾」的情況,有著寧
死也不授受的慨然;可卻在面對「萬鍾」的財富時,卻是能夠一股腦地拋
擲禮、義原則,這難道不是貪婪的物欲使人喪失了本心嗎?因此,人心之
陷溺,顯然與我們來自於形軀方面的物欲有關。

雖然孟子並不排斥生理官能對外物的依待,但只要取之有道,仍不構
成道德上的不善。換言之,我們不能將人的「陷溺其心」、「失其本心」
以致於為之不善,直接諉過於自然生命的耳目之欲。相反地,更應該且必
須向內求索。

> 仁義禮智,非由外鑠我也,我固有之也,弗思耳矣。故曰:求則得
> 之,舍則失之。或相倍蓰而無算者,不能盡其才者也。《孟子‧
> 告子》

> 孟子曰:「拱把之桐梓,人苟欲生之,皆知所以養之者。至於身
> 而不知所以養之者,豈愛身不若桐梓哉?弗思甚也。」《孟子‧
> 告子》

> 孟子曰:「欲貴者,人之同心也。人人有貴於己者,弗思耳矣。人
> 之所貴者,非良貴也。趙孟之所貴,趙孟能賤之。《詩》云:『既
> 醉以酒,既飽以德。』言飽乎仁義也,所以不願人之膏粱之味也。
> 令聞廣譽施於身,所以不願人之文繡也。」《孟子‧告子》

　　從《孟子·告子》文本中的文脈觀之，人不能反思其內在本有的仁
義禮智之性，可以視出孟子所謂的「弗思」的確兼涵兩義。除了隱含不識
自家生命的本心真性外，還兼指不能在價值的本末輕重中知所抉擇。換言
之，依其孟子觀念，一個人之所以為不善，並非沒有足以為善的能力，
只是「不能盡其才」罷了。於是，我們不禁要問：人何以會「弗思」呢？
又，究竟是「誰」要來擔負「弗思」這樣的一個重責大任呢？

> 　　案此中「思則得之，不思則不得也」，此語中之「之」字即指心官
> 言。心官，孟子此處隱指仁義之心言。心官與耳目之官相對而言，
> 「思」是其本質的作用，故通過此「思」字，它可以與耳目之官區
> 以別。「思」能使你超拔乎耳目之官之拘蔽之外，它是能開擴廣大
> 你的生命者。故若你能思，則你便得到你的心官（你的仁義之本
> 心）而實有之，即你的心官便可存在在這裡而不放失；你若不思而
> 只隨物欲轉，一若純任耳目之官而逐物，則你便得不到你的心官而
> 實有之，即你的心官便不能存在在這裡而亡失。此處以思不思定心
> 之存亡，前第八中以操存與否定心之存亡。操存是工夫語，思是心
> 官所發之明。操存底可能之內在的動力，即其最內在的根據，即是
> 「思」也。「先立乎其大者，則其小者不能奪也」，此中之「立」
> 亦是由思而立。[1]

　　據歷代注解，不是語焉不詳，就是見解紛紜，叫人莫衷一是。光是
「大體」「小體」的詮釋，趙歧注與朱熹集註即已不同，就連「思則得
之，不思則不得」，也未見究極性的分析。只有牟氏在《圓善論》中，曾
提出了一個比較明確的疏解。牟氏在此處的疏解非常清楚。「他將孟子此
處的『思』理解作仁義本心的本質作用，亦即道德本心對其自身的明覺，
所以思、不思不但決定了本心的存亡，而且也可以說明為什麼有大人、小
人的區別。」[2]但是，令人不解的是，如果「思」是本心的本質作用，那麼
本心如何能夠得以「不思」呢？又，「不思」的本心還能夠被視為是「本
心」嗎？如果仍舊可以視為「本心」，那「本心」不是同時成為善與不善
的根據了嗎？因此，合理的順適牟氏的觀點，我們得承認本心的「不思」

---

[1]　牟宗三：《圓善論》（臺北：學生書局，1996年），頁51。
[2]　袁保新：《孟子三辨之學的歷史省察與現代詮釋》（臺北：文津出版社，1992年2月），頁73-74。

是虛說，因它的實義是指「純任耳目之官而逐物」。只是，如此一來，我們不免要問：為什麼我們人會純任耳目之官而逐物呢？尤有進者，關於人為何為不善的質疑，孟子提出的解釋，雖然沒有任何閃躲逃避的意思，但是「弗思耳」、「不思」的答案，顯然是要求我們往更內在的檢視孟子人性論中「心」之概念的內涵。如此一來，才可能解除質疑關乎孟子性善論是否能夠確立，即「性善論的證成」問題，以及涉及孟子性善論的詮釋效力，或是否具有理解上的說服力的問題。

> 依吾人之意，孟子之所以不以耳目口鼻四肢之欲聲色臭味安佚，以及食色等自然生命之欲等為性之理由，乃在此諸欲，既為命之所限，即為人心中所視為當然之義之所限，亦即為人之心之所限。此即見此諸欲，乃在心性之所統率主宰之下一層次，而居於小者；而此心性則為在上一層次而居於大者。故孟子有大體小體之分。此中大可統小，而涵攝小，小則不能統大而涵攝大。故以心言性之說，亦可統攝以生言性之說。此方為孟子之必以仁義禮智之根於心者，為君子所性，而不即此自然生命之欲以謂之性，以心言性，代其前之以生言性，其決定的理由之所在也。[1]

據唐氏的分析，孟子「即心言性」的決定性理由，在於孟子所言的心的大體，可以統攝耳目之官之軀體的小體，或自然生命之欲的理由，亦為「以生言性」可被「即心言性」統攝的理由。唐氏曾從四方面來說明這種關係，即，「『心』對自然生命具有涵蓋義、順承義、踐履義、超越義。」[2]譬如，人的仁心每每不忍見他人之饑寒，更願世間內無怨女，外無曠夫，即顯示出心靈對自然生命的欲求能加以肯定並涵蓋。又，人的孝心常念身體髮膚，受之父母，不敢毀傷，且求嗣續以承宗祀。由此可見心靈對自然生命的流行能有所順承。不僅如此，仁義禮智之心更可落實貫注到形軀活動之中。「其生色也，睟然見於面，盎於背，施於四體」[3]，即內在於形軀中，將自然生命轉化為道德生命。換言之，「人的道德心更可以殺身成仁，捨生取義，超越生理自然的要求，以顯其心靈的主宰性。尤有

---

[1]　唐君毅：《中國哲學原論・原性篇》（臺北：臺灣學生書局，2006年11月），頁42。
[2]　唐君毅：《中國哲學原論・原性篇》（臺北：臺灣學生書局，2006年11月），頁42。
[3]　《孟子・盡心》

進者，孟子『即心言性』的意義，並非僅是在告子之外，另立一個新的觀點，更重要的是，他充分洞見到在於『心』至『身』的生命整體結構中，心靈原具有一種優位性、主導性。不過，心靈在生命整體結構中的優位性，千萬不可誤解為它高高在上，不食人間煙火，擁有其完全獨立在形軀之上的存在性。相反的，從《孟子》的許多文獻中我們便能夠得知，心靈不但要求它自己落實到形軀中，表現為真實具體的道德行為，更能夠加以反映並要求這個行為成為化成世界的光與熱。」[1]

由以上論述，再對照華氏主張，我們可以很明顯瞭知華氏對於《孟子》中關於「性」的善與不善之詮釋，並將它定義為人性是意味著在遺傳學或基礎生物學意義上的（human nature），這種名之為更寬泛的生物學主義在人的遺傳學特徵或性之中包含了道德之心的本能誤謬。甚至運用柏拉圖關於感覺「主宰」，來作為代表一種值得考慮挑戰的系統，以作為《孟子·告子》文本中的不當詮釋。雖然《孟子·告子》中所記載公都子詢問孟子人性的指歸種種，不難得知當時在人性論的理解上必然是眾說紛紜的，否則，公都子就不會出現如此困惑的言論了。

若放下偏執，細究其《孟子》文本，重新探討孟子如何解釋人之為不善，經由我們對於孟子思想關係的剖析釐清，便不難發現孟子所言的「即心言性」，是從其道德之心以言性善。是故，孟子並未將心的概念限定在先驗道德律的天賦和遺傳學通過類比而得出其相似性上，它可以是「從其大體」，也可以依「從其小體」，充分洞見到在日常生活中，實際主導我們行為的價值意識，即是心全全然然地擁有其選擇的自由。換言之，當「即心言性」充盡其明照價值的作用，「無以小害大，無以賤害貴」的結果，就是「養其大者為大人」；反之，如果不能充盡其明照價值的作用，而寧願「養其一指而失其肩背」，結果當然不免就成為「養其小者為小人」了。因此，我們已然確定，關鍵即在於本心本身所具備的選擇之自由，以及它作為主導行為的價值意識，究竟能否充盡其鑑照價值的「明善」功能，亦即窮盡「思」的功能。

於是，拋擲華氏處處以孟子之性是歸屬於生物學意義的不當說法，而瞭知上述《孟子·告子》文本中的脈絡解釋人之為不善乃因其「弗思耳矣」，並說明了「心之官則思，思則得之，不思則不得」。如果我們採取

---

[1]　袁保新：《孟子三辨之學的歷史省察與現代詮釋》（臺北：文津出版社，1992年2月），頁76-77。

上述本心善性的觀點來詮釋，彰顯出在整個生命當下皆其可轉。它能夠盡其自我，可以活得很本真，也可以活得人云亦云。因為本心即是強調人在成為自己的過程當中，它能夠擁有成為自己、挺立自己或是退墮自我、失去自我。換言之，即是在成為自己的過程當中，亦存在著即將失去自我的可能。而「成為自己」，就是指人的真的自我，不斷的在每個生命情境當下去做敞開，要活活潑潑如其天般的存在。又，為何人能夠盡心知性知天呢？因為天從來沒有拒絕過任何事物，「天」與「心」和「性」皆能夠去承擔所有的事物，這便是所謂的真正的自我。本心就是成為本質存在或非本質的存在的自由狀況（本心本性——活出自己——如天般的存在）。換言之，道德上的善惡又究竟從何而來？在在皆因人是自由的，最終，人也只有通過限定，才能夠成就並完成自己如天般的存在。這裡所指的便是在歷史情境下，其所有的成就發展不同於華氏念茲在茲於普遍的、生物的種種偏狹的論述，而更說明並強調它活脫脫的是在當下、在歷史中、在文化成就中的性的成就。如此一來，而大異於華氏論述之貞定，不但諸多疑點可以迎刃而解，反倒顯其是更順適、更具有說服性的說法。

第三節 批判和反省

華氏再三強調，孟子之人的本性概念與其是作為一種理論，不如說是作為一種似乎已經被發展中的爭論。尤其肯認自己與孟子際遇一般，皆是被迫參與其中論爭的。然對於華氏和安氏所進行的論爭與商榷，實際的爭辯狀況如何，華氏於文中強調，為了在更大的範圍內去確定有關於這種審視於自身評論中想要提出更為特殊的狀況，故須一一檢視並做反省及批判，使其論述更能夠貼近其《孟子》文中的意旨。

一、生物學意義還是文化學意義

華氏認為孟子十分重視人的生物需要，似乎有一個貫穿始終的理解，即關注生活的必需品，如：食物、衣服、住所和教育被給予的優先性。

孟子意識到普通百姓會發現「無恆產」而要有「恆心」是不可能的。從風格和語言來說，孟子偏愛的隱喻常常來源於自然，並似

乎在選取上有著一貫性，以此來支持和闡明他對生命和創新的不
變的信心。樹木、植物、新生的幼苗、成熟的穀物和源泉之水在
《孟子》中作為隱喻，或更恰當地說是作為類比並反覆出現，因
為自然的進程與人的培養、生長和成熟密切關聯。對植物適當的
培育類比於培養人的潛力；伐光山林類比於破壞人的潛力。根基
（groundedness）的首要價值在農業社會是顯而易見的，正如認識
到人的努力和環境在與土地相聯繫的農業活動中和人類生活中同樣
具有重要性是顯而易見的一樣。[1]

　　華氏之所以認為孟子的性是屬於生物學上的意義，最重要的理由是性
與天之間的關係。華氏注意到孟子談性時往往離不開天，並一再強調性是
天的一種稟賦。如此一來，「性」當然就順理成章的成為了人生而具有的
一種能力，而這種能力便只能是從生物學上的意義才能夠被理解。

　　他常常響應這樣的主張：通過斷言天給予人同樣的恩賜——在他們
　　之中的差異依賴於努力——環境和天賦能力的缺乏排除了道德上的
　　持續性。在對於墨家和告子的回應中，孟子表明了一種生物學上的
　　本性和人所需要的意識，但在其超越了他們已經接受的狹隘的生物
　　學概念的本性和需要的認識上，它完全超越了墨子和告子。[2]

　　這個意思是強調，孟子論性主要是從上天恩賜的角度所展開的，上
天恩賜的性與告子的「生之謂性」並不相同。告子的「生之謂性」是一種
「狹義的生物學」，指的是人的一種自然性，而孟子的性指著是人的一種
道德上的稟賦，此種道德稟賦的生物學意義，是從華氏所認知的「廣義的
生物學」的意義而發的。
　　因著以上論述，於是華氏得到了一個鮮明的結論，即是：「應當從生
物學的角度來理解孟子的「性」，而這種意義的性與西方哲學的（human
nature），無疑的，將是較為吻合的。」[3]運用華氏的話語來說，便是：

---

[1]　華藹仁：〈《孟子》的實踐性和精神性〉，《中國哲學史》第二期（2004年2月），頁123。

[2]　華藹仁：〈孟子的人性論〉《孟子心性之學》（北京：社會科學文獻出版社，2005年3月），頁
　　172。

[3]　楊澤波：〈「性的困惑—以西方哲學研究儒學所遇困難的一個例證」—《孟子心性之學》讀
　　後〉《孟子性善論研究》（北京：中國人民大學出版社，2010年6月），頁282。

思考與反應的能力和身體的生命力或活力——這使我們想起了孟子的觀點基本上是生物學上的——之間相聯繫的東西。[1]

確實，孟子的觀點一般地與合乎情理的被看成是「性」與「命」，並不被想像成為可比較或可對比的。人之生物學上的本性被充滿了道德的可能性，天命通過了人的本性來表達。[2]

此一思想還被承認可以通過孟子關於「四端」的說法而得到證實。華氏認為，「猶如四肢是身體的部份一樣，『四端』則是『心』的部分，這樣一種思想其實就是鼓勵人們去承認『四端』與『四肢』同是人的天賦的一部份。」[3]

在我的理解中，猶如四肢是身體的解剖學的部份一樣，「四端」是心的生理學的部分，這樣一種主張其實就是鼓勵人們去承認，正如做為普遍的人的天賦的部分，什麼東西能夠內在的被發現，什麼東西是外在的被呈現，孟子似乎在說，賦予所有人之特徵的那種東西是一種對於他人的反應，把某些人區別開來的東西是反應和發展這種反應的能力。這種能力屬於每一個人：某些人選擇讓自身致力於它，而另一些人則拋棄它。[4]

這個論述說明了「四端」猶如「四體」，而四體是人生而具有的，亦是人的天生自然稟賦。換言之，我們能夠審查孟子不得不談到的關於心靈與肉體之間，思考與反應的能力和身體的生命力或活力，這使我們想到了孟子所強調的觀點基本上是生物學上之間相互聯繫的東西。於是，華氏強調在《孟子》中，存在著豐富的證據去支持孟子有關「性」的概念之一種作為基本的生物學的觀點。華氏以天的稟賦來證明孟子的性是生物學意義

---

[1] 華靄仁：〈在《孟子》中人的本性與生物學的本性〉《孟子心性之學》（北京：社會科學文獻出版社，2005年3月），頁231。

[2] 華靄仁：〈在《孟子》中人的本性與生物學的本性〉《孟子心性之學》（北京：社會科學文獻出版社，2005年3月），頁239-240。

[3] 楊澤波：〈「性的困惑—以西方哲學研究儒學所遇困難的一個例證」—《孟子心性之學》讀後〉《孟子性善論研究》（北京：中國人民大學出版社，2010年6月），頁281。

[4] 華靄仁：〈孟子的人性論〉《孟子心性之學》（北京：社會科學文獻出版社，2005年3月），頁151。

的觀點思維。不過,在楊澤波看來確是值得商榷的。

> 仁義禮智,非由外鑠我也,我固有之也,弗思耳矣。故曰:求則得
> 之,舍則失之。或相倍蓰而無算者,不能盡其才者也。《詩》曰:
> 「天生烝民,有物有則。民之秉彝,好是懿德。」孔子曰:「為此
> 詩者,其知道乎!故有物必有則,民之秉彝也,故好是懿德。」
> 《孟子・告子》

眾所周知,在《孟子》中的確有著大量以「天」論其性善的論述,其中較重要的是在《孟子・告子》中,孟子直引《詩經》中的「天生烝民,有物有則。民之秉彝,好是懿德。」來說明性善。如在孟子看來,「仁義禮智,非由外鑠我也,我固有之也,弗思耳矣。故曰:求則得之,舍則失之。」意思是說在你思與不思,關於這些都是事物的「則」,「只要把握住了這個『則』,人民便會喜歡優良的品德。究其實,天由何來?得自於天,將因『則』是隸屬眾民之『則』,然而眾民卻是來自於『天生』。」[1]

> 公都子問曰:「鈞是人也,或為大人,或為小人,何也?」孟子
> 曰:「從其大體為大人,從其小體為小人。」曰:「鈞是人也,或
> 從其大體,或從其小體,何也?」曰:「耳目之官不思,而蔽於
> 物。物交物,則引之而已矣。心之官則思;思則得之,不思則不得
> 也。此天之所與我者,先立乎其大者,則其小者不能奪也。此為大
> 人而已矣。」《孟子・告子》

孟子強調「心」這個器官的功能在於能夠行逆覺反思之覺,反思便能得到仁義禮智,不反思就不能得到。「先把重要的部分樹立起來,次要的部分就不能將善性奪去了,因而成就為『大人』重要的因素雖是『心之官』,但更重點是『心之官』得自於『上天』的給予,因而『此天之所與我者』也是直接用以『天』來說明性善。」[2]

---

[1] 楊澤波:〈「性的困惑—以西方哲學研究儒學所遇困難的一個例證」—《孟子心性之學》讀後〉《孟子性善論研究》(北京:中國人民大學出版社,2010年6月),頁280。

[2] 楊澤波:〈「性的困惑—以西方哲學研究儒學所遇困難的一個例證」—《孟子心性之學》讀後〉《孟子性善論研究》(北京:中國人民大學出版社,2010年6月),頁281。

　　於此，我們須注意到的是孟子雖是以天之稟賦來論性善，但卻沒有去論證或是可以做為提供我們用以證明人的性善源頭確實是得自於上天，來自於天生的。在無法直接有效能夠得以論證的情況之下，卻是直指善性的稟賦是源自於天。那麼這樣的一種善性理當源於出生時便被賦予，又豈會出現在階段性中所得以具有的能力呢？

> 人之所不學而能者，其良能也。所不慮而知者，其良知也。孩提之童，無不知愛其親者，及其長也，無不知敬其兄也。親親，仁也。敬長，義也。無他，達之天下也。《孟子‧盡心》

　　我們依然可以在此得知孟子於此確實強調良心本心是良知良能，但此論述依舊無法得以有效驗證。「身為人父人母有此共有經歷者，皆能理解嬰孩無不愛其親，仔細推敲，確是得自於社會化的運作使然。而在深入剖析此一現象，便能發現愛其親屬實是屬於自然本性，而其良心本性又是屬於社會屬性。於此社會屬性與自然本能之間有其性質上的區別，在論證過程中不能由此直接證及，恰如儘管哺乳在出生階段都知道需要愛其親，亦有其此本能，但我們卻無法盲然或是從嚴格的哲學的意義上說貓狗等動物都有其良心本心一樣。再者，至於『及其長也，無不知敬其兄也』這段話的問題就更大了。其『及其長』便可判定長到了一定的一個歲數，才有敬其兄的舉動，由此可判其『敬其兄』的良心本心，究竟是否為天生而擁有的，實非三言兩語可以解釋清楚的。於是，我們若深入去考察下述《孟子》文本諸章，便不難發現，孟子所用以言喻的良心本性，主要是針對『成人』而言。」[1]

> 齊宣王問曰：「齊桓、晉文之事，可得聞乎？」孟子對曰：「仲尼之徒無道桓、文之事者，是以後世無傳焉，臣未之聞也。無以，則王乎？」曰：「德何如，則可以王矣？」曰：「保民而王，莫之能禦也。」曰：「若寡人者，可以保民乎哉？」曰：「可。」曰：「何由知吾可也？」曰：「臣聞之胡齕曰：『王坐於堂上，有牽牛而過堂下者。王見之曰：『牛何之？』對曰：『將以釁鐘。』王

---

[1] 楊澤波：〈「性的困惑─以西方哲學研究儒學所遇困難的一個例證」─《孟子心性之學》讀後〉《孟子性善論研究》（北京：中國人民大學出版社，2010年6月），頁283。

曰：『舍之！吾不忍其觳觫，若無罪而就死地。』對曰：『然則廢
釁鐘與？』曰：『何可廢也？以羊易之。』不識有諸？」曰：「有
之。」曰：「是心足以王矣。百姓皆以王為愛也；臣固知王之不忍
也。」王曰：「然。誠有百姓者，齊國雖褊小，吾何愛一牛？即不
忍其觳觫，若無罪而就死地，故以羊易之也。」曰：「王無異於百
姓之以王為愛也。以小易大，彼惡知之？王若隱其無罪而就死地，
則牛羊何擇焉？」王笑曰：「是誠何心哉？我非愛其財而易之以羊
也。宜乎百姓之謂我愛也。」曰：「無傷也，是乃仁術也。見牛未
見羊也。君子之於禽獸也，見其生，不忍見其死；聞其聲，不忍食
其肉。是以『君子遠庖廚』也。」《孟子‧梁惠王》

孟子曰：「舜之居深山之中，與木石居，與鹿豕遊，其所以異於深
山之野人者幾希。及其聞一善言，見一善行，若決江河，沛然莫之
能禦也。」《孟子‧盡心》

孟子曰：「夫夷子信以為人之親其兄之子為若親其鄰之赤子乎？彼
有取爾也。赤子匍匐將入井，非赤子之罪也。且天之生物也使之一
本，而夷子二本故也。蓋上世嘗有不葬其親者，其親死則舉而委之
於壑。他日過之，狐狸食之，蠅蚋姑嘬之。其顙有泚，睨而不視。
夫泚也，非為人泚，中心達於面目。蓋歸反虆梩而掩之，掩之誠是
也。則孝子仁人之掩其親，亦必有道矣。」《孟子‧滕文公》

孟子曰：「人皆有不忍人之心。先王有不忍人之心，斯有不忍人之
政矣。以不忍人之心，行不忍人之政，治天下可運之掌上。所以謂
人皆有不忍人之心者，今人乍見孺子將入於井，皆有怵惕惻隱之
心；非所以內交於孺子之父母也，非所以要譽於鄉黨朋友也，非惡
其聲而然也。」《孟子‧公孫丑》

　　以不忍牛之觳觫來啟發齊宣王的惻隱之心；以舜居之於深山，異於
野人者幾希，及其聞一善言，見一善行，若決江河，說明了堯舜之性者
也；以不葬其親，其顙有泚，睨而不視，論說孝子仁人掩其親必有其道；
以乍見孺子將入於井，皆有其怵惕惻隱之心，可以證明人皆有其四端。由

以上這些事例的對象觀之，毫無例外皆是敘述思維健全的成人。一如楊澤波先生所述：倘若以成人為其對象，這種良心本性究竟來自於天生亦或是他方？該不該對於良心本心皆來自於上天的賦予、天生的給定等合理的質疑，就是一件值得商榷的大事了。

質言之，作為以天之稟賦來論性善，除了上述思維值得再行商榷之外，仍隱含著更大的矛盾。如果人的善性果真是上天賦予的，那麼，天下之人的善性理當是相同的，可實際上卻並非如此。如果我們對良心本心的內容進行具體分析，便不難發現，在不同文化範圍內的，其良心本性的表現有其極大的差異性。比如儒家良心本心根深柢固的立場便是孝順父母，但我們亦可從不同於儒家的歷史文化背景中發現，有將年邁的老人撲殺而大異於儒家文化差異的習俗。又比如儒家良心本心根深柢固的立場便是表現在重視「悌」的方面，兄長在家庭中的作用很重要，因此嫂嫂的地位明顯相對提高，乃至於民間便有著「老嫂比母」之說，但由諸多文化研究文獻可以得知，世上有些部族曾流行著兄長死了，嫂嫂便能歸其弟所有的習俗。

以上相異於儒家文化習俗的二例，卻是無法因著儒家的標準來否定他們所得以認知的良心本心。這些情況在在說明了世上沒有一成不變、放諸四海皆同的良心本心。換言之，和儒家相異的文化背景，所表現出來的盡可以是截然不同的文化差異的具體性。尤有進者，我們更可以瞭知孟子對於良心本心的論述與把握是變化的，是非固定的，在不同情境的脈絡之下，他隨時可以保有它一貫的彈性去因時制宜、因革損益，它從來就不是一個可以受制於一成不變的窠臼中，用來桎梏於儒家本該彰顯出的良心本心，甚至是多樣貌地活潑性與變動性。

安氏反對把中文的「人性」譯為英文的（human nature），因為英文有「本質主義」的涵義，即把人性當作與生俱來的「所與」（given）。他認同葛氏「一物之性在其生的過程中是其發展的特有進程」的主張，進而把「特有的」理解成為意味著「與人自己的特殊性和唯一性相一致，使人自己品行成為最完滿的人自身之自我的一種表達」。在他看來，「孟子的『性』是一個『規範的』、『能動的』、『關係的』、『啟人靈感』（inspirational）的概念，是一種『文化上的成就』。」[1]尤有進者，華氏

---

[1]　安樂哲：〈孟子的人性概念：它意味著人的本性嗎？〉《孟子心性之學》（北京：社會科學文獻出版社，2005年3月），頁112。

所抱持孟子之性的天賦意義，且將此定義為其生物性，將會將其置於等同於西方哲學所強調的（human nature）中。如此一來，雖在《孟子》文本中可以斷章取義其部分語句證據，卻難經起深入理論的剖析與驗證。是故，華氏堅稱孟子的性完全與生物學義涵相形不悖的說法，的確值得商榷質疑。

華氏之所以不同意安氏，主要原因是兩人間關於普遍主義立場及社會文化傾向不認同於文化相對主義立場的學術旨趣上的迥然對立與差異有關。究其實，便是普遍自由人權及相對社群的價值之分。為此，華氏堅持主張，孟子的性一定是生物學上的意義，就因為性是屬於生物意義的，所以這樣的性也就是他所謂的「人的本性」。她接著說：

> 孟子的觀點基本上是生物學上的——在它並不是使肉體或生物的需要變得淺薄無聊，正像生物學的思想所特有的那樣，而是在它關心，在人之中的各部分的相互依存、在人之內的內在器官、生長發展與成熟的自然現象，以及需要和有助於這種發展與自然與社會環境的各個意義上，它是生物學上的。[1]

對於這些「主流的」儒家而言，一種普遍人性的意義是依次建立在一種普遍的人類本性之直覺的基礎上的，而在其中所言的人的生物學上的本性，總是被納入考慮之中。[2]換言之，華氏所極力且亟需表明的核心觀點是當孟子談論到人性時，他用一種特殊的和明白的可看作是相同意義的意味著「人的本性」（human nature），儘管是在關於這種意義可以區別於確定的「主流的」西方觀念，而且「這種概念直接需要仍是一種普遍的人類本性的觀念。」[3]

華氏認為安氏在其〈孟子的人性概念：它意味著人的本性嗎？〉一文中所做出的貢獻，正如同葛氏論孟子學說的創新性論文一樣，而安氏提出主要的觀點，華氏亦於如下回應：按安氏觀點，「人的本性」（human

---

[1] 華靄仁：〈在《孟子》中人的本性與生物學的本性〉《孟子心性之學》（北京：社會科學文獻出版社，2005年3月），頁232。

[2] 華靄仁：〈孟子的人性論〉《孟子心性之學》（北京：社會科學文獻出版社，2005年3月），頁127。

[3] 華靄仁：〈孟子的人性論〉《孟子心性之學》（北京：社會科學文獻出版社，2005年3月），頁127-128。

nature）並不理想地被用作人性的一種翻譯，部分地因為「人的本性」通常被用存在主義者的詞彙來討論，如一種「天賦的」，如「存在於我們之中的與生俱有的某種先天的稟賦」，而非是如同安氏所言的是「一種成就性的概念」。因此，用孟子的觀念而造成安氏所引發的爭論是：「性」並不是靜態的，而是能動的，更甚至是變化多端的；它是一個表示關係的詞語；它也被理解為是在文化上和歷史上被決定的；因此它是「一種創造性的行為」。

　　與安氏不同，華氏更傾向於在普遍主義前提下挖掘孟子人性思想與西方當下人權話語之間的共同之處；而社會生物學內含的普遍主義視角，在華氏看來正是與孟子人性思想接榫之處。對於華氏以上觀點，筆者試著轉換另一角度視之，若不以西方主流的上帝觀念論述，那麼道德從何而來？換言之，每一個當下皆有其屬於他的可能性。倘若培養自己、創造自己，使之有文化、有思想，你將發現，在這個情況下，人類在歷史發展過程中所創生的成果，那個最理想的選擇究竟是在什麼地方呢？猛然地，你就在此！喔，原來如此！而那個意義將是由性而生，而非是恃其外在而得。因為倘使不就上帝的情況，沒了這些所謂的（human beings），便扎扎實實的成為了一個能夠盡其變通、傾力創造的（human becomings）了。於是「人能弘道，非道弘人」，而這裡所謂的「道」，並非是一個已經存在的一個實在，也不是意指上帝。那樣的一個「道」，所指的是「本立而道生」，是一個我們必須在步履實踐並親臨參與中所「行之而成」的一個過程。

　　為別於華氏的「性」是作為生物學上的一個分類概念以及人是生物學上的本性之種種論調。於是，做出文化上的革命卻有其必要性。因此，須將儒學的思維領納進來，讓它成為對話的部分，讓它有其自主性的一個位置。換言之，儒學並非是唯一的回答，它仍舊得了解西方比較的客觀性及抽象性，必需在修訂下的匍匐前進中前行，而非僅僅將它置於世界之外的不食人間煙火之境中，再賦予它一種絕對性的力量。於此，別於華氏言說，讓我們更加確信，每一哲學的傳統要反映其現況，必須是一個屬於歷史文化的概念。因為只有人才得以擁有人性的問題，此番人性便是要如如實的修改自己，這也是我們之所以在動態的、發展的、創造的、成就的，種種活活潑潑於彼此文化決定的一個方向。最後，孟子言說並非僅是止於生物學上所強調的分類意義下的話頭，而是強調只有人才有著歷史的根

源，人的自我實現要在歷史中完成，人唯其通過了歷史文化上的教養，通過了自我實踐的發展，在這種種的脈絡下的意義，才可理解並豐盈豐富屬於自我的璀璨人性。

二、普遍性還是特殊性

德國漢學家羅哲海（Heiner Roetz）在一場「人權論域中的《孟子》：中國、日本和西方接受《孟子》的里程碑事件」（Das Buch Mengzi im Kontext der Menschenrechtsfrage: Marksteine der Rezeption des Textes in China, Japan und im Westen）[1]中強調《孟子》書中關於「『人人有貴於己者』的個體之價值觀、對於人生命的高度看重、關於自我和道德自律的前設概念、國家以民為本的主張、對反抗暴政及弒殺暴君正當性的論證以及仁政主張等等。羅哲海根本上反對安樂哲等人認為儒家只有『關係自我』觀念的主張，轉而以『社會個體』（social individualism）概念來指稱儒家式的自我觀念。」[2]同時也反對安樂哲、羅思文等人的文化相對主義和實用主義進路，轉而提倡歷史性的觀念來理解儒家。尤其是針對於孟子的倫理觀，同時張揚一種人權話語的「普遍性」視角，其理解的路數與華靄仁不謀而合。

拋開具體的論證分析，安氏和華氏爭論的焦點是：孟子的「人性」究竟是普遍的還是特殊的呢？安氏是從「特殊性」的角度去解讀孟子的人性，認為「人性」是一個能動的、關係的、社會的、歷史的及文化的種種範疇，反對用實在論的、先驗論的及本質主義的觀點去解釋孟子的人性，他強調的是中西方文化中人性概念的不同。反觀華氏，則是從「『普遍性』的角度去解讀孟子的人性，強調孟子『人性』的生物學的、遺傳學的屬性，認為孟子的『人性』概念雖然與西方的本質主義有別，但具有普遍的、共同的內容，側重於中西方文化中人性概念的相同之處。他們之間的爭論，正如華氏所說，在更大的範圍中體現了『普世主義』與『文化相對主義』之間的爭論。」[3]

---

[1]　Wolfgang Ommerborn, Gregor Paul and Heiner Roetz: Das Buch Mengzi im Kontext der Menschenrechtsfrage. Munster: LIT Verlag,2011.

[2]　韓振華：〈從宗教辨難到哲學論爭——西方漢學界圍繞孟子「性善」說的兩場論戰〉，《中山大學學報》（社會科學版）第五十二卷第240期（2012年6月），頁165。

[3]　蔡世昌：〈比較哲學視域中的孟子「人性」概念〉，《中國社會科學院院報》第二十卷第二期（2008年8月），頁3。

　　就華氏看來，安氏的觀點助長了某種東亞或中國式的「特殊論」的立場，在描述性的提示中西差異，並試圖從哲學傳統或現實習俗做出某種解釋之後，其後並無一套明晰可靠的替代民主自由的可行方案。並認為其學說具有濃厚的語境決定論和文化保守主義色彩，無怪乎淪為文化相對主義和學術偷懶之譏。華氏指出：

> 孟子的「四端」之觀念是能動的，就好似通過了火與泉、在田野裡生長的植物或是牛山之樹的類推一樣，是其正在成長的一種道理一樣。當然，當被孟子做為正在要求的本性提出時，在某種意義上，這些「端」並不被用脆弱的暗示來描述。按安氏的觀點「……由於與肉體的同一性相比較，這些『端』是更脆弱的和更不明確的，沒有適當的照料，他們可能很容易被失去。事實上孟子所說的是：人之有四端也，猶有四體也。有此四端，而自謂不能者，自賊者也；謂其君不能者，賊其君也。」專注於保衛儒家倫理的實踐性，以反對難以對付的統治者，抵擋楊朱學派和魯莽的墨家及孟子，傾向於允諾不為懦弱作辯護。[1]

　　就以上華氏批安氏一事，但按安氏下述行文可知，他所言的脆弱並非完全是從字義上言說。安氏所言的脆弱指的是其「端」，因是其端，更亟須加以把握。換言之，如果失去了它，有無之間似乎無所不同，一樣是墮入了禽獸之境；但若能夠得以操存把握，才能在普遍人類共有的情境之中，去擴大從而呈顯出屬於它能夠活活潑潑擁有的、動態的、發展的、文化的以及成就的等等價值意涵。

> 「四端」是更為「脆弱」的表述，成為強有力的主張。於是，在人這一背景下，「性」僅僅是最低限度的包含了動物的滿足（「命」）和最初的「心」之端……，而且「性」「是一種文化上的產物」相對於「已被完成的某種東西」一種必須完全是善的成果。[2]

---

[1] 華靄仁：〈孟子的人性論〉《孟子心性之學》（北京：社會科學文獻出版社，2005年3月），頁148-149。

[2] 安樂哲：〈孟子的人性概念：它意味著人的本性嗎？〉《孟子心性之學》（北京：社會科學文獻出版社，2005年3月），頁105。

　　華氏認為這種辯論與堅定而獲得的人性是完全不同的，僅僅是偶然的相似性，做為區別於生物學上的性的概念，本質上是文化上的論點。華氏又言她將轉入該文的結尾之處，在討論其《孟子‧盡心》中的一段材料時，有關安氏對於孟子論「性」與「命」之間關係的觀點解釋。無論如何，關於《孟子‧公孫丑》中的一段話與「四端」觀念的最初連接方面，一種決定性的意義需要被提出。「理解《孟子》中爭論的背景，對我來說，孟子看來並不像是正在強調『四端』的脆弱或嬌嫩。他的目的看來並不像是在為促進對於培養嫩芽的『不確定的進程』而為之擔憂，更不必說是反對人人皆有的『赤裸裸的質料』（bare stuff）。理解爭論的背景，作為一種鼓勵，存在著孟子意味一種所有的人，在其自身之中具有相似性傾向的每一個人，在道德潛能方面他們都需要的是保證『四端』觀念的全部象徵。」[1]華氏理解上述種種，猶如四肢是身體的解剖學的部份一樣，「四端」正如同是作為普遍的人之天賦的部分，什麼東西能夠內在的被發現，什麼東西卻是在外呈顯的。「孟子似乎在說，賦予所有人之特徵的那種東西是一種對於他人的反應，把某些人區別開來的東西是反映和發展這種反應的能力，這樣的能力屬於每一個人。不過，有些人選擇讓自身致力於它，有些人卻是離棄了它。」[2]

　　像葛氏和安氏這些人那樣，已經強調了的孟子接近於人的能動性的品格，雖是具有其說服力。不過，前文所述之「四端」猶如「四體」，而四體是人生而具有的，亦是人的天生自然稟賦，便引起了性的普遍性的問題。華氏並強調：人們無論如何應該關注的是「萬物皆備於我」的這一個議題。

　　　　萬物皆備於我矣，反身而誠，樂莫大焉。強恕而行，求仁莫近焉。
　　　　《孟子‧盡心》

　　在這個論述中，孟子特別強調的並非指的是人與人的區別，而是陳述人與人之間的共同之處。

---

[1]　華靄仁：〈孟子的人性論〉《孟子心性之學》（北京：社會科學文獻出版社，2005年3月），頁150。

[2]　華靄仁：〈孟子的人性論〉《孟子心性之學》（北京：社會科學文獻出版社，2005年3月），頁150-151。

關於人，孟子並沒有否認人之不同的發展，但其論點的重心是，有關差異的認識一定不被允許去遮掩人共同擁有的普遍人性，因為在其結尾處，正像其開始一樣，正是那種被共同擁有的東西才是最深刻的。[1]

是故，相對於有人試圖將孟子之性作為文化上的相對主義來理解，對此，華氏顯得憂心忡忡。

正由於其這樣的原因，這裡的賭注是如此之高。有關孟子喪失了其確信關於一種普遍的人性——忽視了其存在著所有的人都具有的重要的和積極的傾向和觀念——的解讀降低了孟子的聲譽。人們甚至會說這樣一種解讀使孟子經過時間而傳遞的才能遭致損害。其次，這必定使得現代中國喪失了其傳統文化中合法性遺產的某種東西，以及使我們中其餘的人失去了能夠有價值的從那種傳統文化中學到的很多的東西。[2]

為此論述，華氏特意強調：

我將為他所主張的觀念做辯護，認識到否認這種觀念，將會冒著使得在孟子的思想中什麼東西是最具特性的，就孟子的遺產——確信與同情一種普遍的人性——來說，什麼東西是最中心的變成難以理解的風險。[3]

於是，華氏得出了應當從普遍性的角度來理解孟子所言的性的這種明顯的結論，而這樣的意義的性與西方哲學所言的（human nature）是較為吻合的。

再者，相對於安氏關注作為規範的孟子之「性」的概念，葛氏的分析

---

[1] 華靄仁：〈孟子的人性論〉《孟子心性之學》（北京：社會科學文獻出版社，2005年3月），頁172-173。

[2] 華靄仁：〈在《孟子》中人的本性與生物學的本性〉《孟子心性之學》（北京：社會科學文獻出版社，2005年3月），頁228-229。

[3] 華靄仁：〈在《孟子》中人的本性與生物學的本性〉《孟子心性之學》（北京：社會科學文獻出版社，2005年3月），頁225。

決定於它的重要性，將大為增加的「事實的和規範的」，這一信念之這種複雜的人和人的本性觀念。換言之，「在葛氏分析的本質上，所描繪的不僅是孟子本性的觀念，而且是在這種觀念自身之中，開啟了『傳統儒家解決天人問題』這一方法的重要性。」[1]於此，華氏完全同意葛氏有關於對於孟子的觀念與眾不同的東西是：「這種本性觀念是源於這樣的方面來做描述，假如它被適當的培養，而不被傷害，事物將是自自然然地發展及一種事物本朝著它應該發展的方面。」[2]是故，可以相信的正是孟子去維持這種複雜爭論的才能。在公元前四紀爭論的背景下，允許他給人留下深刻的印象。從長遠的觀點來看，在促進中國傳統的發展中，關於本性的構想於焉形成。

通過了這些方面，我們能夠得以證明的是：「性」就孟子而言，是真正代表了一種人的所有東西的功能，如同促使他們去區分別的東西一樣。「而通過了觀察與考察其類推與隱喻，我們亦能夠瞭知孟子其中的語言。如在論及『性』時，孟子反覆用『人皆有之』來重複其關鍵的論點。」[3]又反覆用嫩芽、秧苗、植物、樹木等農業上的生長與發展來比喻這一事實，作為一種具有在本性的進程中，將人的本性作為一個整體，及強調自然過程與需要培養的這兩者的類推、想像、影響的表達方式。

華氏認為，安氏將「性」的觀念看作基本上是規範的。華氏認同葛氏的「一物之性在其生的過程中是有其發展的特有進程」[4]，對於這樣的主張，他則採用了自己把「特有的」理解成為意味著「與人自己的特殊性和唯一性相一致——使人自己品行成為最完美的人自身之自我的一種表達。」[5]

> 因此，在人的關係中，「性」只是最低限度的包括禽獸的滿足
> 「命」和最初的「心」之端。更重要的，他是依賴於其特殊條件
> 之品質的文化上的產物。這是孟子在駁斥告子之自然主義時的觀

---

[1] 華靄仁：〈孟子的人性論〉《孟子心性之學》（北京：社會科學文獻出版社，2005年3月），頁151。

[2] 華靄仁：〈孟子的人性論〉《孟子心性之學》（北京：社會科學文獻出版社，2005年3月），頁151。

[3] 華靄仁：〈在《孟子》中人的本性與生物學的本性〉《孟子心性之學》（北京：社會科學文獻出版社，2005年3月），頁230。

[4] 葛瑞漢：〈孟子人性理論的背景〉《孟子心性之學》（北京：社會科學文獻出版社，2005年3月），頁10。此處應該被注意的是，有鑑於葛瑞漢把孟子的人的本性概念看作是事實的和規範的兩個方面，而安樂哲只將它看作是規範的、普遍的。

[5] 安樂哲：〈孟子的人性概念：它意味著人的本性嗎？〉《孟子心性之學》（北京：社會科學文獻出版社，2005年3月），頁108。

點。告子試圖把「一物之生」與「性」等同起來。當然，這將毀滅「性」的規範性力量。既然「性」基本上是規範性的，那麼很清楚，它不可能是所做的每一件事情，而只是作為被承認的成就，作為微小的要素被精心改進，作為能夠被稱之為善的那種東西而被解釋的那些事情。人性本善不是什麼了不起的，而更重要的是，人之所為即善變成了人的本性。[1]

　　安氏在此欲表達的是在人性之初有了人性本善，並不是件什麼了不起的事，重要的是把握住了那個名之為本有的善，而將其善性便成了人的本性。而在作為一種成就概念，「性」在人中間涉及的與其說是相似性，不如說是差別性。作為一種文化上的成就，既然「性」與所作所為是善的那種東西相聯繫，有鑑於人之「命」並不必然被認為是善的，在重要性上，在「性」──一種核心的關注，兩者之間存在著一種基本的差別。「這意味著人的相似是不重要的，重要的是明顯的取得的文化上的成就。」[2]

　　在這意義上即是暗示了就個人的修養，包括替代每一個從事於一種人的、文化上的和歷史上的特有的自我修養的進程，人的創造性或自成一格的偶然性，沒有固定的目標。「『性』與其說是一種『渴望的』（aspirational），不如說是一種『啟人靈感的』（inspirational）的概念」[3]：

　　　因此，在適合於用普遍相信的語言去討論「性」的地方，它將是對設想任何正式的同一性的一種曲解。既然「性」是一種在一個總是特殊的背景中被實現的過程，它是一種最終存在於和來源於歷史特點的普遍化。任何嚴格的同一性和普遍性的意義──以及伴隨它平等的概念──最終是不適宜的。[4]

---

[1] 安樂哲：〈孟子的人性概念：它意味著人的本性嗎？〉《孟子心性之學》（北京：社會科學文獻出版社，2005年3月），頁109。

[2] 安樂哲：〈孟子的人性概念：它意味著人的本性嗎？〉《孟子心性之學》（北京：社會科學文獻出版社，2005年3月），頁110。人的相似不是不重要，而是對於這些「相似性」僅是異於禽獸之基本的要件，重要的是如何在大家皆共有的「相似性」中，活出自我的價值，在歷史的變化動態中取得了文化的成就。

[3] 安樂哲：〈孟子的人性概念：它意味著人的本性嗎？〉《孟子心性之學》（北京：社會科學文獻出版社，2005年3月），頁112。

[4] 安樂哲：〈孟子的人性概念：它意味著人的本性嗎？〉《孟子心性之學》（北京：社會科學文獻出版社，2005年3月），頁112。

　　在安氏的分析過程中，許多問題被提了出來，但是具有壓倒一切的重要性的問題是這最後一個──按照孟子的觀點，是否存在著一個共同的人性或是一種普遍的人的本性。如同我理解它的那樣，因為在這一點上有著太多的爭論。由安氏所提出的問題，運用一些人文社會科學的原則，而使它與一種更加具有包容性的人文主義相互對應，迫使人們不得不去處理文化上的相對主義。於此，華氏認為，「事實上至少存在著兩個問題，其中包括了與普遍性相對立的、圍繞著文化相對性的討論中，這兩個問題並不總是被區分的。另一方面，不得不去處理主體自身的看法：舉例而言，關於這個人性，孟子所相信在乎的是什麼？在何種意義上，才有可能去發現他能夠相信它究竟是特殊性亦或是普遍性？」[1]

　　這是一個對比的問題，安氏反對任何本質主義的理解，也反對先驗主義那樣的立場，如此地言說先於經驗，來自於上天賦予道德的那一種。但安氏並不認為孟子的人性論是等待被成就完成的概念，而是須從歷史文化上來作為理解。因為人在學習的歷史成長當中，人顯然在歷史傳統當中有著密切的關聯，他整個道德「心」的涵養都是來自於歷史文化的，而非僅僅是非意識狀態加以自覺的學習。

> 人之所以異於禽獸者幾希，庶民去之，君子存之。舜明於庶物，察於人倫；由仁義行，非行仁義也。《孟子‧離婁》

　　人雖與禽獸間的差異細微，可孟子又馬上從歷史當中的「舜明於庶物，察於人倫」中，用具體的人物來典範性的說明「人之所以異於禽獸者幾希」在哪？「庶物」就是天地萬物，人相對於天地萬物就是會存有一種明鑑，對於人倫之間的關係，尊卑長幼及親疏遠近自然就會有個分類，這樣的一種分類裡，便是決定了你將用什麼樣的態度去面對萬物，用什麼樣的方式去面對人際關係。這其中對於你之所以為你，父母之所以為父母，君臣上下及其所有的人際關係，皆會有個角色上的認知，甚至是包括了天地萬物。你與山、大地……等之間的所有關係為何，這就是「明察」。而人之所以身之為人，便是擁有了如此這般明察的能力。舜將其「幾希」這樣的能力充分彰顯出來，他便是可以為人世間、為天地萬物建構出一個秩

---

[1] 華靄仁：〈孟子的人性論〉《孟子心性之學》（北京：社會科學文獻出版社，2005年3月），頁143。

序。因此，「明於庶物」，就是為整個存在界理出一個眉目來；「察於人倫」，就是為人間世界建立一個秩序。「由仁義行，非行仁義」，這其中所強調的是在仁義的實現當中，完全是來是於內在的自主自覺。由《孟子》文本中的表達，歷史不斷地滲入到他的文獻當中，不斷地以歷史人物具體化的示範性來表達他對於人性的理解。這的確是一種頗為奇怪的論述方式，因為我們或許會覺得孟子的論述太過於薄弱，「性善」本身是個重要的課題，也應該是個普遍性的課題，應該要對於它的意義去做一個精確地描述和掌握，又怎會需要強調用具體的、典範性的以及示範性的人物來加以說明呢？於是，儒家的倫理學將是屬於示範性的倫理學。最後，誠以一種「心」的感通能力和情境化原則來做為孟子人性的言說方式，使之別於普遍的特殊，確有其深刻豐富的價值底蘊。

三、本質主義還是存在哲學的詮釋進路

就孟子而言，「性」就是意謂著人的本性。「為區別於柏拉圖或亞里斯多德及斯多葛學派的那些觀點與之孟子相較，將沒有理由去推斷出它不是出於一種人的本性觀點。而認識到的這些觀點，不論是多麼的不同，是類似的和能夠有助於被比較會產生更好的意義。換句話說，孟子並沒有像柏拉圖的觀點那樣發展出一種關於人的本性之實在論的觀點。與柏拉圖或亞里斯多德相較，他並沒有談到靈魂；與斯多葛學派也不同，他不相信有一種生命的邏各斯——在死時將被重新集合成為『以太』（ether），以及在一種新的永恆再生的循環之中，靈魂被賦予了新的肉體——創造的個人。孟子對於有關人是如何相似的和他們如何區別的這一問題的回答，本質上是屬於他自己的歷史文化經驗，自己天賦的產物是無庸置疑的。當然，關於在人之中的相對性與差別性所構成的這些問題的基礎，可以被理解為平行的和應該是互相啟發的。」[1]

然而，對於孟子「性」的概念是否能夠用「本質」（essences）抑或類似的術語來做為解釋呢？如果一個個體是人，那麼他便具有其人的「本質」，這種「本質」建立起一種貫穿一生的連續性（continuity）。比如，你永遠是一個人，你就「是」（are）一個人。於是華氏就是比較去強調生

---

[1]　華靄仁：〈在《孟子》中人的本性與生物學的本性〉《孟子心性之學》（北京：社會科學文獻出版社，2005年3月），頁229-230。

物學的概念。換言之，人性就是一個生物學的概念。可安氏卻反對這種觀點。他認為個體並非本來就是一個人，而是「成為」（become）一個人。人是一個成為人的過程，而並不是個體已經具有的東西。安氏從特殊的角度來解讀孟子的人性，認為孟子是能動的、關係的、社會的、文化的以及歷史的範疇，而反對用實在論的、先驗論的、本質主義的觀點來解釋孟子的人性論，並強調中西文化與人性概念的不同。職是，到了二十世紀的存在哲學，才有了翻轉的機會。但為何當代中國哲學學者會認為西方存在哲學與中國哲學的調性相似呢？那是因為它也同樣地強調生命，強調實踐，強調自我實現的完成。重視修養的這個路數是與中國哲學的調性接近的。而孟子的人性論即是等待著成就完成的概念，是從歷史文化來作為理解的。因為人在學習的歷史成長當中，人顯然在歷史傳統當中有著密切的關聯，他整個道德心的涵養都是來自於歷史文化的，而非僅僅是非意識狀態加以自覺的學習。

再者，對於孟子言性善，我們會將他稱之為論「述」，而不能將它理解為論「證」。若是將它歸依為論證，每舉一項歷史個別人物來作為論證其人性的普遍性，如此的論證未免過於薄弱。因為你無法運用極少數的個例，如：堯舜⋯等等人物，這樣的論證太過薄弱了。又，為何只能以好人作為例子，而不能舉壞人為其比方呢？因為我們談的是普遍性的課題，卻以一個在歷史上極為少數的個例來說明它，這便是最為薄弱的言說方式，可這也是孟子的言說中最為特殊的一個方式。因此，歸納法的論證力量太過薄弱。但我們卻是能夠在「舜何人也？予何人也？有為者亦若是。」《孟子・滕文公》中發現，事實上每個人都可以成為那個樣子的人，那樣的能力其實每個人都是有的，一旦去加以存養並且擴充它，都將能夠成為聖人。所以，孟子在論其人性，就是一個人能夠達成那個最最圓滿的狀態，實踐這樣的一個能力是每一個人都有的，但相對於這樣的能力，它卻不保證是垂手可得而能順理成章地成為堯舜或成為聖賢之輩。它必須反省、亟需開發、更需學習存養和擴充，這樣的一個東西從來就不能也無法省略。孟子從來沒有省略此一重大環節，可是相對於這樣的一個大環節，安氏亦能別有洞見地發掘並緊緊抓住了這一特點。我們所有心智人格養成的這個能力，需通過開發，要通過歷史文化，這跟繼承文化傳統是息息相關的，是蘊蓄自我非常重要的文化條件和背景。因此，我們不能將孟子的人性論過度的簡化，妄圖以為回頭轉腦、一念自覺便能立即成佛、得道成

神了。尤有進者，孟子顯然強調需在歷史文化當中接受陶養，自我的表現，也將會成為歷史文化中的內容，成為後人效法的典範。最後，自我也進入了歷史文化之中了。

在安氏的的論述中，將儒家所講的天道等同於歷史傳統，是能夠涵養人的歷史傳統。我們可以將「道」理解為形而上的東西，但顯然在安氏的論述裡，是將「歷史」大寫了起來，因為歷史就是天道，它能夠蘊蓄著人，這是一個非常特別的觀點。長期以來，我們總是不斷予以「天」保留一個崇高的地位。但若仔細忖量，天若不想成為一個上帝、一個造物主，其實在更多的時候，在我們語言一般的表述下，可將它稱之為「造化」。換言之，究竟什麼是造化呢？它可說是一種力量，相對於人而言，就是歷史文化的傳統，是那些光輝典範的人格。堯舜不僅是在我們所知的歷史當中所瞭知的堯舜而已，人人皆希望成聖成賢成為堯舜，可一旦你的人格充分得到了後天學習成長的種種力量灌注之後，你所成就的堯舜，絕對是相異於古代的堯舜，但他又確確實實是堯舜。歷史文化當下，亦是歷史文化，這便是天道造化的偉大力量。作為一個典範，千萬別小覷了這些深涵潛藏的力量。因為，從今往後你將成為了子孫的典範，而你的子孫必然也是。如此一來，身為一個典範的你，找到了生命成長學習的方向，後世子孫亦將複製於你。所以，天道究竟是如何來造化人的呢？「人能弘道，非道弘人。」人一旦進入到了歷史氛圍，一方面被歷史所薰陶涵養，一旦你成為了光輝人格典範之時，進入了歷史文化的傳統，你又開始跟歷史文化的往聖先哲一樣的陶養，並且陶養你的後代子孫，發揮了生生不息的造化力量。究本言之，「歷史」原來就是「天道」，歷史等同天亦等同於造化的力量。所以對於造化力量中的「力量」而言，看似抽象，具體言之，其實就等同於安氏所言的歷史。就是歷史，盡是文化，對於人的心智以及人格皆能盡其巨大的陶鑄作用。因此，安氏從歷史文化當中去理解人性，而不依賴本質主義，並非是那種仰仗生物學的，倚勢種類的，隨天賦予事前被給定的那樣的人性的理解。而是強調「人性」是需要成長發展，是存在於當下的一個等待去實現完成的一個概念，這便是安氏極力強調的論述。

關於人性中的初始條件，是來自於人性中有一個等待被實現的發展。而以堯舜作為一個理想的典範人格，這是人性可以在歷史當中具體呈現的一種飽滿的內容。一旦它飽滿到了一個程度，便是不可以被窮盡說明的。

因為每一個人對於他自己本身，是可以有著不同的理解；在他的生命當中，是可以有著不同內容的複製。於生命，一方面可以說是複製；另一方面卻又可以是無窮無盡的創造。比如孝順，是中國人最為看重的事情，可是我們在模仿學習當中，卻是成就著不同於典範的孝順方式。何以故？因為在遵循聖賢傳統孝道的步履中，一方面與聖賢同，另一方面卻又截然互異。終於，我們將在此聖賢文化傳統關係裡的具體內容中，彰顯聖賢典範，並賦予不同於既定既往聖賢的詮釋精神。

> 口之於味也，目之於色也，耳之於聲也，鼻之於臭也，四肢之於安佚也；性也，有命焉，君子不謂性也。仁之於父子也，義之於君臣也，禮之於賓主也，知之於賢者也，聖人之於天道也；命也，有性焉，君子不謂命也。《孟子・盡心》

所以當我們在看安氏言說所謂的初始條件，在《孟子・盡心》中孟子所使用的人性概念，經常是隨著文獻的意義在做滑轉，他並沒有要奉行去遵照單一意義的原則及理論性概念的操作原則。孟子雖是要興發每一個人，但是他卻無意做一普遍性理論的說明，他是用典範人物去立教化，而關於成就涵養以及修養創造的自我，卻是有別於一般性、普遍性的特殊性及差異性。他總是隨說隨掃，卻從來沒有一個非得放諸天下皆適皆準的桎梏理則。反觀現代學者，卻是急於按照西方本質主義操作學問的方式，運用以前使用單一性理解的概念思維來理解孟子。因此造成誤會而認為孟子是矛盾的，或是在解釋的過程當中，經常突顯了某些義涵，反倒去遺忘了另一涵義。其實孟子有其義涵甚至也包括所有的涵義的。他也承認有些確是來自於生物性的概念，如：西方人在對於七、八歲的小孩可用（it）來稱呼，但是他們對於動物同樣也用（it）來做為稱呼。

> 人之所不學而能者，其良能也。所不慮而知者，其良知也。孩提之童，無不知愛其親者，及其長也，無不知敬其兄也。親親，仁也。敬長，義也。無他，達之天下也。《孟子・盡心》

然而對於不同之處如孟子所稱的良知良能，從此一角度切入而言性

善，便是我們所謂的初始條件。海德格（Martin Heidegger, 1889-1976）[1]在言說人的本質時，他所說的人的本質便是在於他的存在。因此，人是什麼將決定於他的存在。然而，究竟何謂存在？活著就是不斷的進行自我的理解和自我的選擇。因此，活著便是存在。存在於摸索並覓尋你是什麼？你能成為什麼？你將是什麼？這與認為真實在於本質，不再於變化的過程，對於變化將會令人不安的西方本質系統是截然不同的。

從修養工夫論來說，性是「心」的一種萌芽和端倪，蘊涵著道德創造的可能性。只有通過擴充、存養、盡心等工夫，才能與「天」為一，使「心」的全體呈現出來。在這一點上，葛氏強調了「養氣」的動態性，安氏則是主張性是「創造性的活動」，是可以被孟子接受的。從聖人境界論來說，孟子的性是一個規範的概念，用華氏的話語來說，性是我們所應是；也可以用安氏的話語來說，性則是一個「成就」的概念。「大人者，不失其赤子之心者也。」《孟子・離婁》赤子之心即愛敬之情，愛敬之情即性，將赤子之心擴而充之，即可以達到大人的境界。大人即聖人，聖人的境界是「性之」，也就是「真性流行」的境界。聖人的境界是儒者畢生追求的目標。「從心性論來說，孟子的核心主張是『仁義禮智根於心』。一方面，性仁義禮智是心的萌芽，心與性的關係是根本與枝葉的有機模式；另一方面，性是本心的顯現，是真實的可以在『乍見孺子入井』這樣的情境中呈現出來。因此，孟子的性是一個『事實的』概念，心與性的關係將迥然不同於西方哲學本質與現象的關係。」[2]

筆者以為，雖然華氏比較從生物學及遺傳學的角度來做為論述，但她並沒有天真的全幅套用本質主義來理解孟子，她也知道無法用其本質主義來框架孟子。因此她的生物學有屬於其進化論而言的生物學，亦有其能動性的意涵。不過，她對於孟子談的人性並沒有捨棄人性是具有普遍性的思維這樣的一個面向，認為孟子所論及的也可以以普遍性來著眼。這也就是為什麼大多文獻能夠支持這個論點，而使得華氏比較能夠完全切割安氏的論述。雖然不能全然否定孟子論述還是就所有的人言之，但安氏卻是特別強調人性的概念，包含其個體性與特殊性的這樣的一個內涵。按安氏的觀

[1] 海德格（Martin Heidegger, 1889-1976），德國哲學家，被譽為近代最偉大哲學家之一。他在現象學、存在主義、解構主義、詮釋學、後現代主義、政治理論、心理學及神學有舉足輕重的影響。
[2] 蔡世昌：〈比較哲學視域中的孟子「人性」概念〉，《中國社會科學院院報》第二十卷第二期（2008年8月），頁3。

點，人的本性通常被用於存在哲學者的詞彙來做為討論，如一種天賦的、存在於我們之中的及與生俱有的某種先天的稟賦。「性」將是一種成就性的概念以及它並非是靜態的，而是能動的，更甚至是變化多端的。尤有進者，「性」被安氏理解成是在歷史上及文化上被決定的，它就是一種創造性的行為。於是，在存在哲學的脈絡下，中國的智慧將可以盡情彰顯在真實活潑的歷史氛圍當下，而不再需要超越上帝的這個本質主義之種種的不安概念。

第四節　承前啟後的價值廓清

安氏與華氏從比較哲學的視域來作為對於孟子人性概念的解讀，無疑對於我們理解孟子的人性概念具有著重要的啟迪意義。基於孟子學的立場，他們的觀點也許只是把握到了局部的真理。「從《孟子》文本的上下文語境來說，『性』有廣義與狹義兩種意義。狹義上的『性』，指的是人區別於動物的道德屬性和特徵，一如『人之所以異於禽獸者幾希』，強調的是人性的特殊性。廣義上的『性』，指的是每一個人都具有的屬性和特徵，不僅包括道德傾向、道德本能、道德情感，一如孟子所說的『人皆有不忍人之心』，而且包括『食』、『色』等生物學的屬性和特徵，如孟子所說的『形色，天性也』，強調的是人性的普遍性、共同性。」[1]

孟旦（Donald J・Munro）[2]曾經跟著遺傳基因科學家做過研究。他指出了人的道德行為其實是來自於遺傳基因，是因為人能夠懂得同理心並相互合作，讓人在生物界中能夠得以保存下來。比如人在與其他生物相較，在跳躍及爪子功能方面相對薄弱，但絕不能因此而將這生物學的觀點來用本質主義去框限它。生物進化學的觀念，其實也是個造化，不用形上語言包裝，也無須歷史主義來裝飾。華氏強調孟子之性的生物學上的意義，某些論點雖有其合理性，但華氏僅憑此點，進而將其等同於西方哲學的（human nature），便會衍出層出不窮的種種罅隙。因為劃上等號，她將會面臨到許多難以釐清的問題。比如：為何在不同文化背景之下，人們的

---

[1] 蔡世昌：〈比較哲學視域中的孟子「人性」概念〉，《中國社會科學院院報》第二十卷第二期（2008年8月），頁3。

[2] 孟旦（Donald J・Munro）哈佛大學學士（1953），哥倫比亞大學博士（1964），密西根大學哲學、漢學教授，香港中文大學錢穆講座教授、唐君毅講座教授。著《中國古代人性觀》（The Concept of Man in Early China）、《中國當代人性觀》（The Concept of Man in Contemporary China）等書。

良心本心竟會有著不盡相同的表現？再者，其實即便我們皆處在相同文化背景之中，我們的良心本心也會呈顯出不一的各種面向。舉例言之，孔子所謂的「剛毅木訥近仁」、「巧言令色鮮矣仁」，意思是說要做到一種仁的境地，應該木訥老實而非過分言詞。但對照於當今社會的型態模式，已與過往大不相同。與時俱進的善喻設巧、善譬辭令並非不當，且與行「仁」，並無扞格矛盾之處。再者，孔子認為為人子女在嬰童年幼之時，至需成長三年才能免於父母之懷，因此，為父母行其三年之孝是基本且合理的回報及反哺。因此，才會有孔子因為宰予之事而痛批其不仁不孝了。但若將歷史情境拉至現今，是絕對無法想像因為父母的去世離開，而有在食指的聞樂居處中，於心不安不忍的謹遵三年守喪之孝之聞了。上述諸例若僅以生物學的意義解釋孟子之性，便無法將此問題解釋清楚。而要細說這些問題，非得由社會生活本身的狀態解釋不可。因為社會生活是因時制宜發展的，所以作為其良心本心也是因革損益發展的，是一個在歷史脈絡情境下發展的過程。

　　於是，對於《孟子》文本中「性」的使用，確實隨時有著（context）的語境，在不同的脈絡中，你無法用一單一意義的使用來看待他的學說。若不如此，就無法對同樣的文獻來做一份尊重和照顧了。因此，我們便可瞭知，原來孟子從來無意要像西方人一般去構造一套完整的理論，去窮盡性的對於人性這個學術知識課題去做一個理論系統，而對它作出窮盡性的說明。孟子雖是立教化，但他對於人性始終有著深刻的關懷、思索及洞見，他無意去構築一個理論系統，並用以窮盡性的說明「人性」是什麼？他希望興發，他期待人性能夠走向道德人格實踐的修養道路。所以中國人運用孟子的立場來做為言說，因為他還是願意在個體的典範人物上來說，從歷史典範中活活潑潑的言行來興發你，而無意去做一個人性之普遍性的理論的一個說明。雖然華氏強調的「普遍性」也沒錯，但孟子更為強調的是那樣做為人性光芒的「特殊性」。他還是願意具體化在個別的人性上去做說明，雖言人性，可流傳的、給予的著力點卻又扎扎實實是歷史上真實活潑的人。用這些典範的言行來興發你，這就是一種教化學，這樣的一個學問展開之後，孟子要做的是那樣的一個教化，而非是建構一個理論。於此，無論言及廣義或是論諸狹義的生物學說，皆是一項不夠穩妥的立場。尤有進者，教化被其感動，生命始乎苗長，開啟了開始去感受自我、學習自我，這也就是中國學問的特色，一個有別於西方思維構建的情境特色。

第五章　安樂哲[1]的《孟子》詮釋

　　貫穿於古代中國傳統，逐漸被詳盡闡發的有關於《孟子》中「性」的傳統和經典系統的解釋。在一種文化中強調對於傳統權威表示尊敬時，低估甚至是忽略這種創造性的角色是一件容易的事。因此，安氏於言論中欲助於理解在其最近的著作中「被暗示的、作為一種成就性概念的『性』將推動進一步的發展。」[2]葛氏為文強調唯有人才能夠擁有生命的進程，作為葛氏高足的安氏繼承了這個觀點。按照這個觀點，只有人才有著歷史的根源，人的自我實現要在歷史中完成是安氏在理解《孟子》時非常重要的一個創見，而非僅將它解釋為類似於亞里斯多德之本質的意思。於此，安氏從葛氏的立場出發，特別是在其自己更早於一種有關於「性」的理解之評論中的那些被發現的立場著手，試圖追求並給予更完整的價值，和強調「性」的更富創造性的方面，去做詳盡地闡述及擴充這一立場的論述。

第一節　問題的提出

　　1967年漢學家葛瑞漢發表〈孟子人性理論的背景〉。文中指出了「養生學派」關於「性」的定義，以及一物之「性」是指在未受到傷害並得以充分滋養的前提下，由生到死的成長衰亡的方式，因而賦予其新的內容。氣的培養和生長可以使人終其天年；然而道德傾向的培養和生長卻是以法聖成賢為目標。此兩種過程不僅緊密匹配，還同步發展甚至相依並存。時

---

[1] 安樂哲（Roger T. Ames, 1947- ），1947年生於加拿大多倫多。現任夏威夷大學哲學系教授、夏威夷大學和美國東西方中心亞洲發展項目主任、《東西方哲學》主編、《國際中國書評》主編，安樂哲教授的學術研究範圍主要是中西比較哲學，他的學術貢獻主要包括中國哲學經典的翻譯和中西比較哲學研究兩大部分。他翻譯的中國哲學經典有：《論語》、《孫子兵法》、《孫臏兵法》、《淮南子》、《道德經》、《中庸》等。安樂哲教授對中國哲學獨特的理解和翻譯的方法改變了一代西方人對於中國哲學的看法，使中國經典的深刻含義越來越為西方人所理解。他的關於中西比較哲學的系列著作，糾正了西方人對中國哲學思想幾百年的誤會，清除了西方學界對於「中國沒有哲學」的成見，開闢了中西哲學和文化深層對話的新路。

[2] 安樂哲：〈孟子的人性概念：它意味著人的本性嗎？〉《孟子心性之學》（北京：社會科學文獻出版社，2005年3月），頁87。

隔二十年，安氏深受啟發，亦於1991年發表了〈孟子的人性概念：它意味著人的本性嗎？〉[1]這篇論文來回應葛氏，從而引發了關於如何理解孟子之性的爭論。安氏認為在英文（nature）一詞中所包含的本質主義傾向並不適合表達漢語「性」字的「進程」涵義，而如果將「人性」譯為（human nature），將被理解為遺傳上被賜予的東西，那麼就將格格不入的思維強行納入了中國思想中，從而悖離了中國思想。是故，安氏便指出了「性」主要是一種成就性的概念。

> 「性」最重要的是修養和成長的成果。對孟子來說，就任何重要的意義上而言，一個未充分發展的人，即完全沒有受教育和沒有被培養的某個人，在任何重要的意義上，都不能算是「人」。在有文化有知識的社會中，「性」是提供參與的機會和應做出貢獻的成員的標誌。沒了文化修養，便談不上是個完全意義上的人，因為像禽獸一樣行為的一個「人」，並非是象徵意義上的，而確實是為禽獸。在那些組成我們社會的族群，從那些根本不是人的「人」到在其實例中提升和改造自己人性的聖賢之間存在著一種本質上的區別。於是，這樣一種「性」的觀念，堅持要與別的人相比，「性」這概念在相當大的意義上，某些人遠比其他人更加得其「人」化。[2]

安氏認為，「就古代儒學而言，人的人性明顯不是前文化的，而是傑出的、與眾不同的文化上創造性的產物。換句話說，性根本上並沒有一種標籤或是相關的功能，而寧可是要求作為在社會中被限定的和扮演的某種東西的文化學上的解釋。是故，安氏試圖通過強調『性』存在意義上的、歷史的和文化的方面去克服這種解釋上的難題。為此，安氏更將試圖指出在我們有關這一概念的標誌解釋中，『性』已經被輕估了。」[3]所謂的非歷史的就是指先天的，可安氏不承認有所謂的歷史以外的一個天之宗教性或形而上學的根源，原因是他已將天轉換成歷史文化，並無意在歷史文化以

---

[1]　安樂哲：〈孟子的人性概念：它意味著人的本性嗎？〉《孟子心性之學》（北京：社會科學文獻出版社，2005年3月），頁86-124。

[2]　安樂哲：〈孟子的人性概念：它意味著人的本性嗎？〉《孟子心性之學》（北京：社會科學文獻出版社，2005年3月），頁118。

[3]　安樂哲：〈孟子的人性概念：它意味著人的本性嗎？〉《孟子心性之學》（北京：社會科學文獻出版社，2005年3月），頁87。

外，再給予天一個崇高的形而上的位置，或是一個神聖的宗教地位。

此外，安氏還強調了二十世紀的倫理學一方面還是依賴於（regular ideals），那個（abstract regular ideals）。可是，他也要恢復被我們長期忽略的那種經驗的成分。換言之，作為西方的道德觀，在這樣的情況之上，如果是在以上帝為其基礎的一個宇宙論下，我們有著回顧的理想。倘若我們要回到那個來源，因為上帝是進程以前的那個實在，我們將發現那樣的一個道德原則，所有的創造性皆歸屬於上帝，並無其身為人之為人應有的創造性。以東方的人性論言之，沒了上帝這樣的一個觀念，我們將能發現自身所有可能的創造與成就。這樣的一種可能在於如果你培養了你自己，你有其自身的文化思想，你將發現在這個情況下，那個最為理想並適合自己的地方為何。於是，猛然地，你就在裡面，在歷史氛圍之中，而非是來自於外緣的被給定安排的意義。由此可見，安氏雖承葛氏師說，但他更強調的是，沒有什麼是可以讓我們（human being），而是要在（human becomings），不是做為人而是成為人的豐富意義當中來成就自我。

葛氏文章論述甫出，讓人精神為之一振的便是安氏與華氏皆在葛氏文章的前驅下，造成了不同理解的分歧[1]。於是他們分別為文，對於對方見解表示不予苟同的諸多看法。關於這場論戰，維護安氏並進一步提供詳細論證的是安氏的學生江文思（James Behuniak Jr.）。他在《孟子論成人》[2]一書中豐富並系統的延展了安氏的思想，論述中表現出極強烈的過程哲學色彩。而安氏和羅思文在《早期儒家是德性論的嗎？》[3]一文中力證儒家的自我觀念是一種由角色決定的關係性自我。「儘管他們也承認亞里斯多德和儒家之間多有其相似之處，但是他們之間的主張卻是和德性倫理論者大相逕庭。」[4]是故，與德性倫理論者相對，安氏和羅氏皆主張早期儒家倫理是一種角色倫理（role ethics）。認為「儒家不尋求普遍，而是集中於關注其特殊性，他們沒有看到抽象的自律個體，而是看中了處在多重互動關係中的具體之人，他們將角色倫理學喻為『奧卡姆的剃刀』（Occam's

---

[1]　有關華氏與安氏間的分歧爭議，已於前章節華靄仁的詮釋中論述始末並說明緣由。

[2]　James Behuniak, Jr. Mencius on Becoming Human[M]. Albany: SUNY Press,2005.

[3]　安樂哲、羅思文：〈早期儒家是德性論的嗎？〉，《國學學刊》（社會科學版）第二十卷第二期（2010年1月），頁94-104。

[4]　我們不相信「德性倫理學」一併入其個人主義的概念基礎，還有其盡可能大於對脫離我們的態度和情感理性的依賴，是對孔子及其門徒有關養成道德感的觀點之恰當描繪。文自安樂哲、羅思文：〈早期儒家是德性論的嗎？〉，《國學學刊》（社會科學版）第二十卷第二期（2010年1月），頁94-104。

razor）。意思是將德性倫理論所暗含的卻又不屬於早期儒學的『第一哲學』和『個體自我』觀念從早期儒學中剔除出去。而安氏和羅氏基於去本體化、反實體論的新實用主義主張，強調儒家的關係性自我完全不同於德性倫理所內蘊的個體主義觀念。」[1]因此可以說，「角色倫理」是安氏和羅氏自我指涉（self-reference）的理論產物[2]，更或者說是「一種完全西方化的再定義（westernized reconceptualization）。」[3]另外，角色倫理亦顯示出安氏與羅氏兩人的相對主義及差異化情感訴求，再對於與其角色倫理相關聯的文化相對主義極度排斥普遍主義的價值訴求，使得相對主義和普遍主義之間，應有的相關張力視若無睹。

　　在傳統和現代之間，在評論「性」時已有某種混亂根源是源自於概念的模糊。如同徐復觀極力指出的，「通過這個詞語，不同的哲學家已經意味著非常不同的東西。」[4]當安氏表示雖與徐復觀立場不謀而合，但也指陳了徐氏與他人並沒有公平評判隱藏於「性」的用法中極端不同的程度。因為他並沒有完全意識到那些相同的思想家，並非是通過這種或任何單個模稜兩可的詞語，而是通過一種複雜的概念來明確表示他們有素養的個人身分，並具有著和諧程度的模式。像徐氏一樣，張岱年也注意到了，儘管參與有關「性」的討論之哲學家中的每一個都正用著相同的慣用語，但通過這相同的慣用語，他們卻是並不意指著相同的事情。於是，張氏區分了三種不同的涵義：「首先是生而自然：不學而能，非由於習。接著是人所稟受的宇宙之性（新儒家所強調），第三則是孟子所強調的人之所以為人。」[5]而在闡明了第三點後，張氏堅持對於孟子而言，「性」並不是簡單的把人從禽獸中區分出來的什麼東西，而是讓人更高尚和更特殊的什麼東

[1] 韓振華：〈二十世紀九十年代以來西方漢學界關於孟學的三次爭論〉，《中南大學學報》（社會科學版）第二十卷第二期（2014年4月），頁70。

[2] 安樂哲和羅思文對於亞里斯多德個體觀念的關係品格也有認識。然而他認為這一點是無足輕重的。「儘管我們是被我們存在相互作用的他人徹底塑造社會的動物的看法，處處無例外地獲得承認，但是，那並沒有被視為我們人性的本質，更或者，再更加抽象層次上講，被視為有引人注目的價值之存在。」雖然，儒學中也有著對於實質性自我的肯定，兩者並非如此截然相向。文自安樂哲、羅思文：〈早期儒家是德性論的嗎？〉，《國學學刊》（社會科學版）第二十卷第二期（2010年1月），頁94-104。

[3] Henry Rosemont. Chinese Texts and Philosophical Contexts: Essays Dedicated to Angus C. Graham [C]. La Salle: Open Court, 1991, p288. 葛瑞漢並不認同安樂哲對於早期儒學中「性」概念的過度詮釋，認為安樂哲從「關係性」角度來解說「性」，其實是「一種完全西方化的再定義」。

[4] 徐復觀：《中國人性論史・先秦篇》（臺北：臺灣商務印書館，1969年1月），頁3。

[5] 張岱年：《中國哲學大綱》（北京：中國社會科學出版社，1982年7月），頁250-253。

西。關於第一，這種區分決定於什麼東西是最初的條件，什麼不是。而在第三，僅僅是那些人獨有的、不與禽獸共有的特徵才算是「性」。

在作為正確依賴於我們能夠觀察到的變化，成長與細緻的改進這些決定性的傾向而構成了「性」。張氏主張「既然聖人也是人，那麼聖人所有之性就是眾人所有之性。」[1]事實上，「性」的可能性不是在於「性」的自身，所謂的「性」，應該是一種創造性的行為，成為一個人不是讓人成為聖人，成為聖人是讓人成為更完全的一個人。因此，安氏在談孟子「人性」時，認為孟子並沒有一種事先給定的關於一種本質的人性觀。意思是「性」不是一種先天被給定的東西，人性不是事先被給定的，而是在發展完成當中，每一個個人還是可以賦予它不同的內涵。換言之，我們說聖人與我同類，意思是說所有的人皆能夠成為聖人。但是你做為一個聖人和我成為一個聖人，也是可以有所差異的。何以故？因為他所要強調的是在中國哲學的《孟子》中，雖說聖人與我同類，似乎也在強調人與人之間的這種差異性。而這樣的一種差異性，並不妨礙每一個個人在生命的自我實現修養中，走出他個人的風格與特色。是故，他其實並非強調那種所謂差異性之事先被給定的一個內容的本質概念。

第二節　詮釋的重點

「性」最重要的是修養和成長的結果，對孟子而言，就任何重要的意義上來說，缺乏教養的人（即不曾發展的人）還不算是個「人」。「性」是參與文化社會並做出貢獻的成員和標誌，沒有文化修養，就不是完全意義上的人，因為像動物那樣行為的「人」，確確實實就是禽獸。「社會中的人，從質的角度可以區分為不同的類別，即從非人的人一直到用模範行為界定和提升人性本身的聖人，於是『性』這一概念表示了有些人遠比其他人更加『人』化了。」[2]

---

[1]　張岱年：《中國哲學大綱》（北京：中國社會科學出版社，1982年7月），頁185。
[2]　韓振華：〈二十世紀九十年代以來西方漢學界關於孟學的三次爭論〉，《中南大學學報》（社會科學版）第二十卷第二期（2014年4月），頁69。

一、生命的進程

隨著有關人性的一種存在先於本質論者的解讀，至少由安氏眼光來看，問題是它使得孟子成為了一個相對不令人感興趣的哲學家。

> 對我而言，我們的最高本性完全服從於和按照在所有的人中並非是他們自身「你將被給予的」（Thine will be done）的某種東西所賜予之不變的與單一的本性，因此產生了依賴於按照某種東西的超驗之人的尊嚴的完全的可能性，這種觀念是矛盾的。被理解成一種對於自我實現之人被理解成像穀物的莖一樣，對於自我的實現之公平解讀園藝的類推，就我能夠在早期儒家的一種可供選擇的解讀中發現的這種創造性之社會理解力而言，幾乎沒有留下什麼空間。[1]

無論如何，作為一種可供選擇的理解的一個基礎，葛氏拒絕任何關於孟子的存在先於本質論者的解釋。用葛氏的話來說，他警告「用『本性』（nature）來翻譯『性』使我們首先傾向於把它誤認為是一種超驗的起源，在孟子的學說中也將是一種超驗的結果。」[2]為了避免這種誤解，於是葛氏建議，作為一種可供選擇的解讀，其意為：

> 在一個確定的方向中，而不是在它的起源或者終點，性由用自然發展的詞彙來表達，進一步來看，隨著一種通過影響它而頻繁地被修正的方向，性將是審慎行為之自然而然的「進程」。[3]

葛氏關於孟子的人性概念是「事實的」和「規範的」觀點激勵了安氏和華氏。在一篇題獻給葛氏的富有激情的文章中，安氏反對把中文的「人性」譯為英文的（human nature），因為英文有「本質主義」的涵義，即

---

[1] 安樂哲：〈孟子與一個經過特殊加工的有關「人的本性」的概念〉《孟子心性之學》（北京：社會科學文獻出版社，2005年3月），頁309。

[2] 葛瑞漢：《反思與答覆》（Reflections and Replies）載H.Rosemont, Jr.（ed）Chinese Texts and Philosophical to Angus C.Graham, La Salle, IL: Open Court, 1991，頁287。

[3] 葛瑞漢：《反思與答覆》（Reflections and Replies）載H.Rosemont, Jr.（ed）Chinese Texts and Philosophical to Angus C.Graham, La Salle, IL: Open Court, 1991，頁288-289。

把人性當作與生俱來的「所與」（given）。他認同葛氏「一物之性在其生的過程中是其發展的特有進程」的主張，進而把「特有的」理解成為意味著「與人自己的特殊性和唯一性相一致，使人自己品行成為最完滿的人自身之自我的一種表達」。在他看來，「孟子的『性』是一個『規範的』、『能動的』、『關係的』、『啟人靈感』（inspirational）的概念，是一種『文化上的成就』。」[1] 於是，安氏將葛氏上述的話進行釋義，因為人才會擁有那個生命的進程。那麼通過改變人的行為方式，「性」將會是一種頻繁被改變的自然而然的進程。由這一點從「存在先於本質論者」的解讀中區別開來，葛氏的解釋將使得性成為歷史循環論者、排他主義者和譜系（genealogical）。

　　不過，安氏雖承師說，但在安氏看來，葛氏所強調的「人特有的生命進程」的評述其實是危險的。換言之，雖言其「進程」，乍看之下，在關係中有其動態生生不息之意，但仔細忖度意旨，葛氏強調每個事物皆有其性，且將是通過完成其性的潛在可能而成的論述。一旦說到了潛在，其思考邏輯仍舊跨不出亞氏的本質主義。於是，只由當心靈是持續而有活力，活活潑潑並能判斷我們各種欲望和道德衝動之相對相應的重要性，使道德的實踐向上，忠於自我的本心，讓自我像堯舜一樣有著燦爛人格，才不枉人之所以為人之如天般的存在，人之所以為人之聖人與我同類。尤有進者，唯有將孟子關於人性活活潑潑的概念安置在一種進程或是事件（event）的本體論之一般的特徵之內，因為只有人才有著歷史的根源，人的自我實現須在歷史中完成，因而被認為這是在理解《孟子》文本中一個非常重要的概念，而非是將它理解成類似於亞里斯多德之本質主義的概念。

　　於是，面對內容是事先被給定的，不能再有其他所謂的變化，孟子反倒強調的是人是可以有個別性的創造空間和餘地。綜括而言，你我雖皆為人，但是這並不妨礙我們之所以為人的差異性。甚至在你我皆成為一個圓滿聖人的狀態之下，對於你的世界和我的世界仍是可以有其相異之境的。最後，他並不強調同一性被給足的內容，而是強調人都註定了要在一個歷史的參與過程當中，去敞開並成就每一個人不同的自我內涵和豐富理境。

---

[1]　安樂哲：〈孟子的人性概念：它意味著人的本性嗎？〉《孟子心性之學》（北京：社會科學文獻出版社，2005年3月），頁112。

二、安樂哲對於《孟子》中關於「性」之詮釋

　　西方常將（nature）當作事物作為出發點的天生及固有的東西，也就是把「性」理解為人之所以為人的穩固而缺乏變動的基礎。對此，葛氏便敏感的指出作為「性」的能動力被忽略了。他說：「『性』由『生』而來，構成『生』的純化（refinement），它包含著出生、成長、最終消亡這一構成有生之物生命的完整過程。」[1]

> 那些討論「性」的早期中國思想家似乎很少想到回到其本源的事物的固定屬性……特別是孟子，似乎從來沒有回顧過出生，而總是前瞻一個連續成長的成熟。[2]

　　葛氏所強調的「性」是富有動態並且它只是個歷程，而非為固定的性質及基礎。由於西方傳統以來在對於「性」的解釋，既有著廣義性的「自然」概念，同時又兼備特定事物的「本性」概念。然此「本性」便是由於做為一個外在最高的創造本源所賦予事物的既定潛能，我們無法去扭轉更動，只能是服從與實現。但作為生物對於這種潛能的實現僅僅是派生的關係，是第二序的，而非為自主的創造。何以故？因此僅是將本質充分的豁顯出來，在作為這樣的本質終究也只是上帝所創造的。雖然在此它並沒有取消實現的涵義，但是這個實現是沒有創造性的，因為這個潛能是來自於上帝的創造賦予，在作為一個這樣的潛能之際，最終你也僅能實現那個事物。例如：「橡種與橡樹的關係」[3]。所以，這個實現就不會是創造的第一義，也因此名之為第二序。

---

[1]　安樂哲：《自我的圓成：中西互鏡下的古典儒學與道家》（河北：人民出版社，2006年7月），頁286。

[2]　葛瑞漢：〈孟子人性論背景〉，《中國哲學和哲學文獻研究》（Studies in Chinese Philosophy and Philosophical Literature. Singapore: Institute of East Asian Philosophies, 1986）。

[3]　關於橡種與橡樹的關係，舉例言之，我們在看一個橡樹的種子，我們如何去理解它在屏除外力干擾之際（如：被鳥啄食……），是如何順利的發揮它的成長而使之成為橡樹的。在亞里斯多德的形上學裡，指出「『實現』原理是先於『潛能』」。因為若要理解這事物的潛能，必須得充分實現並發揮出來，我們才能夠理解它。然而為何它是一個潛能，且若無外力的介入干擾，這個「潛能」便注定是且也只能是成為它的「實現」呢？如上所述，舉橡樹種子一例，橡樹種子本身若無被不可預測的外力干擾，它是註定要成為橡樹的。一個事物必然是順著它的本質去發育、去成長、去完成的，所以它也只能由橡樹種子發展成為橡樹，而無法成為別的，也不准是別的。

安氏認為「性」是作為儒家傳統思想中被熱烈研究的哲學概念，就其所認知的，傳統一直以（nature）來對「性」作為一個翻譯的詞語，其實是存在著欠缺與不足的。

> 對「性」的流行的詮釋，不恰當的曲解了「性」的含義，因為它偏重於人的連續性、普遍性、持久性的方面，卻忽略了人的更新、獨特和創造性的方面。也就是說，這種詮釋的偏見在於，他只強調一種不顧傳統的「給予」（given），而不考慮自身的創造。[1]

由上述觀之，安氏大刀闊斧地將其傳統與新義一截為二，推陳出新，論點精湛，完整將其既定的說法與新義的認知分道揚鑣。其中「給予」（given）指的是在傳統中來自於上天完整的、飽滿的、單方面的賜予，而在作為一個領納豐盈的人而言，難免阻斷了相互敞開、互相參與的繼往開來彼此之間的動態進程。以（nature）而言，作為一個生物學的觀點，將人當作在存在界中各式各樣物種當中的一種，認為在談人性時便是指這個物種的這些持續的、普遍的、恆常的、不動的、同一的面向。但若是一味的將「性」作為人的本質，抽離具體實存的空間之下，將會落入狹隘且封閉的本質主義式思考，而無法獲得一個人之所以為人在具體生活下以及豐富脈絡中流動呼應。

孟子人性論在中國哲學傳統裡，無疑是最為經典的著作之一。自宋明理學以降，《孟子》的地位與日俱增，「盡心知性知天」之說，更成為理學家闡發宇宙人生哲理的最終目標。安氏認為傳統以來將「性」譯作（nature），便不由的將它認作為天生本具、先天固有的東西，然而將「性」解釋成了被給定的東西，這些都是在宇宙起源論的觀點下，對「性」產生的靜態且被加以賦予的「本性」的解釋。是故，安樂哲深刻的反省到若是將「性」譯作（nature）背後所引發的一連串詮釋系統，是與《孟子》文本中的味道不相契的，更甚至會因西方框架的束縛而來委屈了中國哲學原有的特色和長處，從而架構出一套套變調走味的孟子心性理論。

---

[1] 安樂哲：〈孟子的人性概念：它意味著人的本性嗎？〉《孟子心性之學》（北京：社會科學文獻出版社，2005年3月），頁86-87。

從人性論來說，孟子與告子之辯中，孟子反對的只是告子「仁內義外」的觀點，並沒有否定告子「生之謂性」、「食色性也」的說法。他本人也不反對使用「生」、「食」、「色」這樣的語詞，如孟子說：「樂則生矣。生則惡可已也？」「口之於味也，有同嗜焉；耳之於聲也，有同聽焉；目之於色也，有同美焉。」可見孟子也承認生物學和遺傳學的屬性是人性的構成因素。孟子與告子的區別在於，孟子認為道德的本能和衝動也是與生俱來的，先天的，而告子則沒有認識到這一點。華藹仁認為告子的學說代表了「狹隘的生物學主義」，這一說法是合理的。[1]

安氏所言人性之初始條件跟上述所言之狹隘生物主義的觀點是接近的，只不過顯然不能將其狹隘性做其過度膨脹的解釋。因為在《孟子》文獻當中，確實是有著向歷史學習的成分，一如「心」、「性」等各種來自於生物遺傳的這種狹隘生物學的條件。它被存養、被擴充、被教養成熟……，種種人性是被等待著去充分實踐完成的。關於上述，顯然無法僅用狹隘的生物學主義觀點來認為孟子所言的人性論，就是這樣的一個觀點的敘述。倘若如此，《孟子》文獻於其後人，便毫無用武之處了。反之，既然「性」基本上是規範性的，那麼它將不可能是一個人所做的每一件事情，而只是作為被承認的成就，作為微小要素而被精心改進的，作為能夠被稱之為善的那種東西而被解釋為那種事情。果真如此，那麼人性本善便也不是什麼了不起的事情了。

> 口之於味也，目之於色也，耳之於聲也，鼻之於臭也，四肢之於安佚也；性也，有命焉，君子不謂性也。仁之於父子也，義之於君臣也，禮之於賓主也，知之於賢者也，聖人之於天道也；命也，有性焉，君子不謂命也。《孟子·盡心》

於此，孟子至少提出了三個面向。「首先，作為一種文化上的產物，『性』總是善的。而人的基本條件如『命』卻並非如此。其次，在重要性上存在著一種基本的差別，『性』屬於『大體』，而人的基本條件『命』

---

[1] 蔡世昌：〈比較哲學視域中的孟子「人性」概念〉，《中國社會科學院院報》第二十卷第二期（2008年8月），頁3。

則屬於小體。這意味著人的相似是不重要的，重要的是明顯的取得文化上的成就。最後，人所獲得而禽獸卻無此條件的東西便是『性』。人與禽獸共同擁有的東西是一些基本條件的「命」，僅僅有意識和欲望的是禽獸，而被修養四端的則是人。」[1]安氏接著又說：

> 在作為一個味覺再次被培養的肉體上的感覺，擴展並進入於「性」的概念之中。因此孟子將它理解成了「性」與「命」的一種混合物。即便如此，當再次衡量人之更高的成就如道德、倫理、宗教等等時，君子並不傾向將它安置於最重要的地位中間，所以，甚至將被訓練的肉體感覺作為最初的「命」。於是，作為一種範疇，「性」總是被保留著用來稱呼人之修養的最高產物。[2]

對於西方將「性」用來通過借助系統的目的論模型，始之能夠清楚而被理解的論及存在著更大的問題。正因如此，儒家在此注意到了是有關於人性的「修養」，該考慮到的絕對是一種更大程度上的創造力。因此，人性模型反而不給予「性」的創造和靈活的範圍，更甚是任何特有及明確的目的。依著下列語詞，便是安氏用以表示已經詳盡闡述孟子有關於「性」的概念的特徵。性是：

（一）一種包括最初的意向、成長和最終的衰亡之能動性的過程。

（二）全部的，包括那些顯然是人的心理和肉體的條件的兩個方面。

（三）可用遺傳學的術語描述成為一種自然而然的秩序，這種自然而然的秩序，從最初的發「端」開始，通過做為唯一的、特殊的和具體的環境之向心領域的核心，去適應社會上存在的文化類型，通過求助於去重建自身的歷史模型而被培養。

（四）用形態學的術語描述成為一種相對地被限制條件的策源地。

（五）一種已完成的秩序，通過最大限度參與的條件，這種秩序追求一種有限定的協調。

---

[1]　安樂哲：〈孟子的人性概念：它意味著人的本性嗎？〉《孟子心性之學》（北京：社會科學文獻出版社，2005年3月），頁109-110。

[2]　安樂哲：〈孟子的人性概念：它意味著人的本性嗎？〉《孟子心性之學》（北京：社會科學文獻出版社，2005年3月），頁110。

（六）一種與其是「渴望的」（aspirational），倒不如說是「啟人
　　　靈感的」（inspirational）過程，這一過程包括與其求助於抽
　　　象觀念或原則的實現，不如說求助於一種以達至的歷史模式
　　　的品質，而且因此用「詩」而不是實現的或理論的產物之詞
　　　語更能刻畫其特徵的。

（七）社會政治的，最終與宇宙的秩序相依存。

（八）普遍化的，去識別一組參與者的參與與貢獻。[1]

　　安氏接著說，在古代的中國傳統中，歷史並不是一種簡單的過去事件
準確的敘述，它反倒是偏於說教的。創造性通常被表達成為精心的提升，
而非是新奇的事物。令人啼笑皆非的是，尊重歷史並不必然是保守的，但
在事實上也能夠顯示和反映了一種對於做為過去的延伸之存在性深深的敬
意。亦如伽達默爾（Hans-Georg Gadamer, 1900-2002）[2]在定義傳統時所觀
察到的：

　　被包括在集合了昨天已成為化石的遺跡和今天的生命之義務，提供
　　了一種對於傳統總是意味的東西之活生生的圖像，並不僅僅是對遺
　　跡的小心保存，而且是我們在當今的目的和我們仍然屬於過去的東
　　西之間不斷地相互作用。[3]

　　因此，對於那些做為模範而起作用的歷史上的君子，藉助於對於文
化上的遺產所做的創造性的轉化便是如此。是故，在古代儒家之中，根深
柢固的存在著儀式實踐的原動力。於儒家，人通過使得過去的文化上之權
威具體化和在其自身時代與環境中創造發展它而求仁得仁；於歷史，做為
了一個傳統被一一理解成傳遞，要麼便是按部就班的簡單觀察，要不就須
從中翻轉並加以吐故納新。如前所述，安氏反對將儒家解釋為某種超越的

---

[1] 安樂哲：〈孟子的人性概念：它意味著人的本性嗎？〉《孟子心性之學》（北京：社會科學文獻出版社，2005年3月），頁120-121。

[2] 伽達默爾（Hans-Georg Gadamer, 1900-2002），德國哲學家，1960年以出版著作《真理與方法》聞名於世。他對詮釋學作出了巨大貢獻，他的哲學精神和人生實踐統一在這樣一個問題上：對話和理解如果可能是此在（Dasein）的一種存在方式。他的一生都在研究對話和理解，他的教學和著述也都是在與聽眾的對話中展開的。

[3] 安樂哲：〈孟子的人性概念：它意味著人的本性嗎？〉《孟子心性之學》（北京：社會科學文獻出版社，2005年3月），頁123-124。

進程，反省傳統以來將「性」譯作（nature），便不由的將它視作為天生本具、先天固有的東西。「性」一旦解釋成了被給定的東西，這些東西就都是在宇宙起源論的觀點下，對「性」產生的靜態且被加以賦予的「本性」的解釋。而做為根源於一種歷史的沉思，安氏指出我們現今所見關於「性」的詮釋，作為形上學的理解，則又跌入了上述覓尋客觀普遍的抽象式思考，而非是返回具體真實的生命學問去踐履，成為了徒淪言理的架構理緒。

於是，因著安氏的言說，我們可以由「海德格在鑄造『此有』（Dasein）本質來稱謂人用以說明並總結安氏對於《孟子》中『性』的詮釋。」[1]尤有進者，面對「性」的諸多詮釋和叩問，在做為一種能「是」的能力。試問，人是什麼？是否是作為一個在自我等待的詮釋呢？答案是若要跳脫傳統賦予的枷鎖和囹圄，那麼人註定在面向世界當中，便得進行著不斷的自我詮釋。因為做為一個人而言，在感應的過程當中，作為自我抉擇的能力，這樣能力的根源便是「感通」。而在感通之際，我們的「心」將不斷的要面向世界敞開，去成就自我實現、自我完成。「因為在芸芸萬物之中，只有人才會探問存有，只有人才能在動態之中，以不斷的從自身站出來的方式，迎向各種可能性，從而展開一個開放的領域，讓存有的所有真理得以顯現。」[2]

第三節　批判和反省

一、生物學意義還是文化學意義

安氏不同意以西方哲學的（human nature）來理解孟子之性，強調應該著重從文化學的意義來理解這個概念。安氏開門見山的指出將性的概念理解為生物意義的，是對於這樣概念的一種嚴重誤解。西方漢學界常常突出孟子之性中的生物學意義，過度強調這種性是一種非歷史性的「賜予」（given），它與形成了人自身的東西相反。安氏指出了所謂新奇的、特殊

---

[1] 袁保新：《從海德格、老子、孟子到當代新儒學》（臺北：臺灣學生書局，2008年10月），頁138-139。

[2] 袁保新：《從海德格、老子、孟子到當代新儒學》（臺北：臺灣學生書局，2008年10月），頁138-139。

的和被創造性完成的為其代價，關於「性」的流行性解釋，已經被不恰當的曲解成關於人類什麼是有利於持續的、普遍的和持久的存在，儼然成為了一種「解釋的偏見」。[1]為了對孟子之性有一種更為恰當的解釋，於是安氏強調，必須特別注意這種性與歷史和文化的關聯性。

> 因此，「性」應該被理解成為存在一種與文化有著不可分割的關係；我們甚至可以從孟子所說的東西——就是要求於他而言，文化上的「性」是最特殊的：存在著不同種類的人——做出推斷。[2]

由此可知，就孟子之性而言，最重要的是教養和成長，而這些都是由社會和文化所決定的東西。安氏於是進一步提出性是一個發展過程的看法，他反對將性視為一個固定的型態。他引述了孟子牛山之木的論述為證，提出了對於牛山而言，森林它並非是一種本質的賜予，而是培養和改進的結果，不是本質先於存在，而是存在決定於本質。

> 於是，在人的狀況下，「性」意味著做為一個完整的過程。而嚴格說來，一個人並不是一種存在，而首先和最主要的是正在做或是正在制作，而且僅僅是派生的和追溯的，使某物被做成。由於這種理由，至少涉及人，我將質疑保留這種翻譯「本性」（nature）的智慧，不僅因為它引起了更適合屬於一種宇宙起源論傳統的不必要的聯繫。以及招致我們不管是否願意把異己形式的先決條件加強於「性」，而且因為這種翻譯未能抓住「性」是一種正在進行中的「詩學的」（poietic）進程這樣的意義。對於孟子之「性」來說，我被說服成一種更滿意的解讀而需要被確立。至少就人而言，「性」似乎是更接近於「特徵」、「個性」和「性格」，而不是我們通常意謂「本性」（nature）的東西。[3]

---

[1] 安樂哲：〈孟子的人性概念：它意味著人的本性嗎？〉《孟子心性之學》（北京：社會科學文獻出版社，2005年3月），頁86。

[2] 安樂哲：〈孟子的人性概念：它意味著人的本性嗎？〉《孟子心性之學》（北京：社會科學文獻出版社，2005年3月），頁117。

[3] 安樂哲：〈孟子的人性概念：它意味著人的本性嗎？〉《孟子心性之學》（北京：社會科學文獻出版社，2005年3月），頁97。

　　安氏之所以有如此看法，在於他注意到了《孟子》文本中「心」與「性」這兩個概念的區別。在安氏看來，「孟子的思想體系中與性相比，『心』則扮演著本質的角色，而性是心的功能或表現。而性根植於心中，作為心的一種功能，表現為一種必然的決定性傾向。」[1]因此性是需要加以修養改進的，於此，安氏特別關注「端」這個字在孟子思想中所呈顯出來的意義表現。

> 這些「端」之所在的「心」與「性」兩者之間的差距，就好像是在調色盤上所繪之畫與一幅名畫之間的差異。[2]

　　令人不住搖頭的是，大多數的學者將心與性混為一談，未能考慮到他們之間所存在的重要區別，亦未察覺到性其實就是一個在發展中的過程。性的根據在於心，而這個心就是孟子所說的良心本心。每個人都有其良心本心，所以每個人都有其誠善之性。我們要了解孟子之性究竟是生物學意義的還是文化學意義的，是否相當於西方哲學的（human nature），不應當將重點放在「性」上，而應放在「心」上。此番論爭後來不斷有人加入，劉述先、信廣來（Kwong-LoiShun）、M.斯卡帕里（Maurizio Scarpari）、M.E.劉易斯（Mark Edward Lewis）、江文思等人都撰文表達了自己的意見，不過，華靄仁與安樂哲儼然是這場論爭的主角。這場論爭從表面上看來是能否以西方哲學的（human nature）來詮釋孟子中所提及「性」的種種問題，實際上所涉及的問題廣泛，如：性是屬於特殊的還是隸屬於普遍的？性是一個能動的過程還是固有的型態？然而所有的問題皆圍繞著一個中心展開：孟子性的概念究竟是文化學上的意義抑或是生物學上的意義？倘若是生物學上的意義，則它必定是普遍的，是個固有的型態，絕對是可以直譯為（human nature）；反之，若是文化學上的意義，則一定有其屬於它的相關特殊性，且是一個能動的過程。如此一來，它將無法與西方所強調的（human nature）畫上等號，因此，也讓安氏擇取了文化學、特殊性及能動過程而與西方所強調的（human nature）分道揚鑣。

---

[1]　楊澤波：〈「性的困惑—以西方哲學研究儒學所遇困難的一個例證」—《孟子心性之學》讀後〉《孟子性善論研究》（北京：中國人民大學出版社，2010年6月），頁285。

[2]　安樂哲：〈孟子的人性概念：它意味著人的本性嗎？〉《孟子心性之學》（北京：社會科學文獻出版社，2005年3月），頁99。

　　換言之，要對孟子之性有一個合理的詮釋，首要的任務是具體探討良心本心由何而來的問題。關於此項論述，楊澤波則有其如下表示：

> 人之所以有良心本心，主要是受社會生活和智性思維影響的結果。一個人在成長過程中總要受到社會生活的影響，這種影響久而久之會在心中形成某種結晶。與此同時，人們也要不斷的進行智性思維內化的結果，在倫理道德領域，就是形成了一定倫理的心境。我所說的倫理心境簡要而言就是社會生活和智性思惟在內心結晶而成的心理境況和境界。具體來說，決定倫理心境有兩個要素，其一是社會生活。人生下來必然要同周圍的人與物發生聯繫，周圍環境會對其發生重要影響。我多次舉過不能說謊的例子來證明這個問題。良心本性的一項內容是不說謊，講誠信，而它的來源便是社會生活。放羊孩子撒謊狼來了的故事，在兒童教育中流傳甚廣，在正常情況下，兒童在成長過程中，大人總是教育他們不要說謊。隨著這種影響的反覆進行，在兒童內心就會形成某種結晶體，形成了一種「好孩子不能說謊」的印象。這種結晶體實際上就是一種倫理心境，儒家所謂良心本心的一個重要來源即在於此。兒童第一次有意說謊總是說不像，就說明了在他的頭腦中已經有了這方面的倫理心境，初步具有了良心本心。決定倫理心境的第二要素是智性思維。人在具備一定能力的智性思維之後，智性思維的過程也會在內心留下某些痕跡。仍以不能說謊為例。兒童自小受到不能說謊的教育，隨著智性思維的發展，進一步了解到現代社會是一個契約的社會，要維持契約的健康發展，誠信勢必是不可或缺的。這種教育和思考不斷深入進行，會對原先已有的結晶物加以改進，使得誠信意識大為增強，行動更加自覺。總之，倫理心境就是社會生活和智性思維在內心結晶而成的心理境況和境界。[1]

　　身處於西方的安氏是一位不滿於自由民主模式的漢學家，安氏認為中國應發展出一種依循中國自身傳統的社群主義的民主模式。「安氏認為在人性問題上，與西方居統治地位的本質論式及超驗的本性觀相比，包括孟

---

[1]　楊澤波：〈「性的困惑—以西方哲學研究儒學所遇困難的一個例證」—《孟子心性之學》讀後〉《孟子性善論研究》（北京：中國人民大學出版社，2010年6月），頁292。

子在內的中國古典儒家認為人性是一個發展過程，亦是一個文化事件。而以一個預示一種不同於自由民主的社群主義的民主模式為其前提，中國傳統社會的菁英治理模式也是值得充分肯定的。」[1]於是，根據楊澤波的說法，安氏從孟子強調環境教育及道德修養的重要性，看到了性的文化學上的意義，重視性是在一個動態歷史發展的過程，由此進而提出了文化相對性的政治意義，強調了西方式的民主未必適合中國的傳統，這無疑有著重要的理論意義。尤有進者，這樣的意義價值甚至大大超越了海外漢學界關於應當如何理解孟子之性的這場論爭本身，孟子不是生物學所強調的分類意義下來理解性，而是強調人是通過歷史文化的教養，通過充分自我實踐去發展的這層意義之下來理解人性。

二、普遍性還是特殊性

就就華氏看來，「安氏的觀點助長了某種東亞或中國式的『特殊論』的立場，安氏的學說易被批評具有其濃厚語境決定論和文化保守主義色彩，在這種壯人心志的理論之下，助長了某種特殊論的立場，在描述性的提示中西差異並試圖從哲學傳統或現實習俗做出某種解釋之後，並沒有提出一套明晰可靠的替代自由民主的可行方案。」[2]

> 普遍主義者傾向於運用那些超越文化與語言差異的概念，透過所有表面的不同，去發現中國思想中對普遍問題的探索；而相對主義者則是傾向於透過所有的相同點，去揭示那些與受過文化制約的概念系統相關的，以及與漢語和印歐語言結構差異相關的關鍵詞彙的差別。[3]

但當安氏將其性的理解排除在（human nature）之後，安氏甚至進一步地從文化學的意義上對其展開與詮釋。他主張「為了發展一種關聯性的更為恰當解釋，應當努力的在一種已內化的、客觀化傾向的及普遍的人的

---

[1]　韓振華：〈二十世紀九十年代以來西方漢學界關於孟學的三次爭論〉，《中南大學學報》（社會科學版）第二十卷第二期（2014年4月），頁69。

[2]　韓振華：〈二十世紀九十年代以來西方漢學界關於孟學的三次爭論〉，《中南大學學報》（社會科學版）第二十卷第二期（2014年4月），頁68。

[3]　郝大維、安樂哲：《孔子哲學思微》（南京：江蘇人民出版社，1996年9月），頁5。

概念和作為一種社會的、歷史的及文化的人「性」之間，保有著一份尊重。此項作法相當重要的原因在於它能夠讓人們懂得文化與環境在對於儒家之性有著非同尋常的作用。」[1]於是，安氏對此文的要求則是就古代儒學而言，人的人性明顯的不是前文化的，而是傑出的、與眾不同的文化上創造性的產物。換句話說，「性」在根本上並沒有一種標籤或是相關的功能，而寧可是要求作為在社會中被限定的和扮演的某種東西的文化學上的解釋。其實，安氏的這些觀點是包含著深刻的理論意義。因為孟子在論性的過程中，倘若僅從表面觀之，比比皆是生而具有的或是得自於上天的賦予的善性的言述。但若對其相關論述加以深入的詳細考察，則不難發現，其中疑點甚多。比如說上天所賦予人的善性，這本身就是一個值得懷疑的論述。回顧孟子當時，經過了西周末年疑天怨天思潮的強烈衝擊，上天已然從主宰神的地位跌落下來，不再是我們所引領企盼而心嚮往之的人格神了。然而，已非人格神的天要如何能夠賦予人的善性，這便是一個難以言說而交代清楚的問題了。孟子雖言道性善，的的確確說明了善性是人生而具有的，然而稍稍將其納入上述的言說論據，其說服力將不攻自破，甚至是分裂瓦解。

據楊澤波所言，事實上，孟子主要是以成人來論說善性的，然而針對成人的善性一說，究竟是天生所具，還是另有其文化方面的來源，的確需要加以評估研究。再者，安氏非常敏感的發現，這其中所存在的若干問題，故進一步指出並突顯「性」並非僅是一個固有的形態。按理說，葛氏很早就關注這個議題了，不僅對此進行了詳細的論證和說明，亦在此做出了精湛的回饋與貢獻。依著葛氏言述，安氏則更進一步闡發了此一觀點，並將論述置於自身對於孟子學說的完全理解之上，從而讓人更加明白並重視心和性之間的區別與關聯，更加重視道德修養的重要性，使得問題的探討更見其內涵和臻備。換言之，「安氏在此看見了性所具有的相對性，其研究提供我們一個重要的訊息，如果孟子的性確實與人的文化背景相關，那麼具體考察世界上不同的文化，充分尊重他們文化的特點，反對一種統一式的文化模式，進而對現代某些國家借助武力強行推廣自己的文化的這種專制蠻橫的做法來進行反思，皆會彰顯其極為重要的理論意義。」[2]尤有

---

[1]　楊澤波：〈「性的困惑—以西方哲學研究儒學所遇困難的一個例證」—《孟子心性之學》讀後〉《孟子性善論研究》（北京：中國人民大學出版社，2010年6月），頁280。

[2]　楊澤波：〈「性的困惑—以西方哲學研究儒學所遇困難的一個例證」—《孟子心性之學》讀

進者，在我們這樣一個擁有著悠長深遠文化傳統的國家之中，該是實行什麼樣的政治制度，做為如何的思維改變，才是我們迫切思考的問題。前人葛氏於本質上仍舊無法與西方哲學切割的論據言說，在歷史上早已是見怪不怪，而中國哲人一味的盲目跟從西方哲學的腳步，以其西哲的論述，將中國哲學格義的左支右絀、啼笑皆非的等等思維，確實是該有所省思和幡改。

> 「特有的」（人自己的）品行正常被認為即意味著與人自己的本質相一致的品行。但是，在要求就孟子而言這種設想是：現象最終是「獨特的」時，假如我是正確的，「特有的」於是一定意味著與人自己的特殊性和唯一性相一致——使人自己的品行成為最是完滿的人自身之自我的一種表達。而在作為一種規範性概念，那就是「善性」是能夠最大限度的擴展其可能性、維持其自身的完整性，而且於此同時實現其最完備的一體化之程度的這樣的一種「性」。「善」將不是一種天賦潛能的實現，而是在歷史中，一種特定事物條件的限制性而作為結果的最優化。[1]

安氏表示這些進程中的限定條件，在人的關係中「性」只是最低限度的包括禽獸的滿足之「命」和最初的「心」之端。其實重要的是，它是依賴於特殊條件品質的文化上產物，此亦是孟子在駁斥告子之自然主義的觀點。「性」並非是規範性且被預先設置的標準，恰恰相反的是任一人皆可自成一格並充滿魅力的將其自我投射到不斷變化的環境之中，它將是一種總是在一個特殊背景下被實現的過程，亦是最終來源和存在於歷史特定進程的普遍化。因此，不斷地用同一性及普遍性的框架來詮釋「性」，皆是不正當且錯誤扭曲的曲解，終將非正確適宜的用來解釋關於「性」的意涵。

> 堯舜，性之也；湯武，身之也；五霸，假之也。久假而不歸，惡知其非有也？《孟子・盡心》

後〉《孟子性善論研究》（北京：中國人民大學出版社，2010年6月），頁286。

[1] 安樂哲：〈孟子的人性概念：它意味著人的本性嗎？〉《孟子心性之學》（北京：社會科學文獻出版社，2005年3月），頁109。

安氏於〈盡心〉在關於堯舜具體的歷史例證中，找到了反映「性」的最終特殊性，同時也作為令人鼓舞的人性模式締造。安氏對於孟子關於「性」的討論，「性」的用法在重要衡量歷史模型的尺度方面，在有關人性的限定條件方面，與其說是可以得到某種內在的及安排的「本性」，不如說是能夠獲取一種特別的文化。「換言之，那種意味著是人的東西並非是一種普遍妥協的產物，而是在於可尊重理解的價值等級形式方面，作為社會權威所形成的東西，君子被意識到的越多，他將在價值方面所意識到的也就越多。」[1]

為了確立是什麼將這種早期中國「性」的概念從典型西方人的本性理論中區別開來。於此，葛氏指出，孟子並沒有被鼓勵去確立作為人的實際過程的「性」，與作為使其突出或決定成人的過程中的某種能力及才能或是一套範疇的「性」之間的區別。然而，就孟子而言，「性」仍是涉及那些使人區別於禽獸的特殊特徵。換言之，我們與禽獸共同擁有的東西不是「性」。於是，「孟子的問題並非是強調「性」是種「本性」或是「修養」，而是強調若無此區別，那麼在何種程度上屬於與眾不同的天賦究竟為何？又，在怎樣的程度上它是屬於一種文化上的成就？」[2]當孟子說道「人皆有不忍人之心」《孟子・公孫丑》時，他也正是在說明了「無惻隱之心非人也」《孟子・公孫丑》；又，當他說「人無有不善」《孟子・告子》時，他也正說著「不善之人非人也」。《孟子・告子》

> 以捍衛惻隱之心的主張言之，安氏認為孟子求助的是「孺子將入於井」《孟子・公孫丑》如此著名的例子。若是沒有了教養，人從禽獸中區分開來的僅僅是「幾希」《孟子・離婁》，如同孟子所言「逸居而無教，則近於禽獸」。《孟子・滕文公》。既然聖人也是普通百姓，據此得出結論，人之「性」顯著的是發生於聖賢時代之誕生和成就之間的東西，僅僅是生而具有的東西。對於孟子而言，儘管不存在「本性」、「修養」之間的區別，關於「性」，最重要的是作為教養和成長結果而發生的，在其社會化或是對某種文化的

---

[1]　安樂哲：〈孟子的人性概念：它意味著人的本性嗎？〉《孟子心性之學》（北京：社會科學文獻出版社，2005年3月），頁113。

[2]　安樂哲：〈孟子的人性概念：它意味著人的本性嗎？〉《孟子心性之學》（北京：社會科學文獻出版社，2005年3月），頁116。

適當過程中而被解決的東西。[1]

正因如此，「性」更應該被理解為存在一種與文化有著不可分割的聯繫。因著這樣的聯繫，孟子文化上的「性」是存在並涵攝不同種類的人，同時也具有其「特殊性」。換言之，既然在重要範圍內，人性從文化上被決定，因此已被解釋的「性」所賦予的相關情況，關於人的人性的環境影響，將是深遠和不可避免的。尤有進者，在一種決定性的意義上，「性」與其是個人的特徵，不如說是人的社會特徵之「特殊性」的集合點，因而形成了研究個人的一種「特殊性」的哲學，而有別於本質主義下的種種被事前給定的「普遍性」。

三、本質主義還是存在哲學的詮釋進路

儘管「性」真正牽涉到「種」，作為種類的類與種將依賴於在現象中因類推所形成的普遍化。舉例來說，在孟子那裡，把一個人從人類獸性中區別出來的不是某種不受侵犯的自然賜予，而是一種暫時的和永遠特殊的文化上的細緻提升。甚至在孔子言說中，亦堅持無法和「鳥獸與之同群」[2]。以此為由，意指和那些有文化教養的人相互聯繫的這一點上是十分明確的。接著，在唐君毅論「性」的言說中，可見其對於古代中國概念存在主義色彩的巨大敏感。

> 就一具體存在之有生，而即言其有性，則重要者不再說此存在之性質性相之為何。[3]

在這些事物中，人是一種特殊的狀態。人「性」不可能用如同別的現象的「性」的相同方法被接近，因為人有一種內在的透視其自身的能力，而為了反映經驗與概念化兩者之間的相互關係，唐氏宣稱：

---

[1] 安樂哲：〈孟子的人性概念：它意味著人的本性嗎？〉《孟子心性之學》（北京：社會科學文獻出版社，2005年3月），頁116-117。

[2] 夫子憮然曰：「鳥獸不可與同群，吾非斯人之徒與而誰與？天下有道，丘不與易也。」《論語·微子》

[3] 唐君毅：《中國哲學原論·原性篇》（臺北：臺灣學生書局，2006年11月），頁10。

而欲知人的可能性，亦不能如人之求知其他事物之可能性，而本推論與假設以客觀知之；而當由人之內在的理想之如何實踐，與如何實踐以知之。既對人性有知，自亦必有名言概念，加以表達。然此名言概念，乃順此所知，而隨之以相繼的形成。此中可無人之先持名言概念加以懸擬、預期或構作假設等是。[1]

因此，唐氏強調居首位的是超越於概念及其連接方式之上的人類理想的實現，才能將這種實現的個人所在，給予一種完全的關注。換言之，正是這樣以一種存在哲學的方案，才是基本區分了古代中國儒家關於「性」的概念的特徵。事實上，唐氏認為識別出人性最為顯著的特徵，成為創造性變化的不確定的可能，才能是不確定中的所有準確。

然吾人若由人之面對天地萬物與其所體驗之內在理想，而自反省其性之何所是時，是否可言人有定性，則成一大問題。因人之所面對天地萬物與理想，皆變化無方者。……中國思想之論人性，幾乎大體上共許之一義，即為直就此人性之能變化無方處，而指為人之特性之所在，此即人之靈性，而異於萬物之性之為一定而不靈者。[2]

無論何處，關於某物的「性」，可能涉及一定的特徵、性能、傾向或本質。在人「性」中，「先天的」東西簡單地說是成長、修養和改變的傾向。於是，「性」意味著一個人能夠在數量上豐富的基本變化。換言之，對唐氏而言，有關於「性」的一般討論中，他特別注意到「性」通常有兩個被論及的方面：涉及一種特殊事物的持續存在；也涉及在一物之中繼承了別的事物之性。尤有進者，貫穿於唐氏的分析，特別在言說人性之時，更讓我們清楚在著重於「性」的基本的相互關係。

依吾人之意，以觀中國先哲之人性論之原始，其基本觀點，首非將人或人性，視為一所對之客觀事物，來論述其普遍性、特殊性或可能性等，而主要是就人之面對天地萬物，並面對其內部所體驗之人

---

[1]　唐君毅：《中國哲學原論・原性篇》（臺北：臺灣學生書局，2006年11月），頁3-4。
[2]　唐君毅：《中國哲學原論・原性篇》（臺北：臺灣學生書局，2006年11月），頁6。

生理想，而自反省此人性之何所是，以及天地萬物之性之何所是。[1]

　　運用其與各種環境不斷發展中的相互關係之詞彙與之呼應中言說，於是，唐氏在關於人之性的定義挑戰了性作為了一種天賦的本質，存在於我們之中的與生具有的某種先天的稟賦的普遍性的解釋。而對於本質主義或是存在哲學等不同立場的爭論中，葛瑞漢、安樂哲、于連（François Jullien）[2]等，皆可視為是相對主義視角的代表。不過，安氏是堅持並站在反對本質論的立場上，力圖證明孟子的性善論是非本質主義式的，並且這種人性理論可以為中國乃至亞洲和世界範圍內的社群民主提供理論的支持。於是，安氏論證孟子思想通過進程哲學而與杜威（John Dewey，1859-1952）[3]成為了旗幟鮮明的先賢民主。

　　不過，當安氏進一步的強調性的相對性，此一論點應是在前述問題過程中而提出了不同意見的初衷。據華氏回憶道：在1991年她開始關注在孟子有關於「性」的問題時，在一次會議上提到了人權的問題。不過這個被提出的問題卻遭到安氏的反駁，安氏認為「人權是一個哲學上無凝聚力的概念」，華氏乍聽，感到吃驚無比。究其實，安氏之所以有如此的理解，根源於對於孟子「性」的理解。

　　　　有關孟子，特別是其人性概念的這種討論所具有的真正的價值，是
　　　　作為中國不可避免地走向民主的中國形式和它的直接的當代對應
　　　　物。這種存在先於本質論者的解釋，為了自由主義的民主允諾許多
　　　　前提，諸如像為個人表達政治上的權利提供基礎的自由與平等允諾
　　　　了許多確定的概念。

　　　　而在其另一方面，有關於孟子的這種過程的解釋，將會介紹給中國
　　　　更多的建立在杜威過程哲學基礎之上的有關民主的公有社會的形

---

[1]　唐君毅：《中國哲學原論・原性篇》（臺北：臺灣學生書局，2006年11月），頁3。
[2]　于連（François Jullien），生於1951年，曾被譯作「朱利安」、「於連」或「余蓮」，是巴黎高等師範學院校友，專攻希臘哲學，通過法國大學教師資格考。1975-77在中國北京和上海學習中文和中國思想，1978-81擔任法國漢學中心香港分部主任，1985-87任東京日法會館駐地研究員。他以《Allusif的價值：中國傳統詩歌詮釋中的原創性範疇》（La Valeur allusive. Des catégories originales de l'interprétation poétique dans la tradition chinoise，初版1985）取得法國國家博士學位。
[3]　杜威，（John Dewey, 1859-1952），是美國哲學家和教育家，與皮爾士、詹姆士一起被認為是美國實用主義哲學的重要代表人物。

式，在那裡人的自由的最大的保證並不是權利，而是一個繁榮的社會。其自由並不是缺少強制，而是完全參與自我管理。

中國的民主最好能夠通過一種有助於對待在傳統儒學中這種無處不在的公有的社會主義，或者需要中國放棄它的文化上的中心，引進一種自由民主的西方式的概念嗎？[1]

　　按安氏所述，因為性是文化學意義的，它有其相對性，其國家的政治形式也應該與其相對應。是故，自由民主這樣的西方式概念，未必適合中國的國情。當然，安氏的觀點同時也引發存在著無法解決先驗和經驗關係的一些問題。安氏強調孟子的性是文化學上的意義之哲學思維方法，主要言說似乎是借助於杜威。比如說，如何看待孟子之性的賦予性便是如此。依安氏看來所謂的個體並非是一種賜予，從性質說法而言，倒不如說是從普遍的經驗中所產生出來的，其思維的源頭便是得自於杜威。

對杜威來說，「個體」並不是一種賜予，而從性質上說寧可是從普遍人的經驗中產生出來的。「經驗」本身並不分成「主體」與「客體」的範疇。就杜威而言，處境比任何抽象的代理的概念重要。像是「生命」和「歷史」的這些詞語一樣，經驗是在人的有機體與社會、自然與文化環境之間相互作用的過程和內容。[2]

在一種杜威哲學的世界之內，方向是如何被確定和如何被保證的？對杜威而言，指導作為其結果自身的行為不是理想，而寧可是個圓滿的經驗，在這一經驗中，這樣個一個理論被揭示出來。圓滿的經驗是他們自身的一種被分享的社會理解力的表達，就像在傳達信息的社會範圍之內他們可能發生的那樣，這種社會理解力處理了唯一的際遇。[3]

[1]　安樂哲：〈孟子與一個經過特殊加工的有關「人的本性」的概念〉《孟子心性之學》（北京：社會科學文獻出版社，2005年3月），頁330-331。

[2]　安樂哲：〈孟子與一個經過特殊加工的有關「人的本性」的概念〉《孟子心性之學》（北京：社會科學文獻出版社，2005年3月），頁321。

[3]　安樂哲：〈孟子與一個經過特殊加工的有關「人的本性」的概念〉《孟子心性之學》（北京：社會科學文獻出版社，2005年3月），頁327。

　　安氏認為，杜威強調自然環境和文化環境對於個體成長的重要性，而這一思想剛好可以運用到詮釋孟子之性的理論體系。若是將孟子之性置於文化環境的背景上，便能夠得以破除將其性僅僅理解為上天的賜予，先天本有和與生所具的狹隘觀念。

> 過程哲學發生了極大的改變，嚴酷的暫時性使得盡善盡美或者完善的概念無效。相反，經驗世界必需一種總是改變環境的結果之真正的偶然性與自然發生的可能性。到目前為止，正是這種僅僅可能的追求使得這種結果本質上即屬於達到它的方法。[1]

　　按照杜威的思想，在經驗世界中，一切皆在變動變化之中，根本不存在盡善盡美的東西。換言之，孟子的性理當如此，若是強行將其性理解為一個完善的彼岸的概念，那麼這一切的一切將成為一個毫無意義的載體。

　　雖然安氏於文不斷強調，他僅是借用杜威的思想來解說孟子之言「性」的這一概念，而非全然以其思想脈絡來做為言說標竿。不過，我們仍須注意到的是，杜威思想畢竟與孟子不盡相同。所幸，劉述先敏銳的覺察到這裡面所存在的問題。在他看來，孟子強調的是人禽之別，而杜威所強調的則是人的生物性的根源。於是，源自於孟子所述所言的盡心、知性、知天種種人性問題，對於杜威來說，皆是不構成意義的意義問題。

> 就孟子來說，他強調的是人禽之別，杜威則強調人的生物的根源。孟子講盡心、知性、知天，這些對杜威來說都是沒有意義的問題。不錯，兩方面不能說沒有許多契合的地方，否則就沒有辦法解釋為什麼中國人會將杜威稱為美國的孔子。而且無可諱言的，儒家思想的確包含了向善論的層面。但關鍵在如何解釋人向善的行為呢？杜威認為淑世是人作為一個生物，面對問題情況，發揮智力，與環境互動所產生的結果。孟子雖然也承認人與禽獸之別只是幾希，但他強調彼此間的差異性，分別大體、小體，突出人的德性的重要性，而肯定良知良能，這也是在杜威不能完成的事。換言之，杜威所說的向善，只是人面對環境所必須從而揀擇所做的適應罷了，卻是缺

---

[1]　安樂哲：〈孟子與一個經過特殊加工的有關「人的本性」的概念〉《孟子心性之學》（北京：社會科學文獻出版社，2005年3月），頁327。

乏了一個超越的層面。孟子不但肯定人有其內在的資源，而且還相信天的真實性，只是通過了心性在天人之間建立了一條橋樑而已。這顯然與杜威所言式的向善論述，是截然迥異的路數。[1]

不難看出，對於劉述先上述的批評是有其道理的。倘若以杜威哲學來詮釋孟子，必定會衍生若干問題。比如說，如果孟子的性僅僅是經驗性的，沒有一個先驗的層面，超越的層面，那麼要如何來解決向善發展的根據問題呢？孟子在建構性善論的過程中，一再反覆強調「天」的意義，就是要為「性」建立一個超越的根據。若是將此層面完全剔除，將是一個步入死胡同的論述。再者，安氏全然以文化學的意義來解釋性善，似乎留下值得議論的空間。換言之，面對單一性的解釋來作為其結論，將必須面對的問題如：「在作為文化學意義的良心本性，究竟是如何依附在人心之上的？良心本性有其文化學上的意義，要做為承認此點來說，其實並非是件困難之事。但這種作為文化學意義的良心本性，難道可以不需憑藉一個基礎，能夠憑空而為嗎？」[2]尤有進者，良心本性為什麼對於人而言會擁有如此大的吸引力，這樣一個巨大的吸引力，難道真的可以完全從文化學上的意義去加以解釋，就沒有一點是純粹自然的原因嗎？於此，在安氏的理論範圍內，我們似乎無法獲得一個令人滿意的答覆。

由這一場辯論，我們可以看到，西方學者不斷推陳出新，有著他山之石可以攻玉的作用。但現代人雖然可以看見前人所未能即的角度，但有時也會因為過分照顧到現代人的視域，而對於古人的說法造成了某種曲折。淵源於古希臘的本質主義思想，到現代變成了不受歡迎的東西。中國傳統根本缺少本質主義的思想，不容許孟子作如是解釋，是很正確的。然而安樂哲的解釋不免偏向一邊，而相對於華靄仁的辯正便是有其必要的。人在成就的殊異與在稟賦上的共同，在孟子都可以找到堅強的根據，不必非此即彼，造成了一種「兩元對立」的局面——這本身就是中國非傳統式的思想，更是我

1　劉述先：〈孟子心性論的再反思〉《孟子心性之學》（北京：社會科學文獻出版社，2005年3月），頁181。
2　楊澤波：〈「性的困惑—以西方哲學研究儒學所遇困難的一個例證」—《孟子心性之學》讀後〉《孟子性善論研究》（北京：中國人民大學出版社，2010年6月），頁288。

們所必須避免的陷阱。[1]

> 孟子是一位有其原創性的思想家。故要了解他的思想，必須先「入
> 乎其內」，而後「出乎其外」。也就是說，宜以哲學理解為主，實
> 證研究為輔，才能對於孟子思想有相應的了解，並作進一步的發
> 揮。[2]

　　劉述先用了解釋學的角度來剖析其箇中的原因。而根據解釋學的原
理，在解釋一個對象時，解釋者總是憑著一己的成見，這樣的成見勢必對
於解釋有著必然的影響。「西方漢學家受到西方哲學的教育，在面對及
研究中國哲學的過程中，如何處理好這種成見，將是目前十分迫切的問
題。」[3]於是，在詮釋關於孟子「性」的概念，之所以會面臨到如此棘手的
複雜問題，原因便源出於此。此外，劉氏非常關注關於漢學家間對於孟學
的這場論爭，亦對其提出了中肯並尖銳的批評。文中明確指出，正像一個
人進入到了被具體化了的世界，因為孟子能夠堅持於「萬物皆備於我也」
和「知其性也，則知天矣」，避免使其「性」訴諸於孤立和抽象的「個
人」，而是放眼當今自由民主與傳統典型相繫聯互動的「個人」。如此一
來，「個人」將會將他所被賦予價值的文化條件和特殊家庭的網絡中，持
續且發展成就和成為他的可能。從葛氏概念的重建中，能夠被發現的另一
種見識是，他的主張「性」似乎基本上是規範的，對任何事物「最好的」
方法是生長。如同葛氏言道：於是，「一物之性在其生的過程中是其發展
的特有進程。」[4]不過，安氏仍不忘提醒並說道：

> 記住「性」的這種基本相互關係，在它最原始的意義上，「性」並
> 不簡單的意味著「本質上是善的」，但作為在「善於」（good at）
> 或「適合於」（good for）獨自發展那些把人與家庭和社會相連結

---

[1]　劉述先：〈孟子心性論的再反思〉《孟子心性之學》（北京：社會科學文獻出版社，2005年3月），頁180。

[2]　劉述先：〈孟子心性論的再反思〉《孟子心性之學》（北京：社會科學文獻出版社，2005年3月），頁194-195。

[3]　楊澤波：〈「性的困惑—以西方哲學研究儒學所遇困難的一個例證」—《孟子心性之學》讀後〉《孟子性善論研究》（北京：中國人民大學出版社，2010年6月），頁290。

[4]　葛瑞漢：〈孟子人性理論的背景〉《孟子心性之學》（北京：社會科學文獻出版社，2005年3月），頁16-17。

的紐帶中，它一定意味著相關聯的善。在他堅持我們把孟子有關人性的理解從其後繼的新儒家用一種將人解釋成本質上是善之之形而上的概念。葛氏亦正是提出同樣的觀點而再次將其義涵從其系統的闡述中區別開來。[1]

　　於是，「性」之所在並非是某種孤立的自身，而是做為了處在關係休戚與共的自身，這樣的自我，如此的關係，更在隨著善的變化關係中而被加深、培養和擴展。同時，在培養這些聯結中的這種努力維持著作為人之為人和在本質上不同於動物，而將人提高於動物之上的存在當下。換言之，安氏的觀點雖有文本支撐，可成一家之言。不過，過於敏感的將「性」與（nature）中西方語境差別化，更甚至將其絕對化，卻又忽略了究其實的「性」與（nature）亦有其相通相容的一面。於行文中，屢屢將孟子人性概念，放置於一種屬於「事件」（event）或過程之中的本體論範圍內來進行討論。同時，亦借助杜威的詞彙來解釋孟子的思維。雖然，安氏宣稱「這既不是使孟子成為杜威，也不是對孟子提供一種『杜威式的』解讀，而寧可是試圖用杜威的詞彙去激發我們從不同的方面思考孟子。」[2] 最終，華氏與安氏對於孟子之性的理解儘管各有所長，但都存在著一定的缺失。而這些缺失的根本原因即在於：相同之處是，他們總體上仍舊是以西方哲學的背景來解釋孟子的；相異之處是，華氏是從西方哲學的本質理論切入，安氏理論依據責難而與杜威哲學切割。

　　此外，值得我們注意的是，孟子這種由心性論發展出天道觀的思考型態，仍舊保有中國上古文化中「聯繫性的」（correlative）、「機體論的」（organic）的世界觀[3]，亦即認為世界上各種分類的事物之間，不但可以相互影響，而且來自相同的根源。「萬物皆備於我」《孟子·盡心》，又說「夫君子所過者化，所存者神，上下與天地同流」《孟子·盡心》，透露出「在孟子的觀念中，天地所造化的

[1]　安樂哲：〈孟子的人性概念：它意味著人的本性嗎？〉《孟子心性之學》（北京：社會科學文獻出版社，2005年3月），頁107。

[2]　安樂哲：〈孟子與一個經過特殊加工的有關「人的本性」的概念〉《孟子心性之學》（北京：社會科學文獻出版社，2005年3月），頁321。

[3]　黃俊傑：《孟學思想史論（卷一）》（臺北：東大圖書公司，1991年10月），頁20-27。

　　自然世界，與君子所教化的人間世界，並無任何實質上的差異」[1]，他們都來自於道德的創造，彌貫著道德秩序，所以「浩然之氣」可以「塞乎天地立間」，而君子的「存神過化」也可以「上下與天地同流」。因此，在孟子的世界觀中，不僅自然世界與人文世界不隔，而且即存有即價值，整個存在界都洋溢著價值創造的生機。[2]

　　由此可見，充分尊重中國哲學的特質，不使其淪為西方哲學的窠臼，這也是中國哲學在歷經以西方格義化我們自身的經典，而在面對經典上吃足了苦頭之後，所需亦是必然獲得的創見與改變。西方的理論立場是用本質主義，對於什麼是善，什麼是道德都有著一些本質性的看法。根據這個原則所衍出本質性的看法，究其實也只能是這樣做，而不能是那樣做。其結果不是錯，便是對；不是道德，便是不道德。中國哲學就不是這樣的型態，因為它並沒有那些不變的本質可以作為那樣的訴求。它並不那樣的在乎要提出一套標準，而在乎的是要如何涵養開發並修養你自己。因為在你生命所積累的深度和厚度，你對於你自己所處的環境予以充分的發揮和掌握，會讓你在當下做出不同的解決方案。尤有進者，在做為一個有修養且對於歷史脈絡有著更為深刻了解及面對當前處境的複雜性有著全盤性掌握的人，他必定能找到一個對於現階段而言的最佳解決方案。最後，將在歷史種種脈絡之際的存在當下，敞開自我一如天般的存在。

第四節　繼往開來的新構釐定

　　中國和西方雖然地域有別，但思想並非全然二分，相近相同相通之處甚多，西方之所以接受《孟子》並不僅僅只是西方知識學的增益和擴展，它更是近世以降中西文化交流的產物。中西文化交流的發展，不僅使中西地理空間納入同一版圖，而且也讓中西思想不斷走向融合。而在這個過程當中，中西思想便各自成為對方思想文化發展的建構性力量。「學術的發展和進步迫切需要細緻的對話與交流，瞭解了《孟子》西傳的文脈歷程和各個階段的問題意識，不僅能夠豐富我們對於《孟子》以及西學的認識，加強中國學人與國際學界交流對話的有效性及針對性，同時也促進我們自

---

[1]　黃俊傑：《孟學思想史論（卷一）》（臺北：東大圖書公司，1991年10月），頁22。
[2]　袁保新：《孟子三辨之學的歷史省察與現代詮釋》（臺北：文津出版社，1992年2月），頁92。

身的方法自覺和理論反思。相對於我們自身哲學思想和學術的建構及創新更加發揮其啟示和鏡鑑之功。」[1]

安氏站在反本質論的立場上，力圖證明孟子的性善論是非本質主義式的，並且這種人性理論可以為中國乃至亞洲和世界範圍內的社群民主提供理論支持。同樣的，華氏站在普遍主義的視角，抱持著對孟子思想做出更深入的詮釋，也因此不難體會出西方漢學家對待儒家態度的深刻轉變。然而中國和西方雖說是地域有別，但思想卻非截然二分，兩者相同、相近、互通之處處處可見。時至今日，中西之間的文化交流日益密切，西方的「漢學」與中國的「國學」之間，互動間的共識日益趨多，逐漸成為在中國旗幟之下雙峰因而並峙的兩派思想學說。換言之，西方漢學家們對於《孟子》的研究，圍繞《孟子》人性論所展開的論戰，便不再是與我們毫無干係的事物。「然而用力去探究這些諸多論爭的材料，不僅能夠讓我們豐富對於整個西學的了解，更甚是能豐富我們對於《孟子》其人其書有了更深更進一步的體會和認識。於是，在漢學家們緊扣當下焦點的重大問題意識，亦是帶給我們並引導我們更多更大理論反思及方法自覺的思想啟示。」[2]

安氏從孟子強調環境教育、道德修養的重要性，看到了性的文化學上的意義，重視性是在一個動態歷史發展的過程。於此，進而提出了文化相對性的政治意義，強調了西方式的民主未必適合中國的傳統。這無疑有著重要的理論意義，使得這樣的意義價值甚至大大超越了海外漢學界關於應當如何理解孟子的性的這場論爭本身。換言之，我們可以得到一個結論：孟子的性既不能譯為（nature），又不能譯為（essence），它集中反映了儒家哲學的特質，隱含著極深的哲學義理。對此，我們僅能從中國哲學本身加以理解，而不能將其歸屬於西方哲學的任何一種學說，否則，勢必會造成理解方面上的困難。近十多年來西方漢學界圍繞著應該如何理解孟子的性的概念的諸如此類的論爭，就是這方面的一個有其代表性的例證。若要走出諸如此類的困境，唯一的方法便是回歸《孟子》於文本中及儒學自身的傳統上來作為理解。

---

[1]　韓振華：〈二十世紀九十年代以來西方漢學界關於孟學的三次爭論〉，《中南大學學報》（社會科學版）第二十卷第二期（2014年4月），頁71。

[2]　韓振華：〈從宗教辨難到哲學論爭──西方漢學界圍繞孟子「性善」說的兩場論戰〉，《中山大學學報》（社會科學版）第五十二卷第240期（2012年6月），頁166。

　　所謂的非歷史指的就是先驗的天，安氏不承認有所謂歷史以外的一個天的宗教性或是形而上的根源。因為他已將天轉為歷史文化了，他沒有在歷史文化之外再給天一個崇高且形而上的地位或宗教上的肯認。於此，我們一直將它視為兩套學問，其中的究天人之際，一方面說得是人性論，另一方面講得又是天道論，說得盡是形而上學的；而在通古今之變中，又是活脫脫地呈顯於歷史的氛圍之中。因而總讓人誤解為是兩套學問，但無論如何，這兩套學問必須匯集成一套學問上來言說。換言之，必須從兩套學問意義連貫的地方上著手。於是，便能從中發現，原來天人之際的奧祕就潛藏於古今之變裡頭。因此，你也必需有其充分足夠的眼力，才能從其世變的動態中，見其天人所呈顯的種種訊息。於是，我們最終將發現，天道人性何其奧秘，又豈是三言兩語能夠說明釐清的。它肯定是個豐富異采，而無法用以單方面的立場而予以竭止窮盡。

> 　　事實上，隨之而來，在人的環境改變的每一步及其實質對於他的「性」將會有一個直接的和起改造作用的影響。而當趨向或方向的詞語可以有點預言其成人的過程時，「性」不過是反映了人與其所處的易於接受與協調的各種環境之間的相互關係。[1]

　　安氏以為，不考慮人為與環境、社會與自然間的相互依存，便無法從中理解孟子，在作為一種相互關係之自然而然發生和永遠在不斷變化於發源地而出現於世的人，終其一生，不再可能是某種本質上固定的和不可改變的賜予。「性」是在認識一個世界的過程中而逐漸創造的。如同這個世界一般，「性」與其說是所存在的（being），不如說是所發展而變成的（becoming），問題便是在於我們要如何能夠豐富且愉快地去促使這種創造性過程的產生呢。

　　告子的「生之謂性」以及孟子的「食色性也」，皆是從天生本能欲望而來理解人性，而作為這樣的理解是屬於生物學上的觀點範疇。較之安氏在詮釋《孟子》的文本當中，「性」是一種文化學，是運用文化來作為理解它的義涵價值，而非僅是以生物學的觀點來做為解釋。因為對於安氏而言，在《孟子》的文本當中並無否定「人性」的可能相同或相通。因此，

---

[1]　安樂哲：〈孟子的人性概念：它意味著人的本性嗎？〉《孟子心性之學》（北京：社會科學文獻出版社，2005年3月），頁104-105。

若是一套生命之學，孟子也確實是強調「性」是有被完成、待發展的意義，它也容許每個人皆有其個別發展的創造性。尤有進者，以無本為本，夕惕若厲，如臨深淵、如履薄冰，對於存在的每一個當下，都必須要戒慎恐懼，敞開自我並傾聽天命對我的召喚。因為對於我的生命，以及我的生命所賦予我的使命，都將是一種無所逃的也無法須臾離開的這個真實存在的世界。

　　於是，安氏認為中西哲學基本上的不同是：西方哲學強調是真理的追求，追求超越性的真理；中國哲學則是追求自我、追求道，強調倫理及實踐。事實上，他不斷強調並旁徵博引的論述這些中國文化主題，卻仍舊無法引起應有的共鳴。原因在於：中國人的觀念根深柢固，欲釐清導正實非易事。這其中原因相當複雜，除了對於西方文化的了解不是這麼地清楚之外，「中國哲學面對新的歷史處境，它的挑戰持有的觀念是自一九一二年開始起便是進入了一個新的時代，至今整整一百年了。這一百年來中國嘗試面對西方文化的挑戰，在理解自己的文化傳統，賦予中國文化傳統的一個新的解說時，我們無所逃的必須要參考西方知識的模型，運用其概念語言來重新表達。如此一來，才能免除任何的誤解及不精準之處。」[1]尤有進者，人的存在總是面向未來，對自己將是什麼，將會成為什麼，我們會不斷的進行投射，那個投射其實就是自我的理解，也就是在自我理解當中的自我詮釋，它會決定出自我的方向。因為，人可以是什麼就是在自我的投射當中得到內容的充實。所以，人的本質便是在於它的存在，這也是海德格所言的「人的本質，Dasein的本質在於它的存在」。於是，此刻「性」便可以是在不斷地加深加廣的儒學深厚底蘊中，滋養文化生命力的源頭活水，在其變動中的變化場域下，去成就去締造它種種所有能夠的可能性。

---

[1]　袁保新：〈自序：一九一二年——兼序《從海德格、老子、孟子到當代新儒學》〉《從海德格、老子、孟子到當代新儒學》（臺北：臺灣學生書局，2008年10月），頁I-XVI。

第六章　由義命之歷史律動以言心性天

　　一般研究中國哲學的學者，都會同意孔孟思想的最大智慧在於豁顯吾人內心的道德主體性。人有一道德的心靈，即能自覺地主宰自己去生活，這亦是人之所以異於禽獸的幾希之處。孟子心性論中，最具提示性、也最富爭議性的一段文獻就是：

> 盡其心者，知其性也。知其性，則知天矣。存其心，養其性，所以事天也。殀壽不貳，修身以俟之，所以立命也。《孟子‧盡心》

　　在這寥寥三十幾字中，孟子不但論及了「心」與「性」，同時也關聯到了「天」與「命」。「天」、「命」是中國哲學範疇中的兩個重要概念，自孔子以來就有談「天」論「命」的傳統，視「天」、「命」為個體自我道德踐履的超越根據，並以此作為提升現實生活中道德踐履的神聖感和使命感。孟子繼承了此一傳統，發展了孔子開創「性—天—命」的儒家倫理，進一步形成了具有鮮明孟子特色的「心—性—天—命」式的儒家倫理觀，使得儒家道德在踐履活動中變得更具其成就性及可把握性，對後世影響深遠。不過，問題是，在一切論證付諸闕如的情況下，筆者檢視並反省前三章中葛瑞漢、華靄仁以及安樂哲的論述，這三個明顯意義相屬的哲學命題，究竟該如何理解？究竟應該被理解為純粹的心性論語句？還是說有兼具形上學的蘊含？以下便就其義命之歷史律動以言心性天的章旨，做為三人前三章的問題癥結，而於本章的前三節中與之回應。

第一節　關於心的能動性以及命的動態義

　　葛瑞漢於文中不乏言及「性」的開始主要是屬於每一個關心健康和希望長生的普遍人的共通語言。是先天賦予並被規範的外在結構決定了人的意志，為一物之特性的進程，只消健康、養生、長生即能保全並實現天生所賦予的能力的論述。倘若與之相悖，則雖爵勿取，雖富不為。

為了去尋找一種有生物的個性，我們必須發現當不受傷害並有足夠的營養時便能充分實現內在的能力。至於人，假如他關心其健康的話，才足夠培養成為使之其聖人的能力。[1]

《呂氏春秋》中所討論到的關於養生，其一，性被想像成規範的、一物特有的生的進程等外在結構來決定人的意志；其二，一物之性同時是被作為有關於這一事物可觀察到的事實，然而，倘若無外力干涉，它將如何改變甚至是存在的呢？如墨家只關心「是否有益」。楊朱及子華子主義者要問「對什麼有益」。在楊朱及子華子主義者看來，因生活無節制或冒生命危險而增加財富所造成對健康的危害，便是忘卻了天賦予我們的生命才是唯一的實在。尤有進者，此中所指涉的「性」，便是指用來維護、保障並用以平衡的「氣」，因「生」而維持其特有的生之間的進程，於此，才得以成就其「性」，此乃所謂進程的重點論述。既不能「損一毫而利天下」，也不能「悉天下而奉一身」的「利己主義」哲學基礎全然架構在「性」的概念之上，而開始被解釋為「本性」（nature）。「始生之者，天也；養成之者，人也。」人的生命原則，皆以全天為故，就是做為保全人的天性和生命之事的行為。由此可見，除非是遭受到外界的傷害，否則此「性」（nature）將是成全並完成壽命的最初與最終目的。

依葛氏理解的「性」（nature）來作為詮釋，按亞里斯多德的潛在實現說，如滋養得當，必能成就善性。因其思想過於強調以生說性，果依此之弊，似乎同時也淡化了心的優先性。如此一來，命的動態意義感便反倒不彰，賦予道德省思的存在意義也就無法落實了。於是，「孟子之『即心言性』，一反『即生言性』的傳統，最主要的理由就是以『天生本有』做為說性的判準，不但流於空洞、形式，而且一旦納入不同的義理系統，雖得以實質內容的充實，如告子之『食色，性也』，但每每只見人在生物學上的生理本能、欲望，而無法真正的彰顯人之所以為人的尊嚴。因此，孟子為了說明人在生活實踐中的道德經驗、價值內涵，乃就吾人心靈的直接感應來指證人性的內容，所謂『君子所性，仁義禮智根於心』（《孟子·盡心》），即在說明性善源於心善，『心』在孟子人性論中，實具有關鍵

---

[1] 葛瑞漢：〈孟子人性理論的背景〉《孟子心性之學》（北京：社會科學文獻出版社，2005年3月），頁46-47。

性的地位。」[1]我們發現，我們可以在孟子論及「身」、「心」、「性」之間的關係裡，找到詮釋的線索，「性」的這種能動力量便明顯地存在於用來表示這些概念特徵的隱喻中。為了將「性」視作一個人完整的過程，一個人非一種存在，而是正在做或正在製作的一個過程，並非僅止於一種派生的被追溯以至於被完成的一種關係。透過這種方式來詮釋形軀與心靈的意義，一方面固然在突顯心靈活動具有自由、自主性，乃形軀所無，但另一方面，也在表示心靈在生命的整體結構中，較諸形軀活動，具有一種優先性。唐君毅在《中國哲學原論‧原性篇》中，曾經發揮這個觀點：

> 依吾今之意，孟子之所以不以耳目口鼻四肢之欲聲色臭味安佚，以及食色等自然生命之欲等為性之理由，乃在此諸欲，既為命之所限，即為人心中所視為當然之義之所限，亦即為人之心之所限。此即見此諸欲，乃在心性之所統率主宰之下一層次，而居於小者；而此心性則為在上一層次而居於大者。故孟子有大體小體之分。此中大可統小，而涵攝小，小則不能統大而涵攝大。故以心言性之說，亦可統攝以生言性之說。此方為孟子之必以仁義禮智之根於心者，為君子所性，而不即此自然生命之欲以謂之性，以心言性，代其前之以生言性，其決定的理由之所在也。[2]

　　據唐氏的分析，孟子「即心言性」的決定性理由，在於孟子所言的心之大體，可以統攝耳目之官的小體。唐氏曾從四方面來說明這種關係，即：「心對自然生命具有涵蓋性、順承性、踐履性、超越性」[3]。譬如，人之仁心每每不忍見他人之饑寒，更願世間內無怨女，外無曠夫，即顯示出心靈對自然生命的欲求能加以肯定並涵蓋。又，人之孝心常念身體髮膚，受之父母，不敢毀傷，且求嗣續以承宗祀，由此可見心靈對自然生命的流行能有所順承。不僅如此，仁義禮智之心更可落實貫注到形軀活動之中。「其生色也，睟然見於面，盎於背，施於四體」，即內在於形軀中，將自然生命轉化為道德生命。尤有進者，「人的道德心更可以殺身成仁，捨生取義，超越生理自然的要求，以顯心靈的主宰性。換言之，孟子『即心言

1　袁保新：《孟子三辨之學的歷史省察與現代詮釋》（臺北：文津書局，1992年2月），頁74-75。
2　唐君毅：《中國哲學原論‧原性篇》（臺北：臺灣學生書局，2006年11月），頁42。
3　唐君毅：《中國哲學原論‧原性篇》（臺北：臺灣學生書局，2006年11月），頁42。

性』的意義，並不僅是在告子之外，另立一個新觀點。重要的是，他充分洞見到在『心』至『身』的生命整體結構中，心靈原具有一種優位性、主導性以及能動性。孟子十分清楚人性的善來源於天，承認由道德的相對性提出問題的重要，儒家將道德心作為源頭起點，並不在於求助對人之善性的理論上的說明，而是注重生活體驗中道德行為的具體的、經驗的表現形式。但是，心靈在生命整體結構中的優位性，卻不可誤解為它高高在上，不食人間煙火，擁有完全獨立在形軀之上的存在性。相反的，從《孟子》許多文獻中我們知道，心靈不但要求它自己落實到形軀中，表現為真實具體的道德行為，而且它還要求這個行為成為化成世界的光與熱的能動性。」[1]而在這過程中，孟子也坦承，形軀方面並沒有完全的被決定，它也可能回轉過來影響我們心靈。

相對於「命」之一字出現在《孟子》一書中有54次。「命」常常指外在的命運，而「天命」卻關聯到內在，常常顯示了很深的敬畏與強烈的擔負感。「天命」的來源固然來自於天，「命」的來源也還是同一個天。我們既有可以理解的內在於我們的「天命」，也有不可理解的同樣來自於天的外在的命運。所謂的「知天命」乃在於必須體現並接受自己只是個有限生命的事實，而在自己不可掌握的命限以內，發揚自己內在的稟賦，努力行道。但因有外在命運的限制，所以無論境遇的好壞都需以平順的態度加以接受。然而，就良心的存養來「立命」的主張，則表現在孟子的「正命」觀中。

> 莫非命也，順受其正。是故知命者，不立乎巖牆之下。盡其道而死者，正命也。桎梏死者，非正命也。《孟子·盡心》

孟子所謂的「順受其正」以及「盡其道而死者，正命也」，歸根究底，其實就是強調以良心的存養來「立命」。正是基於這種以良心的存養來「立命」的態度，倘若果真「立乎岩牆之下」、「桎梏死者」，只能說是「非正命」而亡，均非孟子所取。而當通過盡其心以立命的態度來對待外在性、偶然性的命運，才是真正能夠彰顯命的動態意義感的正確態度，才能真正挺立起個體在偶然性的命運面前的主體性。當然，這裡需要指出

---

[1]　袁保新：《孟子三辨之學的歷史省察與現代詮釋》（臺北：文津書局，1992年2月），頁76-77。

的是持之以恆的良心存養對立命的重要意義。是故,「立命」應該貫穿在「夭壽不貳,修身以俟之」這一持之以恆的良心存養過程中。因為良心雖是本然具有的道德感,但它還有一個特點,那就是萌芽性。這種萌芽狀態的道德感,孟子又稱之為「四端之心」。於此可見,良心是要不斷存養的,始終「不貳」,兢兢於「修身」之業而不中輟,才能在命運面前交上一份完善的答卷。才能達到「立命」這樣使自己在這個偶然存在、生存的人生道路和生活境遇中,去實現自己這個動態意義生命而不再是動物性的生存,不是玄奧枯槁的道德理性。而是真正能夠融心、性、天、命於一爐,在日常生活,道德義務,大自然所可把握、體認到的人生境界,也就是盡其人生的價值、意義和歸宿的所在。

　　不過,孟子認為人的命運固然由天所決定,但自身的主觀努力,也不是完全沒有意義。雖然有意志的天在上,但人的追求對於實現自己的目標,也是必要的思想動力。

> 其中,「性也,有命焉」之「性」,乃指「人」作為一自然存有者而言,恆受自然世界之法則所規範,所以是被決定者。因此,無法突顯出「人」的自主立場,是以「君子不謂性也」;至於「命也,有性焉」,則孟子意指既使「人」的存在,恆受自然規律的限制。但「人」卻有可以破此種限制的特質,孟子稱之為「性」,此「性」非上句「性也,有命焉」之「性」。事實上,孟子的「人禽之辨」也正是建立在這個以「道德意識」為「人」之本質的觀點下,所作的論辯。是以「仁、義、禮、知、聖」所高標的德性價值,即是「人」突破「命」限之所在的可能。[1]

　　唐君毅以其義命合一之旨解孔孟知命、立命諸說,新意迭出,創發前人之所未發,於義命分立之說外,而開出了一條新的義理世界。認為「性也,有命焉,君子不謂性也」,是要表達出「即命見義」之義。

> 故人於耳目小體富貴之欲,求而不得時,其不得,是即命見義。即命見義,而人乃能不為其所不當為,而即在「命之限制」上,見吾

---

[1] 林啟屏:〈第七章限制與自由:從〈窮達以時〉論起〉《從古典到正典:中國古代儒學意識之形成》(臺北:臺大出版中心,2007年7月),頁276。

人之「義」之所存，與本心之性或吾人真正之所之性之所在，兼知
吾人之緣耳目小體而求聲色富貴之欲之性，實非人之本心之性或真
正之性之所在。[1]

而在第二段文字的「命也，有性焉，君子不謂命也」，便是表達出了
「即義見命」之意：

至於在心官之擴充存養之事上，人之求而必得，其得，是即義而見
命。即義見命，而人之為其所當為，而以仁對父子，以義對君臣，
以禮對賓主等，即見天之命我以正。原我所遇外境中之他人如何，
非我所自定。……而此外境中之他人，即如恒在啟示我、規定我，
而命我以仁義禮智等，此亦即無異於天之命我以仁義禮智等。然我
之行仁義禮等，正所以存養擴充我之性，而非只順從外境或天所啟
示之命。[2]

筆者認為孟子在此所要表達的是性、命二義的具有一體兩面的關係。
諸家文獻涉及到與性、命有關的文字，其中的特色就是將性命並論於「性
命合一」之說。以目前所見文獻來看，最早應是出現在《郭店竹簡》。
「如〈性自命出〉的第一簡到第九簡：『凡人雖有性，心無定志，待物而
後作，待悅而後行，待習而後定。喜怒哀悲之氣，性也。及其見於外，則
物取之也。性自命出，命自天降。道始於情，情生於性。』雖然此段文字
的主要內容是在討論『性』的內涵與特質，但是其中『性自命出，命自天
降』這句話卻明白道出了從『天』到『命』再到『性』的一貫發展關係。
於是，〈性自命出〉便被許多學者認為是重新認識先秦儒家心性論的重要
文獻。」[3]從字面上看，「性自命出，命自天降」和「天命之謂性」似乎都
是主張人性乃為天命所賦予，但是就兩篇文字的全體內容來看，就人性是
如何被天命所賦予的這個問題上來說，孟子的性、命之論可說是上接〈性
自命出〉和《中庸》「天命之謂性」的進一步發展。他將人性內容分成
「口、目、耳、鼻、四肢」之欲和「仁、義、禮、智、聖人」之德的兩個

[1]　唐君毅：《中國哲學原論・原性篇》（臺北：臺灣學生書局，2006年11月），頁546。
[2]　唐君毅：《中國哲學原論・原性篇》（臺北：臺灣學生書局，2006年11月），頁547。
[3]　梁濤：《郭店竹簡與思孟學派》（北京：中國人民大學出版社，2008年5月），頁148-150。

層次，並肯定此二層次都與「天命」具有不一不二之融攝一體的關係。在普遍義上人性不但具有生理機能上的共通內容，另外則亦有其超越性的妥切冥合的向度。

傅斯年認為孟子言命，字面上固為天命，其內含則為義，不盡為命定之訓也。[1]其為義者，「孔子進以禮，退以義，得之不得曰：『有命』。而主癰疽與侍人瘠環，是無義無命也。」（《孟子・萬章》）此雖合義與命言，亦明其相關為一事也。又，孟子引詩「天生蒸民，有物有則」，託孔子語以釋曰「有物必有則。」孟子之「物」、「則」二解皆非本訓。然既以為天降物與則，是謂命中有則也，故謂「盡其道而死者正命也。」顯然，傅氏是以道德義命的角度來解釋孟子之命。他認為（《孟子・盡心》）這兩段話不管是「口、耳、鼻、四肢」的生物本性，還是「仁、義、禮、智」的義理德性，皆是由天所「命」之予人。所以生物本性必有義理德性的「正則」在其中，而義理德性既是由天命予吾性，所以也為生物本性的一部份。因此，傅氏最後所下的結論是：「此處孟子合言性命，而示其一貫，無異乎謂性中有命，命有有性，猶言天道人一也，內外之辯妄也。」[2]傅氏的觀點給了我們很大的啟示，而他的結論幾乎可用「性命合一」[3]這四個字概括。筆者認為孟子強調道德的向度是人性的普遍內容，天命並非是懸於天際的高不可攀的霓虹，而是吾人本性之中最最真實的存有。而在「君子不謂性也」、「君子不謂命也」二句，是孟子為闡揚其「性命合一」之旨，而從交互彼此不可獨稱的特性來論性、命、天之間的即天即性即命的不可分割的關係。

仁義禮智皆內在非外鑠我也，雖然是孟子的一貫主張。但內在於人心人性的仁義禮義是從所出，特別是與「命」的關係為何，仍需要有來源性的說明。縱然人人皆有道德理性，但一言及葛氏所謂先驗的「性」（nature），便是一個不移不動、不增不減，一個上天高冷孤絕的超越賦予。換言之，孟子雖然強調人有善端，但是他並沒有肯認此善端是不增不減、不明不滅的。所以，善端雖具有普遍性，人人皆具，但此善端卻是若不培養薰習操存，將不足以成長茁壯的。換言之，善端並不是固定不動的，而是有著肯定變化的能動性。

[1] 傅斯年：《性命古訓辨證》（上海：上海古籍出版社，2012年10月），頁186-188。
[2] 傅斯年：《性命古訓辨證》（上海：上海古籍出版社，2012年10月），頁186-188。
[3] 傅斯年：《性命古訓辨證》（上海：上海古籍出版社，2012年10月），頁186-188。

於是，孟子的心性為善是運用生命的自然之力來投射人類對於善性的至高崇拜，孟子更多是強調人性心善的文化自覺。無論是以後天的習性，還是以先天的心存，孟子都十分確切肯定了人內在生命的為善之性。這是孟子的理想追求，是孟子心性天命的完美融合，涵容到現實的社會生活中，是提升人的生命才情的重要思想脈動，是華夏民族共同特有的儒家精神特性。強調心性天命在人自身成長的社會歷程中，不是被動地接受外部世界的直接影響，而是主動地參與其中，並積極地實踐以明鑑的現實人生，達其所成的至高目標。突出個人價值訴求和社會理想叩問，明顯借鑑了孔子的思想，並主動調整思想的實現路徑，由內在價值要求開展向外部進行價值的轉換提撕。這種心性天命的道德價值只有在人類社會中做到自我砥礪反省，才能在浮華和顛簸的世俗中給人昂揚向上的精神力量。最終，葛氏在心的能動性未顯、優越性不見以及命的意義不彰之種種論述的罅漏中，亦依此心為了達到聖人境界仍堅持不懈地培養。通過了使人知其性而後知天。秉持其心，涵養其性，最終將達到順應天命，從而體驗到自己與天地共參同化的境界，突顯並承擔天所賦予的至高使命。

第二節　關於善性源自天賦的肯斷

「何以異於人哉？堯舜與人同耳。」華靄仁開宗明義便引《孟子・離婁》中的話語，並認為孟子所言和眾人並無不同，就如堯舜也是同於眾人的。關於人的本性這一論點的問題如何被解釋，可以依賴我們關於是什麼東西迫使他去評論這樣的評價。從社會生物學的視角強調，作為「類」的人擁有共同的遺傳法則，《孟子》所言的「性」正是這樣的一種共同普遍的人性。由文本中隨處可見之「人皆有……」，便是合乎此一觀點的論證。

> 無論如何，人們可以選擇去解釋在《孟子・盡心》中孟子關於「萬物皆備於我」的主張，無論我們是如何的來詮釋這一句話，產生這種意識的道德想像力是某種更傾向於在有生物之中的聯繫，而不是其區別，關於在這一點上是很明顯的。關於人，孟子並無否認人之不同的發展，但其論述的重心是有關差異的認識一定不被允許去遮掩人共同擁有的普遍的人性。因為在其結尾處，就如同開始一般，

　　正是那種被共同擁有的東西才是最為深刻的。[1]

　　在漢語語境中，不管是哪一種生物學理論，在與《孟子》的人性論會通時，都會顯示出扞格不入，皆會被視作一種變形齲齬了的達爾文主義。不過當華氏藉助了社會生物學視角來解讀孟子的人性論時，絕非僅是求知識學上的方便，而是另含深意。華氏認為，孟子人性論觀念是孟子在一系列被迫的參與中的爭論下孕育提煉出來的。而如果按照安氏的說法，將性視為一種文化上的東西，那麼這樣的性就一定不是普遍的，這和孟子的主張顯然不吻合。因為孟子既然將性斷定為「天」的恩賜，那麼這種性就一定不能從「文化上的相對主義」來理解。於是華氏充滿憂慮地說道：「我感到不知怎麼地我正在閱讀一種不同的《孟子》，而且包括再更大一點的觀念涵義上，我將它描述成一種特別強烈的文化上的相對主義，將是令人擔心的。」[2]

　　華氏之所以認為孟子之性是屬於生物學意義，最重要的理由是「性」與「天」之間的關係。華氏注意到孟子談性時往往離不開天，並一再強調性是天的一種稟賦。如此一來，「性」當然就順理成章的成為人生而具有的一種能力，而這種能力便只能從生物學上的意義才能夠被理解。

　　　他常常響應這樣的主張：通過斷言天給予人同樣的恩賜——在他們之中的差異依賴於努力——環境和天賦能力的缺乏排除了道德上的持續性。在對於墨家和告子的回應中，孟子表明了一種生物學上的本性和人所需要的意識，但在其超越了他們已經接受的狹隘的生物學概念的本性和需要的認識上，它完全超越了墨子和告子。[3]

　　華氏將告子的見解稱之為「狹隘的生物主義」，因為告子所主張的「性」是屬於生理自然的，完全能被還原為生物學的生命和肉體的欲望。不過，華氏認為孟子所主張「道德的本能」雖與告子不同，因為告子不承

[1]　華靄仁：〈孟子的人性論〉《孟子心性之學》（北京：社會科學文獻出版社，2005年3月），頁172-173。

[2]　華靄仁：〈在《孟子》中人的本性與生物學的本性〉《孟子心性之學》（北京：社會科學文獻出版社，2005年3月），頁228。

[3]　華靄仁：〈孟子的人性論〉《孟子心性之學》（北京：社會科學文獻出版社，2005年3月），頁172。

認道德是人的生理本能，但卻又不否認孟子的主張同時也是屬於生物學的。華氏既然認為孟子對於人性的態度是屬於基礎生物學的，將生等同於一個事物特有的生命或生長，並作為一個規範性的詞語，它保留了與生的原始之聯繫。換言之，在沒有外力干涉而有適當滋養的條件下，「性」仍然是屬於對於某些事物將如何存在或是如何變化的一種描述。按照華氏的觀點，孟子意圖用一種「更寬泛的生物學主義」來取代告子的「狹隘的生物學主義」，這一種更寬泛的生物學主義在人的遺傳學特徵或性之中包含了道德之心的本能。針對孟子關於道德也是遺傳學特徵而為所有人共同擁有的這一主張，華氏提出了作為結果，「本性」既是生理事實，又是規範尺度，既是我們所是，又是我們所應是，那麼我們去認識和完善它，就等於把我們對於人性的存在安置，作為一個整體的天或自然的背景之中，並使我們能參天之化育或服務於這個更為強大的整體。

　　「華氏傾向於在普遍主義的前提下，挖掘孟子人性思想與西方當下人權話語之間的共同之處。而社會生物學所內含的普遍主義視角，在華氏看來正是恰恰能與孟子人性思想的接榫之處。」[1]從「普遍的角度去解讀孟子的人性，強調孟子人性之生物學的、遺傳學的屬性，認為孟子的人性概念雖然與西方的本質主義有別，但具有普遍的、共同的內容，側重於中西方文化中人性概念的相同之處。他們之間的爭論，正如華氏所說，在更大的範圍中體現了『普世主義』與『文化相對主義』之間的爭論。」[2]

　　承認人性中有一種天賦本具的自然生長傾向，雖然可以幫助解決一些理論上的難題，但同時也將為我們帶進一個危險的境地。人為什麼會有自然生長的傾向，這種傾向是怎樣產生的？面對這些問題，很容易想到從生物學的角度加以說明。「隨著西方進化倫理學的傳入，以遺傳學、進化論解說性善論的人漸增。但從哲學的角度來看，對這種作法應持謹慎的態度。這是因為哲學思考必須有自己的起點，不能以另外一個學科的證明作為自己的起點，否則必將喪失自己的基礎。拿性善論研究來說，如果我們以生物學的證明作為起點，那麼我們所要探討的就不再是現實的人何以具有善性的問題，而是人的進化過程中發生過哪些變化的問題，是人的遺傳

---

[1] 韓振華：〈二十世紀九十年代以來西方漢學界關於孟學的三次爭論〉，《中南大學學報》（社會科學版）第二十卷第二期（2014年4月），頁69。

[2] 蔡世昌：〈比較哲學視域中的孟子「人性」概念〉，《中國社會科學院院報》第二十卷第二期（2008年8月），頁3。

基因中有沒有善的因數的問題。」[1]

　　關於人性先天與後天的問題，歷來存在著不同分歧，「認為人性是先天的，好比是一塊有紋路的大理石，具有了一定的結構，如柏拉圖、笛卡爾等就持這樣的觀點。在他們看來，人的觀念不是後天獲得的，人腦猶如有紋路的大理石，先天地具備了這些結構，知識結構和認知結構。總之，觀念是源自於天賦的。」[2]如果我們不理會中西哲學傳統的基本差異，執意順西方古典形上學的思考方式，逕自將「天」理解為「超越實體」，那麼一來，這種詮釋就不可避免地要面對諸多的質疑。如：性如何出自於天？知其性如何能充足地決定於知天？換言之，「將孟子的『天』理解為形上實體，無異是將孟子推到了西方古典形上學的困境之中，終必須面對各式各樣的批判，否則難免不被被判定為獨斷的形上學。因此，對於孟子心性論中的『天』，宜從存有論的層面來看待，即將『天』視為人們賴之以理解自身與世界的『意義基礎』或『意義無盡藏』，從而避免掉任何實體化的解釋。」[3]

　　在闡明孟子人性論源自於何種形上蘊含時，我們一定要在一開始就將孟子的「天」與西方古典形上學的「超越實體」清楚的檢別開來。即「天」在作為萬物生化的根源，在中國哲學的傳統中，從未在理性上被質疑過。因此，在西方古典哲學中，試圖通過「第一因」、「超越實體」來說明一切存有物的存在與構造的理論旨趣，在中國傳統裡，向來所無。我們徵諸文獻，「『天』作為中國哲學心靈所稱引的概念，主要是出現在以人事為首要關懷的脈絡裡，『天人關係』遠比『天』的自身客觀存在，更加地為中國哲人所關注。因此，孟子的『盡心─知性─知天』與其理解為通過盡心知性，吾人即可證知超越實體的客觀存在，毋寧理解為一個『意義』的問題，即在盡心知性中體認到天之所以為天的意義。」[4]

　　孟子言「天」凡八十多見，其中除引述《詩》、《書》古代文獻帶有「天」字的語句外，如「天生蒸民，有物有則」[5]、「天作孽，猶可違」[6]，

---

[1]　楊澤波：〈論人性中的自然生長傾向──關於性善論詮釋的一個補充性說明〉，《中國哲學史》第一期（2010年），頁34-35。

[2]　米滿月：〈威爾遜生物人性論的方法探析〉，《湘南學院學報》（社會科學版）第三十五卷第一期（2014年2月），頁16。

[3]　袁保新：《從海德格、老子、孟子到當代新儒學》（臺北：臺灣學生書局，2008年10月），頁84。

[4]　袁保新：《從海德格、老子、孟子到當代新儒學》（臺北：臺灣學生書局，2008年10月），頁83。

[5]　《孟子·告子》

[6]　《孟子·離婁》

最值得注意的，還是「即命以言天」的這一個意涵。「孟子的思考方式，顯然是將《詩》、《書》傳統中『形上天』的信仰『存有論化』，視為說明一切存有物的意義基礎；另一方面，又進一步將此一不可智測的『意義無盡藏』，具體化為與人休戚與共的『歷史』，亦即理解為不斷地對人形成召喚，並等待吾人心性的覺醒，從而來回應的『命運』。雖然籠統地將『天』當作一切造化的根源，但孟子也從未質疑『天』在孟子哲學中，既不是作為宗教信仰的『上帝』而被加以維護著，也不是像西方古典形上學中的『無限實體』、『第一因』，只是一個在理論上說明存有物構造而產生的思辨概念。『天』在孟子心靈中，主要擔負的是人在歷史的律動中所遭遇的各種事件、情境的最終解釋。」[1]換言之，孟子顯然已將《詩》、《書》中「形上天」的信仰存有論化，轉換為明照生活世界中各種遇合之有無生滅的意義基礎。它豐盈不竭的義涵，早已滲透到人類文明的腳步中，只待吾人心性的覺醒與回應。

從道德生命的「生」而不僅僅是從自然生命的「生」來理解人的「性」。孟子性善論及作為性善論核心的「四端」說，即來自於此。在孟子看來，「仁，人心也。」（《孟子·告子》）仁的道德意識體現於心之中，是通過心表現出來的，人之所以為人之所在，不僅在於其有四體之「生」，同時還在於其有心之「生」。「人之所以異於禽獸者幾希。」（《孟子·離婁》）從生而所具的稟賦來看，人與禽獸是相差不遠的；人之所以為人之所在，人與禽獸的真正區別，只有在四端之心的生長、擴充、實現中才能充分顯現出來。所以「四端之心雖然只是道德意識、道德生命的根芽、幼苗，但卻蘊含著道德生命生長、發展的全部可能性。這種可能性自然要在後天的擴充、培養中才能真正實現、完成。」[2]

至於關於人為何為不善的質疑，孟子提出的解釋，雖然沒有任何閃躲逃避的意思，但是「弗思耳」、「不思」的答案，顯然是要求我們應往更內在的檢視，才能夠得以理解孟子人性論中「心」的概念的內涵。唯有如此，才可能解除質疑關乎孟子性善論是否能夠確立，即「性善論的證成」問題，以及涉及孟子性善論的詮釋效力，抑或是是否具有理解上的說服力的問題。

---

[1]　袁保新：《從海德格、老子、孟子到當代新儒學》（臺北：臺灣學生書局，2008年10月），頁88-92。

[2]　梁濤：〈「以生言性」的傳統與孟子性善論〉，《哲學研究》第七期（2007年11月），頁42。

依吾人之意，孟子之所以不以耳目口鼻四肢之欲聲色臭味安佚，以及食色等自然生命之欲等為性之理由，乃在此諸欲，既為命之所限，即為人心中所視為當然之義之所限，亦即為人之心之所限。此即見此諸欲，乃在心性之所統率主宰之下一層次，而居於小者；而此心性則為在上一層次而居於大者。故孟子有大體小體之分。此中大可統小，而涵攝小，小則不能統大而涵攝大。故以心言性之說，亦可統攝以生言性之說。此方為孟子之必以仁義禮智之根於心者，為君子所性，而不即此自然生命之欲以謂之性，以心言性，代其前之以生言性，其決定的理由之所在也。[1]

華氏雖屢言先天本具，但亦必須在吾人的生命活動、道德經驗背後的價值意識中貫穿，並在吾人的心靈中自覺並反思這些內在的道德才能，始能發為道德善行。與華氏路數近似的孟旦，雖指出人的道德行為其實是來自於遺傳基因，是因為人能夠懂得同理心並相互合作，讓人在生物界中能夠得以保存下來，但絕不能因此而將這生物學的觀點來用本質主義去框限它。因為生物進化學的觀念，其實也是個造化，不用形上語言包裝，也無須歷史主義來裝飾。華氏強調孟子之性的生物學上的意義，某些論點雖有其合理性，但華氏僅憑此點，進而將其等同於西方哲學的（human nature），便會衍出層出不窮的罅隙。因為劃為等號，她將會面臨到許多難以釐清的問題。比如說：為何在不同文化背景之下，人們的良心本性竟會有著不盡相同的表現？再者，即便我們皆處在相同的文化背景之中，我們的良心本性仍會呈顯出不一的各種面向。於此，我們須注意到的是，孟子雖是以天的稟賦來論性善，卻沒有去論證或是可以做為提供我們用以證明人的性善源頭確實是得自於上天，或是來自於天生的。又，既然天性本有，那為何在孟子文本中屢屢見其孟子依傍於後天的論述？在無法直接有效能夠得以論證的情況之下，卻又直指善性的稟賦是源自於天，如此一來，這樣的一種善性理當源於出生時便賦予擁有，又豈會出現在階段性中所得以具有的能力呢？換言之，華氏的難題在於「性」（nature）的問題，因為華氏無法解釋為何善性來自於天賦，或是說她的理路不易論證善性源自於天。如此，才會遭致安氏的反駁、批判並認為其實善就是來自於

---

[1] 唐君毅：《中國哲學原論・原性篇》（臺北：臺灣學生書局，2006年），頁24。

後天的養成，亦是一種道德成就。華氏的詮釋無法顧及到傳統的養成以及文化的殊異性，皆是由於她並沒有將天視為一種傳統養成的意義根源。

> 在它裡面有一個不可改變的、沒有變化的標準，它使我們覺得，好像是在它的支配下，我們的一切行為都不會犯錯誤，或犯法。[1]

華氏認為一切由天造，善性亦如是，是性直接導向於善，既然強調源自於天，便是在先驗中得之於上天賜予，賦予生長便是不移不動、不增不減。將天拱到了一個永恆靜止的那一個形而上學的神聖領域，並汲汲營營保障它的一成不變。它的神聖莊嚴，並將它安置在沒有生滅變化永恆的理境當中，那個不食人間煙火的廣寒宮裡。相對於華氏論述的這樣一個的能力，孟子於文本中卻不保證善性是能垂手可得而且順理成章地成為堯舜或成為聖賢之輩。它必須被反省、亟需開發、更需學習存養和擴充，因為善性從來就不是自給自足的，不增不減的，永恆不變的。換言之，這樣的操存、把握及涵養從來就是不能也無法省略的。因為只有當心靈要求它自己落實到形軀中，表現為真實具體的道德行為裡，才能夠因此而得以加強反映，並要求這個行為成就為天並化成世界的光與熱。我們可以由「海德格在鑄造『此有』（Dasein）的本質來稱謂人用以說明並總結對於《孟子》中『性』的詮釋。」[2]面對「性」的諸多詮釋和叩問，在做為一種能「是」的能力。試問，人是什麼？是否作為一個在自我等待的詮釋？答案是若要跳脫傳統賦予的枷鎖和囹圄，那麼人註定在面向世界當中，便得進行著不斷的自我詮釋。因為做為一個人而言，在感應的過程當中，作為自我抉擇的能力，這樣能力的根源便是「感通」。而在感通之際，我們的「心」將不斷的要面向世界敞開，去成就自我實現、自我完成。「因為在芸芸萬物之中，只有人才會探問存有，才能在動態之中，以不斷的從自身站出來的方式，迎向各種可能性，從而展開一個開放的領域，讓存有的所有真理得以顯現。」[3]最終，華氏與儒家根深蒂固的將天視為傳統，並為往聖先賢的

---

[1] 李明輝：《當代儒學之自我轉化》（臺北：中央研究院中國文哲研究所，2013年），頁144。引用牟宗三：《中國哲學的特質》，頁21。

[2] 袁保新：《從海德格、老子、孟子到當代新儒學》（臺北：臺灣學生書局，2008年10月），頁138。

[3] 袁保新：《從海德格、老子、孟子到當代新儒學》（臺北：臺灣學生書局，2008年10月），頁138-139。

教養與薰習思維相悖。華氏對於善性為何源自於天賦始終把握不住，亦無法顧及後天傳統的養成。這使得「天」作為說明萬物何以是有而不是無的「意義基礎」的這一內涵將隱而不彰，反倒是「天」的「超越實體」義成了一枝獨秀，徒然增加了理解上的困擾，使得學說終究未竟圓善妥貼，更加呈顯出華氏論述的種種困境。

第三節　關於善性有其先天善端的肯定

　　安氏等漢學家在分析儒家倫理思想時，否認儒家的角色倫理學對普遍性價值和原則的訴求，而只是關注角色和情境的特殊性。在他們看來，儒家不尋求普遍，而是集中關注特殊性，他們沒有看到抽象的自律個體，而是看中了處在多重互動關係中的具體的人。……根據儒家的感受，有吸引力的是於這個特殊家族中，由這些具體關係規定的以及特別的人。[1]安氏強調「性」主要是一種成就性的概念。「性」最重要的是修養和成長的結果。……對孟子來說，就任何重要的意義上而言，不曾發展的人（即缺乏教養的人）還不是「人」。「性」是參與文化社會並做出貢獻的成員的標誌。沒有文化修養，就不是完全意義上的人，因為像動物那樣行為的「人」，確確實實就是禽獸。「社會中的人，從質的角度可以區分為不同的類別，即從非人的『人』，到用模範行為界定和提升人性本身的聖人。『性』這一概念表示有些人比其他人更加『人』化。」[2]不過，安氏認為在人性問題上，與西方居統治地位的本質論式的、超驗的本性觀相比，包括孟子在內的中國古典儒家認為人性是一個發展的過程，是一個文化事件。

　　「就古代儒學而言，人的人性明顯不是前文化的，而是傑出的、與眾不同的文化上創造性的產物。換句話說，性根本上並沒有一種標籤或是相關的功能，而寧可是要求作為在社會中被限定的和扮演的某種東西的文化學上的解釋。是故，安氏試圖通過強調『性』存在意義上的、歷史的和文化的方面去克服這種解釋的難題。為此，安氏更將試圖指出在我們有關這一概念的標誌解釋中，性已經被輕估了。」[3]所謂的非歷史的就是指先

---

[1]　趙清文：〈儒家倫理是「角色倫理」嗎？〉，《學術界》第175期（2012年12月），頁108。
[2]　韓振華：〈二十世紀九十年代以來西方漢學界關於孟學的三次爭論〉，《中南大學學報》（社會科學版）第20卷第2期（2014年4月），頁69。
[3]　安樂哲：〈孟子的人性概念：它意味著人的本性嗎？〉《孟子心性之學》（北京：社會科學文獻出版社，2005年3月），頁87。

天的，可安氏不承認有所謂的歷史以外的一個天的宗教性或形而上學的根源，原因是他已將天轉換成歷史文化，並無意在歷史文化以外再給予天一個崇高的形而上的位置，或是一個神聖的宗教地位。

> 對我而言，我們的最高本性完全服從於和按照在所有的人中並非是他們自身「你將被給予的」（Thine will be done）的某種東西所賜予之不變的與單一的本性，因此產生了依賴於按照某種東西的超驗之人的尊嚴的完全的可能性，這種觀念是矛盾的。被理解成一種對於自我實現之人被理解成像穀物的莖一樣，對於自我的實現之公平解讀園藝的類推，就我能夠在早期儒家的一種可供選擇的解讀中發現的這種創造性之社會理解力而言，幾乎沒有留下什麼空間。[1]

　　無論如何，作為一種可供選擇的理解的一個基礎，葛氏拒絕任何關於孟子的存在先於本質論者的解釋。用葛氏的話來說，他警告「用『本性』（nature）來翻譯『性』使我們首先傾向於把它誤認為是一種超驗的起源，在孟子的學說中也將是一種超驗的結果。」[2]為了避免這種誤解，於是葛氏建議，作為一種可供選擇的解讀，其意為：

> 在一個確定的方向中，而不是在它的起源或者終點，性由用自然發展的詞彙來表達，進一步來看，隨著一種通過影響它而頻繁地被修正的方向，性將是審慎行為之自然而然的「進程」。[3]

　　由於西方傳統以來在對於「性」的解釋，既有著廣義性的「自然」概念，同時又兼備特定事物的「本性」概念。然此「本性」便是做為一個外在最高的創造本源所賦予事物的既定潛能，我們無法去扭轉更動，只能服從與實現，但作為生物對於這種潛能的實現僅僅是派生的關係，是第二序的，而非為自主的創造。何以故？因此僅是將本質充分的豁顯出來，在作

1　安樂哲：〈孟子與一個經過特殊加工的有關「人的本性」的概念〉《孟子心性之學》（北京：社會科學文獻出版社，2005年3月），頁309。
2　葛瑞漢：《反思與答覆》（Reflections and Replies）載H.Rosemont, Jr.（ed）Chinese Texts and Philosophical to Angus C.Graham, La Salle, IL: Open Court, 1991，頁287。
3　葛瑞漢：《反思與答覆》（Reflections and Replies）載H.Rosemont, Jr.（ed）Chinese Texts and Philosophical to Angus C.Graham, La Salle, IL: Open Court, 1991，頁288-289。

為這樣的本質終究也只是上帝所創造的。雖然在此它並沒有取消實現的涵義，但是這個實現是沒有創造性的，因為這個潛能是來自於上帝的創造賦予，在作為一個這樣的潛能之際，最終你也僅能實現那個事物。所以，這個實現就不會是創造的第一義，也因此名之為第二序。

　　儒家角色倫理學強調人的主體性，但是這種主體性不同於西方目的論傳統的主體性思維，人不是既定的being，而是不斷成長的human becoming。儒家強調「成人」、「做人」，主體不是現成的存在，而是不斷生成、成長的動態的主體，這種動態的主體性具有諸多的可能性和創造性。創造性是可變通的創造，可能性與潛在性是可以不斷被激發與發揮的。因此儒家強調修身，強調「下學而上達」，正如《大學》所言「自天子以至於庶人，壹是皆以修身為本。其本亂而末治者否矣，其所厚者薄，而其所薄者厚，未之有也。」人作為主體可以通過修身，不斷提升自己的境界，可以為自己立法，確立道德規範。若以上帝為中心的宇宙論，是過程以前的一個實在，道德原則是被規定的，不能被創造。而在儒家思想之中，道德不只是理性，也是情感的，是需要主體積極性地參與到他者的感受之中，從而建立的倫理原則。「人能弘道，非道弘人」，安氏將「道」翻譯成（the way），這種翻譯體現了人對於道路的發現、探詢和創造。道不是已經存在的實存，道是在人的活動中生成的，是由主體發現並確立的，並且在主體的實踐當中不斷的被生成、被湧動的。

　　華氏的問題就是她無法解釋為何善性來自於天賦？即是不易論證善性為何源自於天？這受到安氏的反駁，認為善性其實來自於後天的養成，是一種道德上的成就。不過，同樣地，安氏也無法說明，善性為何不是源自先天之善端？傳統的養成及文化的殊異性，難道不能與天扣合，視天為一種傳統養成的意義根源嗎？孟子在建構性善論的過程中，一再反覆強調「天」的意義，就是要為「性」建立一個超越的根據。若是將此層面完全剔除，將是一個步入死胡同的論述。再者，安氏全然以文化學上的意義來解釋性善，似乎留下值得議論的空間。換言之，面對單一性的解釋來作為結論，將必須面對的問題是：「在作為文化學意義的良心本性，究竟是如何依附在人心之上的？良心本性有其文化學上的意義，要做為承認此點來說，其實並非是件困難之事，但這種作為文化學意義的良心本心，難道可以不需憑藉一個基礎，而能夠任其憑空而為的嗎？尤有進者，良心本性為什麼對於人而言會擁有如此大的吸引力？這樣一個巨大的吸引力，難道真

的可以完全從文化學上的意義去加以解釋，果真就沒有一點是純粹自然的原因嗎？」[1]不承認先天本有之善的端倪，無法兼顧到人其實是有善端的，那麼諸如安氏所謂和禽獸一般的性，又如何經由修養成長而能成就與禽獸互異的人格提升呢？至此，從安氏的言說理論中，我們似乎無法獲得了一個令人滿意的答覆。於是，關於此項論述，終究無所逃的將成為安氏論述孟學的不足。

研究中國哲學的漢學家幾乎不約而同地採取了差異論的言說立場，而拒絕其普遍論。安氏的詮釋將葛氏的差異論立場推進了一大步。葛氏所關注的僅僅是兩種概念體系和語言結構之間的差異，而安氏則將理論上的差異擴展到人的差異上。葛氏承認不同文化可能面對普遍問題來作為進行思考，安氏卻認為共同性僅僅是生理上的或其他非文化意義上的。按照這種觀點，「文化制約著各個人群的思維方式和生活方針，使不同文化中的人具有完全不同的特性。換言之，『文化』一詞在此處的含混性便為我們充分理解這一立場造成了障礙。如果該詞是在極端的意義上指非生理的所有特點，那麼兩種文化的差異就根本上是不可調和的。如此一來，中國和西方仿佛肯定具有完全不同的心靈結構，而僅僅是表面上看來相似而已。」[2]

安氏在很大程度上相當準確地把握住儒學作為過程哲學的特徵，並對那種用西方哲學觀念來成就中國哲學的做法一直保持著警惕。他力求還原儒學的真實，樹立儒學自身的特性，其成就自不待言。但安氏強調儒學不需要形上學架構，他所關心的是日常倫理與當下現實。反對將心、性、天等作實體化的本體來理解，這在一定程度上雖符合儒學的特徵，但是，如果說沒有先驗性思維，恐怕未必準確。在儒家長期的歷史發展中，先驗性思維仍有其重要的實在性功能。在這一過程中，於先驗中得到了善端的培養與肯定，個體在自身的學習、環境薰陶及自我陶冶的過程中，不斷加深對於其中的理解和體會。從歷史情境下心靈敞開的視角出發，一方面看到先驗性作為提升人的精神力量的重要性源頭，另一方面看到這種力量最終並體現豐富而又複雜的社會歷史進程。是一種敞開性的、不斷發展的過程，透過儒學在不同詮釋者的視野中得到發展內在於自身的精神價值以及

---

[1] 楊澤波：〈「性的困惑—以西方哲學研究儒學所遇困難的一個例證」—《孟子心性之學》讀後〉《孟子性善論研究》（北京：中國人民大學出版社，2010年6月），頁288。

[2] 劉玉宇：〈論先秦哲學研究中的差異論取向──基於當代英美學者視角的考察〉，《學術研究》第7期，2012年，頁29。

不斷提升自身的道德修養的人生境界。

　　儒家的自我是處於環境中的，是根據儒家的模式，自我是關於一個人的身份和關係的共有意識。也就是說，在儒家思想中，印證自我存在的是「我的角色」和「我的關係」，人存在於關係之中，而不能從一個個獨立的、自主的孤立個體中去理解。「正是在對先驗道德主體的這一認識之下，儒家倫理不同於西方傳統以個人主義為基礎的道德哲學的思維範式，試圖去尋找一種可普遍化的、抽象的德性、義務或規範，而是將所有的道德觀念和道德行為放在人的社會角色和人與人之間的關係中去理解。」[1]不僅於文本典籍中提供思考哲學問題所需的詞彙，更重要的是鼓勵個人修身養性，讓人生變得有意義，化平凡為神奇，使之成為「活著的中國哲學」。

　　在孔孟的倫理思想中，就有對來自於人性、天道的道德必然性和普遍性的論證，尤其是在儒家思想的發展過程中，尋求能夠指導道德主體行為的普遍規則及其終極根源，論證人的內在道德品質的必然性和必要性，越來越成為學者們苦心思索的問題。宋明理學體系的形成，便是這一思考最具代表性的理論成果。[2]如果失去了具有普遍意義的道德規則以及與此相應的內在道德品質的支撐，以角色和情境為依託的道德選擇便可能成為權宜之計，那麼一來道德也就淪為了外在化的規範手段，脫離了主體的整體自我的本質和人類本善的精神寄託以及文化價值。作為人類為善過程中的基本載體，道德在人們生活之中，總會蘊涵一些具有終極意義的目的和追求在裡面。對於包含具有普遍性和必然性的道德價值的體認和體驗，是人生理想和人格實現的重要組成部分。正是在這個意義上，道德在人生意義的尋求中成為了一種值得敬畏的存在和力量，因此也才有了對道德的拳拳服膺和主動踐行。在儒家思想中，理想的對道德知識的把握和道德規則的遵循即是為己的。道德的修養寓於成人過程之中，其價值並非只有在處理與外在物件的關係時才得以顯現，而是主體自我本質的一個內在先驗組成部分。換言之，「僅僅把儒家倫理理解為一種角色關係之中的倫理，倫理道德的這種體現自我存在和自我價值的意義便被排除在外，這將與儒家在倫理道德問題上的基本立場相悖的。同時，就一般意義上來說，即使承認經驗和偶然性在道德選擇上的重要意義，也不能完全否定道德具有普遍性

---

[1] 安樂哲、羅思文：〈早期儒家是德性論的嗎？〉，《國學學刊》（社會科學版）第二十卷第二期（2010年1月），頁100。

[2] 趙清文：〈儒家倫理是「角色倫理」嗎？〉，《學術界》第175期（2012年12月），頁109。

的前提。的確，每一種情況都有某些新穎獨特的東西。但這絕不是說，所有方面都是獨特的，也不是說在有關的道德方面，彼此之間是毫無相似之處。無論如何，在某些重要的方面，它們是相像的，否則，在日常生活和科學中，我們就不可能對事實做出真實而帶有普遍性的描述。因此，沒有理由認為，我們不能相應地提出某種普遍的道德陳述。」[1]

　　談到在心性方面，儒家思想的心性與天之間既有聯繫，又有張力，儒學倫理必須有形上的層面才能夠臻於完成。倫理最高的完成是天人合一，但最高的天一定要落實到具體的人倫世界。唯有確定這個層面，儒學才能在形上層面得到最後的完成，儒家天人合一思想的重要性的道德意義即在此顯現。與西方不同的是，在歷史條件下，這個形上的根據就是上天。「儒學將天確定為道德的形上根據之後，有著非常微妙的作用。依據儒學意義根源，天是一切善的源，最終的根據，對於歷史上的儒者來說，卻極具重要價值。中國古代天論的傳統源遠流長，一旦將道德何以可能的根據置於上天，這就是道德的終極原因，由此對道德的敬畏感，使能增強它的實踐力量。換言之，通過天人合一，從而為儒家道德學說提供了一個形上的保證，這便是儒學天人合一的思想中，最為重要的理論意義。」[2]

　　孟子為什麼要將道德和天聯繫在一起呢？這是一個非常重要的理論問題。孟子創造了性善論，試圖從性的角度來解決問題。在孟子看來，人人天生就有良心本性，這是人之所以為人的根本原因。但為何人皆有其良心本性呢？於是，沿用先前天論的思想傳統，將此複雜問題推給了天，並公開宣稱這一切的終極原因全在於天。如孟子為了證明天是性善的終極根據，啟用了《詩》、《書》中的天論傳統。「天生烝民，有物有則。民之秉彝，好是懿德。」在孟子觀念中的「仁義禮智，我固有之；求則得之，舍則失之。」孟子強調心是天所賦予的，人之所以性善，完全根據在於先驗。「既然天是性善的終極根據，那麼一個人盡其善性，就是對天負責，成就道德便是『知天』、『事天』。由於在這種傳統中道德與上天聯繫在一起，所以成就道德也就是與天相合並與之安立，而非在不認善性亦有其先天之善端的罅隙中與天相悖。」[3]

---

[1]　趙清文：〈儒家倫理是「角色倫理」嗎？〉，《學術界》第175期（2012年12月），頁109。

[2]　楊澤波：〈儒家天人合一思想的道德底蘊──以孟子為中心〉《天津社會科學》第2期2006年，頁51。

[3]　楊澤波：〈儒家天人合一思想的道德底蘊──以孟子為中心〉《天津社會科學》第2期2006年，頁48。

中國傳統根本缺少本質主義的思想，不容許孟子作如是解釋，是很正確的。然而安氏的解釋不免偏向一邊，相對於華氏的辯正便是有其必要的。人在成就的殊異與在稟賦上的共同，在孟子都可以找到堅強的根據，不必非此即彼，造成了一種「兩元對立」的局面──這本身就是中國非傳統式的思想，更是我們所必須避免的陷阱。[1]最後，關於孟子的解釋，大部分的當代學者還是傾向於肯認其中涵蘊著某種形上學。安氏若是執意要取消「天」在孟子思想中的形上蘊含，從表面看來，似乎建立在嚴謹的概念分析之上。究其實，整個分析不但是不窮盡，而且是帶著一種對形上學的偏見，來過濾掉這個「天」的概念可能呈顯種種的豐富意涵。

第四節　心性天命之意義無盡藏

《孟子》一書主要記載的是一些師生對話以及格言警句，這種言簡意賅的表述方式，使得前章諸位漢學家對於孟子心性論在詮釋上一直有相當大的空間與彈性。十九、二十世紀以降，西方漢學家完成了從傳教士漢學向學院派漢學的華麗轉身，在孟子研究領域的專業化傾向日益顯著。如果說之前的孟子譯介主要是泛宗教意義上的，那麼到了此時此刻，擺脫了獵奇趣味後的真正意義上的研究才正式得以出現，學術的發展和進步迫切需要更為細緻的對話和交流。瞭解《孟子》西傳的文脈歷程和各個階段的問題意識，不僅能夠豐富我們對於《孟子》及西學的認識，加強中國學人與國際學界交流對話的針對性和有效性，更能促進我們自身的理論反思和方法自覺，對於我們的自身哲學、思想和學術上的建構與創新發揮，皆有極其精彩的鏡鑒及啟示之功。

人的「歷史性」與「超越性」如何調和或達到統一？因為人的「歷史性」是受到時空的因素而被其宰制的，但孟子又強調人的「超越性」，而「超越性」卻是具有著某種「超時空」的性格，兩者之間的緊張性無法區隔避免。換言之，在孟子思想中，人如何抖落歷史文化加諸於人性的枷鎖，而將其超越性加以客體化並落實在現實的世界之中。[2]學術界不斷有人對儒學的這一思想提出過批評，諸如安氏認為孟子思想並不具有超越性，

---

[1]　劉述先：〈孟子心性論的再反思〉《孟子心性之學》（北京：社會科學文獻出版社，2005年3月），頁180。

[2]　黃俊傑：《孟學思想史論（卷一）》（臺北：東大圖書公司，1991年10月），頁19-20。

過分強調儒學具有超越性，將超越性用於詮釋思想，結果不免圓鑿方枘、格格不入。不僅不足以標示中國文化及哲學的特質，反令儒學走上了一條不歸之路。但「如果真的將天人合一的思想傳統否定掉，那麼儒學又將失去了自己的形上層面，完全淪為一般的人倫日用之學。如此一來，人倫日用之學何以能夠有其如此強大的實踐力量，來作為支撐中國文化基本上活潑連貫的發展，卻又千迴百折之歷盡磨難而沒有中斷呢？」[1]可想而知，對於這些批評其實是亟需釐清卻又是不易答覆的淆惑難題。

　　證諸《孟子》七篇的文獻，言辯無礙的孟子，在「道性善」與「稱堯舜」之間，在人性論的思考中，無論是天道、心性，還是歷史，其實都縕攝著一種更深刻、更複雜的內涵與關聯性，並未被我們既有的詮釋系統所窮盡，心性天命之意義的無盡藏，實有待於我們進一步的梳理。承前所述，「『心』、『性』具有明照存在界及人倫社會之價值秩序的功能，作為人之所以為人的『能是』，必須在一個由人、物所構成的『生活世界』（life-world）中，以『明』以『察』，這才能夠成就人之所以為人。與其順著『仁義內在』的觀點，過度的強調『心』、『性』作為道德實踐上獨立自足的『主體性』原則，倒不如一開始就將它理解為無法須臾離開人世的『在世存有』（being-in-the-world），一個必須關聯著世界才能體現其明察作用的『感通原則』」[2]。既然孟子的「即心以言性」是從基本的存有論上來看，亦即是從「心」的具有明照存在界及人倫秩序的能力，來規定人之所以為人的「性」。「『心』作為『在世存有』當它依照自身的感通原則通向具體的生活世界時，『明於庶物、察於人倫』誠然是可能的。但是，面對一個既有的公共世界（public world），苟若不能念念自覺『此天之所與我者』之存有論的天職，而有所『陷溺』、『放失』，於是，退墮為『飲食之人』也一樣是可能的。」[3]

　　「心」在孟子哲學中，不僅是道德實踐的基礎，一個倫理學上的概念，它同時也是一個貞定人之所為人的存有論的概念。更重要的是，由於「心」具有明照存在界的能力，於是，它也是開顯「天」之所以為天的意

[1] 楊澤波：〈儒家天人合一思想的道德底蘊──以孟子為中心〉《天津社會科學》第2期2006年，頁51。

[2] 袁保新：《從海德格、老子、孟子到當代新儒學》（臺北：臺灣學生書局，2008年10月），頁55-57。

[3] 袁保新：《從海德格、老子、孟子到當代新儒學》（臺北：臺灣學生書局，2008年10月），頁55-57。

義基礎。《孟子・盡心》的詮釋，表面上看來，焦點似乎集中在「是否具有形上學蘊含」的議題上，但深入頗析，問題關鍵全繫於如何界範「天」的義理性格。西方傳統形上學，本來就與孟子在形上學方面的慧解不類，難能固守「天」在傳統中國心靈世界中的豐富義涵。因為，如果我們執意將「天」理解為「超越實體」，則不僅要面對「知其性」無法充分地決定「知天」的批評，所有圍繞著西方形上學「實體」概念所發展出的各式批判，亦無所逃的難以避免從批判形上學的論述觀點而引發諸多的質疑。換言之，一味沿襲西方傳統形上學「超越實體」的觀念，來說明「天」的概念的內涵時，這個論斷又模糊了對孟子許多精闢的詮釋，被迫導入孟子哲學的理解中，成為了我們接受領納孟子思想的障礙。相反的，「如果我們將《孟子・盡心》從海德格基本存有論的理路來詮解，將『盡心一知性一知天』理解為只有通過本心的充分實踐，才可以知道人之所以為人以及天之所以為天的『意義』。換言之，將『性』與『天』當作純粹的存有論概念來看待，而不順著傳統形上學理解為『存有物』，這種理解不僅是一項忠於文獻的解讀，而且也是跳開了西方傳統形上學的糾葛，將孟子帶入到一個更具有現代義涵的作法。」[1]因此，將孟子的形上蘊含，定位為海德格「基本存有論」的形態，應當算是一種調適上遂的疏解了。

> 命乃是每個人獨一無二的人生際遇，而死生乃是必然無所逃的階段，然而，常人以其有限之知忖度造化之無窮變化，認為變化無常，而感到茫然失措、無法安定。對於死生變化感到無常，乃是因為我們預設生命健康、苗壯成長為常態，而認為衰老、病痛、死亡乃非常態，無法調適與接受。要明瞭死生之理，解除死亡的壓迫，首要之務，須先「知命」。[2]

以上論述可藉由唐氏謂「命」的建立得其義貞之解。唐氏謂此命自天而言為天命，自人而言則為性命，天命內在於人而為人的性命，此所謂「天命之謂性」。而此性命亦必待人的本心而始能彰顯，由此而說盡心知性知天。盡心知性知天即內含立命之事，故孟子謂盡心即知性知天也，

---

[1] 袁保新：《從海德格、老子、孟子到當代新儒學》（臺北：臺灣學生書局，2008年10月），頁40。

[2] 徐復觀：《中國人性論史・先秦篇》（臺北：臺灣商務印書館，1969年1月），頁406-407。

盡心即盡此心之自命自令而行之，亦即就此心自命自令之時，所視為當然者而行之，此亦即盡此天之所命於我者，而立此命於我之生命存在之內也。盡心知性以至存心養性皆內含立命之事，然此是從正面立言，即從主觀積極面之行義達道上立言。而受命立命之事亦可從其消極面立言。當道之將行，環境處順勢時，我們當然應積極立身行道，然但當道之不行，環境處逆勢時，我們亦不當枉道違義，此所以孟子有「無為其所不為，無欲其所不欲。」（《孟子‧盡心》）之言。但於此處，所謂消極乃針對環境而言，而非針對人之立身行道而言。面對逆勢環境，我們在某些方面當然要有所不為，如孔子所言「天下有道則見，無道則隱。邦有道，貧且賤焉，恥也；邦無道，富且貴焉，恥也。」（《論語‧泰伯》）可謂深明有所為、有所不為之道，而能可不可無不可，惟義所適。但面對逆勢的環境並非皆取消極不為的態度。換言之，孔孟皆有成仁取義之說，此逆境中亦有所不得不為也。所以孟子言「天下有道，以道殉身；天下無道，以身殉道。」（《孟子‧盡心》）然而，不論身處順境、逆境，不論有所為、有所不為，皆須以義為則，從義而行。因此，唐氏言「故存心養性而行義達道之事，與受命立命之事，固為二義，一如純自內出，一如自外定；然此自外而定者，亦正是吾人之義所當然。」[1]換言之，不論自內言、自外說，皆歸於人之自身，歸於人之盡性立命。唐氏認為從孟子所謂的「性也，有命焉；命也，有性焉」之言，可知孟子所謂的「命」非僅就客觀的限制上而言，而是能夠在限制中，見其義之所當然者。此即是本文屢屢言之之義命合一的要旨。耳目口鼻之欲乃人之小體，其得與不得皆在其外，有外在之限制存焉，由此限制以見人之義所當然者，此謂之即命見義。由此以知人之小體之性非人之本性，而是另有所「命」在焉，此所以說「性也，有命焉，君子不謂性也。」仁義禮智根於心，出自人之大體，求則得之，得之在我，此是即義見命。以仁當於父子，以義當於君臣，以禮當於賓主等，即是義之所在，亦是天之所命於我而內在於我的心性者。然在此行義達道之中，亦會有其外在的種種限制，而非我所能定，即此而可言即義見命。如舜之以瞽瞍為父，比干之以紂為君，亦是外在的限制，而在此限制中亦可見其天啟的存在，恆命我應之以仁義禮智以自盡其道。換言之，不管是「即命見義」還是「即義見命」，皆是孔子的義命合一的要旨。

[1] 唐君毅：《中國哲學原論‧導論篇》（臺北：臺灣學生書局，2004年10月），頁546。

可見，孔子的知命之說影響孟子的立命之說非常深遠。尤有進者，「孔子義命合一之旨，發展為孟子盡心知性、存心養性及受命立命之一段貞定工夫，必達於『上下與之天地同流』之境。」[1]

> 對孔子「天命」觀的詮釋，開始就跨越了我們習常依賴的各種後起的形上學觀念或宗教信仰，而直接引領我們回到對天之存在的「原始體驗」（primordial experience）……，唐氏主要是從人的境遇感，以「呼召/回應」的模式，來呈現我們對「天」的存在體驗，……將「天」理解為一不斷通過人生遇合，對人有所召喚、等待人回應的「意義事件」或「意義生發之歷程」。[2]

　　生命總在心潤中，亦總限定心之潤，因此亦總有溢出之生命之事而為心潤所不及，此所以悲心常潤，法輪常轉，罪惡常現，悲劇常存也，可謂對「心」作為「在世存有」最富存在悲感的詮釋。[3]而「天」主要擔負的是人在歷史的律動中所遭遇的各種事件、情境的最終解釋。換言之，孟子顯然已將《詩》、《書》中「形上天」的信仰存有論化了，轉換為明照生活世界中各種遇合之有無生滅的意義基礎。它豐盈不竭的義涵，早已滲透到人類文明的腳步中，只待吾人心性的覺醒與回應。「仁，人心也；義，人路也」，「仁」作為無限的感通原則，若不能通過「由命見義」的途徑，進入生命具體的情境，仍然無法真正契接於穆不已、生物不測的「天道」。換言之，「我們認為從倫理學的角度詮釋孟子，雖然擁有大量文獻的支持，但是孟子『盡心』之教若不能落實到『立命』的真實履踐之上，則孟子心性論不僅有『蹈空』之嫌，而且顯然與孟子那種不惜與整個時代破裂的存在感受與歷史使命感不符。因此，完備的展開孟子心性論的內涵，我們認為在『心、性、天』的架構中，必須再補進『命』一概念，如此才能保住人在歷史移動中為文化理想奮鬥的真實性與意義。」[4]

---

[1]　周浩翔、呂巧英：〈「即心言性」與「盡性立命」──唐君毅論孟子的性命觀〉，《宜賓學院學報》第14卷第7期（2014年7月），頁2-3。

[2]　袁保新：《從海德格、老子、孟子到當代新儒學》（臺北：臺灣學生書局，2008年10月），頁181。

[3]　牟宗三《五十自述》（臺北：鵝湖出版社，2000年1月），頁161。

[4]　袁保新：《從海德格、老子、孟子到當代新儒學》（臺北：臺灣學生書局，2008年10月），頁64-65。

　　中國哲學有自己特點，和西方哲學走的不是同一條路數，全然用其西方哲學的方法研究中國哲學勢必圓鑿方枘，兩不相接。於是，「逐漸反省是否應該重新考慮如何研究孟子的相關議題，儘管近十幾年來的研究成果仍有其不足，但擺脫西學化傾向，已形成一個基本的共識。然而就擺脫西學化傾向言之，並非說西方哲學的方法一概否定不予借鑒，而是強調借鑒不能替代本根本源的文本，方法可取各樣，但必須充分重視中國哲學的特質，本根必須牢牢紮在儒家哲學土壤之上。」[1]所幸，擺脫西學化傾向已經有了好的開頭，一個好的徵兆，亦將是預示著一個大的時代即將到來。

　　心性論作為中國學術思想之核心，其義理性格，一方面雖然近似於西方哲學分類中的理性靈魂論，或認識論、形上學，但另一方面又迥然不同，因為中國心性論重實踐、通天人、兼內外人我的學理性格，顯然又是西方哲學所無。[2]筆者於前章所論述之三位優異的漢學家，針對與葛氏之心的能動優越性不見以及命的動態意義感不彰和對於華氏無法解釋善性源自於天賦的肯斷以及安氏不認善性亦有其先天之善端的罅隙。倘若葛瑞漢、華靄仁以及安樂哲能夠稍稍調整焦距，不做削足適履，不將心性天命截為兩橛。而願意以《孟子》文獻中活活潑潑呈顯出義命的歷史律動，做為言及心性天命之意義無盡藏。職是，心性論之「究天人之際」的超越向度，與「通古今之變」的歷史向度，縮合為一，將是漢學家們必須將孟子心性論納入了一個更開闊及更具時代性的思考脈絡中，即是無所逃地也必須扣問的在世實踐的生命燦爛之學。

---

[1]　楊澤波：〈二十世紀孟子研究中「西學化傾向」的發展和趨勢〉，《傳統文化與現代化》第3期（1999年），頁19。

[2]　袁保新：《從海德格、老子、孟子到當代新儒學》（臺北：臺灣學生書局，2008年10月），頁67。

第七章 保留一份豐富蘊藉的生命缺口

　　孟子思想在中國歷史上蘊涵了許多不受時空限制的哲學智慧而愈受推崇，本文關切主題落在當代《孟子》人性論的省察，並以漢學家的詮釋所展開的反思為其範圍。因此，選取系統也以當代儒學研究豐碩成果的代表人物勞思光先生以及牟宗三先生為其媒介，來做為我們不可輕忽自身的中國哲學以及理解西方漢學家的活絡新詮，並相互印證，檢討得失，藉此重返歷史脈絡並探究中西發展所呈顯出迥異特性的向度。

　　張君勱、徐復觀、唐君毅、牟宗三四位當代新儒學的前輩，於1958年共同發表〈中國文化與世界〉[1]，告知世人中國文化學術的特質，此舉在匡正西方人士對中國文化的誤解，一則在勉勵當代中國人反求諸己，建立文化自信。在這篇具有歷史性的文獻中，四位前輩曾經鄭重其事指出：「此心性之學，亦最為世人研究中國學術文化者，所忽略所誤解的。」[2]因為心性論作為中國學術思想之核心，其義理性格，一方面雖然近似於西方哲學分類中的理性靈魂論，或認識論、形上學，但另一方面又迥然不同，因為中國心性論重實踐、通天人、兼內外人我的學理性格，顯然又是西方哲學所無。因此，數十年來，前輩學者為了在世界性的思潮中確保中國心性論的義理性格，不知耗費了多少心血用來廓清經典的義涵，以及揀擇心性論與西方各種重要哲學思潮的同異。

　　勞氏與牟氏兩人儒學觀同中有異，分歧的核心在於是否承認先秦儒家思想中具有形上學，依此衡斷儒學的發展趨向。勞氏對義命關係的解讀是為「義命分立」。其原因來自於勞氏以一套設準判定儒家學說屬於「德性我」，其價值根源歸於人之「主體性」的價值哲學。而為使儒學成為一個完全的人文主義的學說，並拒絕儒學有任何形上學的可能，孔孟文本中所提到的「天」也只是一種「話頭」。但明顯地，以詮釋學的角度來看，勞

---

[1] 牟宗三、張君勱、徐復觀、唐君毅：〈中國文化與世界〉，見唐君毅：《中華人文與當代世界》（臺北，臺灣學生書局，1975年5月），頁885。

[2] 牟宗三、張君勱、徐復觀、唐君毅：〈中國文化與世界〉，見唐君毅：《中華人文與當代世界》（臺北，臺灣學生書局，1975年5月），頁885。

氏此種詮釋不能圓滿詮釋原典，並且也窄化了儒學中可以發揮的空間。而究其根本原因，就在於勞氏完全接受近代西方哲學「事實/價值」、「實然/應然」的二分立場。而牟氏的「道德的形上學」揭櫫了儒家重「主體性」與「內在道德性」的特點，也確立儒家形上學最根本的「實踐性格」。因此在義命關係的詮釋上，牟氏的主張與勞氏相同是「義命分立」。但在天人關係的梳理上，牟氏主張天道具有既超越又內在的特性。牟氏除了會通康德與中國哲學之外，更在詮釋的層面上，自信的表示他對於中國哲學的理解更勝於中國哲學對自己的理解。其詮釋進路是在客觀的理解之外加上主觀相應的生命性情，即生命、即學問、即主客觀的龐大哲學系統。於儒學的詮釋中，確立了儒家理解「天」的基本理路，並通過實踐工夫和實踐智慧去體認形而上的實有。但所建立的「道德的形上學」，卻又一勁地走入了西方傳統形上學的胡同裡，無法支持他在早期思想中所建立的論述模式。針對牟氏論述，袁氏提出了牟氏解釋論斷有使用主體哲學的觀點，以及將「心」與「天」僅僅限於「道德」來談「道德的形上學」的兩種弊病。不過，儘管勞氏、牟氏兩人的儒學觀各顯其不足，但他們以各自的睿智和慧解將儒學自身的思想特質和發展理路清晰地展示出來，在比較的視野下，兩者的分歧更是深刻地觸及到儒家哲學的內在問題，此後關於這一問題的探討，必然是要在他們所立基的基礎上來做出進一步的跨越與提升。

　　承勞氏、牟氏等將中國哲學義理發揚承述，漢學家們對於儒學的研究，確實是有著日益轉精的表現。通過中西哲學對比所做的義理詮釋，誠然復活了孟子的文獻，而且也將孟子心性論納入了一個更開闊、更具有時代性的思考脈絡中。但同時也引發了眾說紛紜、莫衷一是的局面。於是，筆者在行文論述，經由闡述比對，關於問題疑點的提出與釐清，實屬必要。如葛氏終生致力於中國古代思想的研究，並發表了多篇相關的論文，希望通過研究中國古代思想以尋找並解決現代西方哲學問題的方法，故採用思想史的背景來研究孟子的人性論。文中不乏言及「性」剛開始主要是屬於每一個關心健康和希望長生的普遍人的共通語言，是先天賦予並被規範的外在結構決定了人的意志，為一物之特性的進程，只消健康、養生、長生即能保全並實現天生所予的能力的種種論述。因思想過於強調以生說性，依此之弊，似乎同時淡化了心的優先性，命的動態意義感反倒不彰，賦予道德省思的存在意義便無法落實。為解決此一弊病，筆者以孟子的心性為善是生命的自然之力來投射人類對善性的至高崇拜，更多是強調

人性心善的文化自覺。無論是後天的習性，還是先天的心存，孟子都十分確切地肯定了人內在生命的為善之性，這是孟子的理想追求，是心性天命的完美融合，涵容到現實社會的生活中，是提升人的生命才情的重要思想脈動，是華夏民族共同特有的儒家精神的特性。而所謂的「知天命」，乃在於必須體現並接受在自己不可掌握的命限以內，發揚內在的稟賦，努力行道，即使來自外在命運的限制，無論境遇的好壞都以平順的態度加以接受，以良心的存養來「立命」的主張表現在孟子的「正命」觀中。最終，強調了心性天命在人自身成長的社會歷程中，不是被動地接受外部世界的直接影響，而是主動地參與其中，並積極地實踐以明鑑的現實人生，從而達其所成的至高目標。

至於華氏，則是主張從社會生物學的視角出發，強調作為「類」的人擁有共同的遺傳法則。此種言說於《孟子》中所言的「性」正是這樣的一種共同普遍的人性。因為從文獻中的「何以異於人哉？堯舜與人同耳。」裡隨處可見其「人皆有……，」便是合乎此一觀點的論證。於是，華氏的難題便是在於「性」（nature）的問題，因為華氏無法解釋為何善性是來自於天賦，或是說她的理路不易論證善性是源自於天。筆者於此癥結處對於在闡明孟子人性論源自於形上的蘊含時，強調一定要在一開始就將孟子的「天」與西方古典形上學的「超越實體」清楚的檢別開來。徵諸文獻，「天」作為中國哲學心靈所稱引的概念，主要是出現在以人事為首要關懷的脈絡裡，「天人關係」遠比「天」的自身客觀存在，更為中國哲人所關注。因此，孟子的「盡心—知性—知天」與其理解為通過盡心知性吾人即可證知超越實體的客觀存在，毋寧理解為一個「意義」的問題，即在盡心知性中體認到天之所以為天的意義。換言之，孟子於文本中卻不保證善性是垂手可得，而能順理成章地成為堯舜或成為聖賢之輩，它必須反省、亟需開發、更需學習存養和擴充。因為善性從來就不是自給自足的，不是不增不減的，不是永恆不變的。如此一來的操存、把握及涵養，從來就是不能夠也無法被省略的。因為只有當心靈要求它自己落實到形軀中，表現為真實具體的道德行為，能夠加以反映並要求這個行為成為天並化育成世界的光與熱。

接著在安氏論述中強調「性」主要是一種成就性的概念。「性」最重要的是修養和成長的結果。……對孟子來說，就任何重要的意義上而言，不曾發展的人（即缺乏教養的人）還不是「人」。「性」是參與文化社會

並做出貢獻的成員的標誌，沒有文化修養，就不是完全意義上的人，因為像動物那樣行為的「人」，確確實實就是禽獸。社會中的人，從質的角度可以區分為不同的類別，即從非人的「人」，到用模範行為界定和提升人性本身的聖人。「性」的這一概念表示有些人比其他人更加的「人」化。華氏的問題就是她無法解釋為何善性來自於天賦？即是不易論證善性為何源自於天？這受到安氏的反駁，認為善性其實來自於後天的養成，是一種道德上的成就。不過，同樣地，安氏也無法說明，善性為何不是源自先天之善端？傳統的養成及文化的殊異性，難道不能與天扣合，視天為一種傳統養成的意義根源嗎？孟子在建構性善論的過程中，一再反覆強調「天」的意義，就是要為「性」建立一個超越的根據。若是將此層面完全剔除，將是一個步入死胡同的論述。再者，安氏全然以文化學的意義來解釋性善，似乎留下了值得議論的空間。換言之，面對單一性的解釋來作為結論，將必須面對的問題是：在作為文化學意義的良心本心，究竟是如何依附在人心之上的？良心本心有其文化學上的意義，要做為承認此點來說，其實並非是件困難之事，但這種作為文化學意義的良心本心，難道可以不需憑藉一個基礎，而能夠任其憑空而為的嗎？至此，在安氏的理論範圍內，我們似乎無法獲得一個令人滿意的答覆。於是，關於此項論述，終究無所逃的不承認善性亦有其先天之善端的罅隙，因此，遂成為了安氏論述孟學的種種不足。

　　而有關心性之善究竟應該如何理解的爭議，背景上固然是來自於「如果人性本善，為何人會表現不善？」但真正解決的關鍵，卻在於我們是否可以不將心性理解作「本質」而改以「主體」來看待。因為在先驗主體性的層次裡，性善固然可以不受經驗上的不善所撼動，但如此的善性將也成為了不食人間煙火的孤體，一個無光無熱的孤體。換言之，尋找與道德無關的事物來承擔並解釋人的不道德，如外在環境、耳目之欲等等，這樣的詮釋無疑是掩耳盜鈴，不具說服力的。因此，面對當代學者在解釋人何以為不善的膠著，釜底抽薪的作法應是要在揚棄任何本質主義的思考方式，重新釐定心性等概念的關係。於是，回歸原典並比對各種詮釋系統，我們不難發現，所有的紛歧爭議幾乎不脫離其下二說。其一是天在以心性論為主軸的詮釋架構下，是否還有保留的必要？它與心性論之間的關係究竟為何？另一是心性之「善」究竟是「本質上」的善？還是一種「先驗性質」的善？經由筆者於前章中的分析反省，與其說是評議各家說法的優

劣得失,毋寧說是面對當代儒學各持己見的局面,將上述爭議的焦點逼顯出來。尤有進者,針對當代漢學家所爭議的課題,我們如果有任何不同於其見解之境,造成詮釋分歧的問題,並非因為孟子文獻模糊,而是漢學家們在解讀時運用的概念工具所引發的諸多效應。如忽略了心的優先性,致使命的動態意義感不彰,或是拒絕了為何善性來自於天賦所作的解釋,不能說明善性為何不是源自先天之善端。劃地自限以心性論為唯一合法的基礎,或由天道說來闡明心性的道德性等等,是否意謂著當代漢學家詮釋上的種種困滯僵局。

歷史性的澄明與新的理解方式的確立,必須先行地澄明自己的歷史性。無庸諱言,解答者應當是對於自己所處的歷史情景相當清楚的。對於這種特殊歷史性的先行澄明,為我們正確理解近代西方哲學與當代西方哲學的關係奠定了基礎。不過,時至今日,科技的進步雖然為現代人帶來了生活上的方便,卻無法解決現代人心靈上所面臨的種種困境,不僅人與人之間的關係疏離,甚至有時幾乎是失去了自己。二千多年以來,作為引導華人精神方向導師的孔孟儒學,在這個全球化的年代,要如何引領不僅只是華人而是全人類的安頓身心、找回自己且成己成物,是作為中國哲學向世界發聲的哲學研究者的最深的關懷。其問題意識最終與研究者所處的歷史環境息息相關。正如高達美所說的「不同的理解」是詮釋者對於時代所做的回應,以為生活在當前文明的人提供方向,其最終目的是讓經典與時俱進。因此,關於當代《孟子》人性論的省察詮釋在諸多漢學家之後,必定會再有著諸多不同的理解。其目的皆是為了回應時代,以讓經典發揮它繼續照明人類的功能。人的存在總是面向未來,對自己將是什麼,將會成為什麼,我們會不斷的進行投射,那個投射其實就是自我的理解,也就是在自我理解當中的自我詮釋,它會決定出自我的方向。因為,人可以是什麼就是在自我的投射當中得到內容的充實。所以,人的本質便是在於它的存在,這也正是海德格所言的「人的本質,Dasein的本質在於它的存在」。此一醍醐味是做為我們了解自身的中國哲學以及理解西方漢學家的活絡新詮。彼此間的相互印證,藉以探討中西文化交流所發展出一套迥異的修養功夫,並重新回到歷史特性的閱讀和理解的脈絡上。強調在《孟子》思想中「心」、「性」、「天」、「命」諸概念是成為一個可以擷取,但有著永遠無法保障存有的多面精彩性。最後,人也都註定了要在一個歷史的參與過程當中,去敞開並成就每一個人之所以成為一個「人」的

不同的自我內涵和豐富成就。

　　筆者綜觀國內碩博論文皆未涉及葛氏等漢學家的相關議題論述。於此可見，國內學術界對西方漢學家所做的研究的重視程度還是不夠，期待能有更多的學者從跨學科領域視角出發，並對漢學研究思想進行更為深入細緻的研究。職故，本文將以漢學家為其研究材料，將葛、華及安氏等人的說法當作線索，納入論文的研究領域，期將視野打開，注入新血，希冀從孟學領域意義中向上再次翻新出來。透過了中西普遍的問題研究，而察覺到內在的差異，從而為中西文化的會通尋找一線希望。倘若研究得出新義，駕馭了新的素材，並從新的素材提煉後，再度成了新的看法。相信，便是取得了最新漢學界的材料，亦是與時俱進的目標臻得及自我融通的諄諄勉勵。

　　惜礙於筆者接觸西方哲學的時日不長，學識涵養不足，無法一一將其在當代《孟子》人性論的省察之分析與定位面向，以及漢學家之詮釋所展開的反思詮釋剖析臻善，是作為一名研究者的缺漏罅隙。但也由於筆者論述此一龐大議題，在人事物的應對裡，在生命的渾沌下，在虛實的境界中，因苦心孤詣鑽研於從基本存有論的觀點來視其《孟子》思想中的「心」、「性」、「天」、「命」諸概念之分析，也因此而得以體會出了如何保留一個缺口、一份空虛，在未能填補的理趣下，必須讓自己的生命敞開、開放，才能夠使我們更有空間、更多餘地的去容納，把握出與我不同的樣態，豐富並蘊藉著我的生命。所以，我的生命便在時間、歷史的洪流之中，不斷的邀請、收攝並和其它的生命與之互動，共同成就出眼前當下作為「我」的這個人。這裡所說的便是敞開。換言之，誰能予我最後最終的保證？不停的注入生命活水，以無保證為保證的向天地間敞開，就算無法兼善天下，就算僅能獨善其身，最後的保證是自己。反之，被放失的亦是離不開的那個自己。這便是人之所異於他物，人之所以為人的多面性、豐富義的理趣。於是，《孟子》思想中的「心」、「性」、「天」、「命」之義涵與關聯，不再是楚河漢界壁壘分明的兩橛，而成為一個可以擷取但有無法保障存有的精彩性。生命的自我完成、自我實現的終點依存於此，個人處在思維、位置各異的理境下，最終仍需盡其一生的提撕、省察、開顯並成就、圓滿著它所有豐沛的可能性。最後，只要我們願意調整詮釋架構，將心性論「究天人之際」的超越向度，與天命言「通古今之變」的歷史向度，並將活著的中國哲學綰合為一，深信便是可以解決並釐清不識廬山真面目的此一超克的諸多問題了。

參考書目

壹、古籍文獻

（周）呂不韋撰，（漢）高誘注：《呂氏春秋》，上海：上海古籍出版社，
　　1989年。

（漢）許慎撰，（清）段玉裁注：《說文解字注》，臺北：黎明文化出版社，
　　1974年。

（漢）毛亨傳，（唐）孔穎達疏：《毛詩正義》，北京：北京大學出版社，
　　2000年。

（漢）趙岐注，（宋）孫奭疏，（清）阮元校勘：《十三經注疏・孟子注
　　疏》，北京：北京大學出版社，1999年。

（宋）朱熹：《詩集傳》卷一，上海：上海古籍出版社，2002年。

（宋）朱熹：《四書章句集註》，臺北：鵝湖出版社，2010年。

（清）王夫之《讀四書大全說》，北京：中華書局，1975年。

（清）王夫之：《船山全書》（第六冊），長沙：嶽麓書社，1996年。

（清）戴震：《孟子字義疏證》，北京：中華書局，2012年。

（清）焦循：《孟子正義》，臺北：文津出版社，1988年。

（清）周人麒：《孟子讀法附記》（四輯三冊），北京：北京出版社，2000年。

（清）崔紀：《讀孟子箚記》（叢書集成續編）卷三十七，臺北：新文豐出版
　　公司，1999年。

貳、當代專書

（一）中文專著

丁原植：《郭店楚簡儒家佚籍四種釋析》，臺北：臺灣古籍出版社，2004年。

于省吾：《甲骨文字詁林》（第一冊），北京：中華書局，1996年。

王邦雄：《中國哲學論集》，臺北：臺灣學生書局，2004年。

王邦雄等著：《論語義理疏解》，臺北：鵝湖出版社，2007年。

王邦雄等著：《孟子義理疏解》，臺北：鵝湖出版社，2010年。

王慧如：《孟子「談辯語言」的哲學省察》，臺北：萬卷樓圖書公司，2006年。

史次耘：《孟子今註今譯》，臺北：臺灣商務印書館，2001年。

牟宗三：《政道與治道》，臺北：臺灣學生書局，1980年。

牟宗三：《道德的理想主義》，臺北：臺灣學生書局，1985年。

牟宗三：《智的直覺與中國哲學》，臺北，臺灣商務印書館，1993年。

牟宗三：《圓善論》，臺北：臺灣學生書局，1996年。

牟宗三：《中西哲學之會通十四講》，臺北：臺灣學生書局，1996年。

牟宗三：《歷史哲學》，臺北：臺灣學生書局，2000年。

牟宗三：《五十自述》，臺北：鵝湖出版社，2000年。

牟宗三：《康德的道德哲學》，臺北：臺灣學生書局，2000年。

牟宗三：《才性與玄理》，臺北：臺灣學生書局，2002年。

牟宗三：《現象與物自身》，臺北：臺灣學生書局，2004年。

牟宗三：《中國哲學的特質》，臺北：臺灣學生書局，2009年。

牟宗三：《心體與性體（一）》，臺北：正中書局，2009年。

牟宗三：《心體與性體（二）》，臺北：正中書局，2009年。

牟宗三：《心體與性體（三）》，臺北：正中書局，2009年。

牟宗三：《中國哲學十九講》，臺北：臺灣學生書局，2010年。

伍曉明：《「天命：之謂性！」片讀《中庸》》，北京：北京大學出版社，
2009年。

向世陵、馮禹：《儒家的天論》，濟南：齊魯書社，1991年。

何淑靜：《孟、荀道德實踐理論之研究》，臺北：文津出版社，1988年。

李明輝：《康德「純粹理性批判」導讀》，臺北：聯經出版社，1988年。

李明輝：《儒家與康德》，臺北：聯經出版社，1990年。

李明輝：《康德倫理學語孟子道德思想之重建》，臺北：中央研究院文哲所籌
備處，1994年。

李明輝：《孟子重探》，臺北：聯經出版社，2001年。

李明輝：《儒家經典詮釋方法》，上海：華東師範大學出版社，2008年。

李明輝：《當代儒學之自我轉化》，臺北：中央研究院中國文哲研究所，
2013年。

李晨陽：《多元世界的儒家》，臺北：五南出版社，2006年。

李維武：《中國哲學的現代轉型》，北京：中華書局，2008年。

李瑞全：《當代新儒家之哲學開拓》，臺北：文津出版社，1993年。

李瑞全：《儒家道德規範根源論》，新北市：鵝湖出版社，2013年。

李季林：《楊朱、列子思想研究》，合肥：安徽人民出版社，2012年。

李凱：《孟子詮釋思想研究》，臺北：萬卷樓圖書公司，2011年。

李天虹：《郭店竹簡〈性自命出〉研究》，武漢：湖北教育出版社，2002年。

杜維明：《思孟學派新探》，北京：北京大學出版社，2008年。

林安梧：《儒學與中國傳統社會之哲學省察》，臺北：幼獅文化事業公司，
　　1996年。

林玫玲：《先秦哲學的「命」論思想》，臺北：文津出版社，2007年。

林啟屏：《從古典到正典：中國古代儒學意識之形成》，臺北：臺大出版中
　　心，2007年。

吳康：《孔孟荀哲學》，臺北，臺灣商務印書館，1987年。

吳汝鈞：《當代新儒學的深層反思與對話詮釋》，臺北：臺灣學生書局，
　　2009年。

姜廣輝：《理學與中國文化》，上海：上海人民出版社，1994年。

姜廣輝：《中國經學思想史》第一卷，北京：中國社會科學出版社，2003年。

姜濤：《管子新注》，濟南：齊魯書社，2006年。

洪漢鼎：《詮釋學—它的歷史與當代發展》，北京：中國人民出版社，2001年。

冒懷辛：《孟子字義疏證全譯》，成都：巴蜀書社，1992年。

南懷瑾：《孟子與公孫丑》，北京：東方出版社，2011年。

南懷瑾：《孟子旁通》，上海：復旦大學出版社，2012年。

南懷瑾：《孟子與離婁》，北京：東方出版社，2013年。

南懷瑾：《孟子與萬章》，北京：東方出版社，2013年。

南懷瑾：《孟子與盡心篇》，臺北：南懷瑾文化，2014年。

唐君毅：《中華人文與當代世界》，臺北：臺灣學生書局，1975年。

唐君毅：《生命存在與心靈世界》（下冊），臺北：臺灣學生書局，1986年。

唐君毅：《人生之體驗》，臺北：臺灣學生書局，2010年。

唐君毅：《中國哲學原論・導論篇》，臺北：臺灣學生書局，2004年。

唐君毅：《中國哲學原論・原道篇》，臺北：臺灣學生書局，2004年。

唐君毅：《中國哲學原論・原性篇》，臺北：臺灣學生書局，2006年。

徐復觀：《中國人性論史・先秦篇》，臺北：臺灣商務印書館，1969年。

徐復觀：《中國思想史論集》，臺北：臺灣學生書局，1988年。

徐復觀：《中國學術精神》，上海：華東師範大學出版社，2004。

徐復觀：《儒家政治思想與民主自由人權》，臺北：臺灣學生書局，2013年。

袁保新：《老子哲學之詮釋與重建》，臺北：文津出版社，1997年。

袁保新：《孟子三辨之學的歷史省察與現代詮釋》，臺北：文津出版社，1992年。

袁保新：《從海德格、老子、孟子到當代新儒學》，臺北：臺灣學生書局，2008年。

高柏園《孟子哲學與先秦思想》，臺北：文津出版社，1996年。

徐元皓：《國語集解》，北京：中華書局，2002年初版。

徐洪興：《孟子直解》，上海：復旦大學出版社，2004年。

徐洪興：《孟子精讀》，上海：復旦大學出版社，2010年。

駱建人：《論孟新詮》，臺北：萬卷樓圖書公司，2011年。

梁啟超：《儒家哲學》〈飲冰室合集〉卷12，北京：中華書局，1989年。

梁濤：《郭店竹簡與思孟學派》，北京：中國人民出版社，2008年。

梁濤：《孟子解讀》，北京：中國人民出版社，2010年。

梁韋弦：《孟子研究》，臺北：文津出版社，1993年。

陳夢家：《殷墟卜辭綜述》，北京：科學出版社，1956年。

陳夢家：《尚書通論》，北京：中華書局，1985年。

陳大齊：《孟子待解錄》，臺北：臺灣商務印書館，1992年。

陳鼓應：《莊子今註今譯》，臺北：臺灣商務印書館，1999年。

陳榮華：《葛達瑪詮釋學與中國哲學的詮釋》，臺北：明文書局，1998年。

陳榮華：《高達美詮釋學：《真理與方法》導讀》，臺北：三民書局，2011年。

陳榮華：《海德格存有與時間闡釋》，臺北：台大出版中心，2012年。

陳福濱：《中國哲學「命」論專題》，臺北：哲學與文化，2011年。

陳特：《當代新儒學的關懷與超越》，臺北：文津出版社，1997年。

陳來：《宋明理學》，瀋陽：遼寧教育出版社，1995年。

陳來：《古代宗教與倫理》，北京：三聯書店，1996年。

陳來：《竹簡《五行》篇講稿》，北京：生活・讀書・新知三聯書店，2012年。

陳滿銘：《中庸思想研究》，臺北：文津出版社，1980年。

陳德和：《儒家思想的哲學詮釋》，臺北：洪葉文化事業有限公司，2003年。

陳昇：《孟子講義》，北京：中國人民出版社，2012年。

陳嘉映：《普遍性種種》，北京：華夏出版社，2013年。

許宗興，《孟子的哲學》，臺北：臺灣商務印書館，1989年。

許建良：《先秦儒家道德論》，南京：東南大學出版社，2010年。

傅偉勳：《從創造的詮釋學到大乘佛學》，臺北：東大圖書公司，1999年。

傅佩榮：《傅佩榮解讀孟子》，北京：線裝書局，2006年。

傅斯年：《中國現代學術經典・傅斯年卷》，石家莊：河北教育出版社，
　　1996年。

傅斯年：《性命古訓辯證》，上海：上海古籍出版社，2012年。

勞思光：《新編中國哲學史》（一），臺北：三民書局，2010年。

黃俊傑：《儒學傳統與文化創新》，臺北：東大圖書公司，1983年。

黃俊傑：《孟學思想史論（卷一）》，臺北：東大圖書公司，1991年。

黃俊傑主編：《孟子思想的歷史發展》，臺北：中央研究院中國文哲研究所籌
　　備處，1995年。

黃俊傑：《東亞儒學史的新視野》，臺北：喜馬拉雅基金會，2001年。

黃俊傑：《孟子》，臺北：東大圖書公司，2010年。

項退結：《海德格》，臺北：東大圖書公司，2006年。

郭沂：《郭店竹簡與先秦學術思想》，上海：上海教育出版社，2001年。

景海峰：《新儒學與二十世紀中國思想》，鄭州：中州古籍出版社，2005年。

曾昭旭：《道德與道德實踐》，臺北：漢光文化公司，1983年。

曾振宇：《孟子新注》，北京：人民出版社，2012年。

馮友蘭：《中國哲學史》，臺北：臺灣商務印書館，1999年。

馮耀明：《「超越內在」的迷思：從分析哲學觀點看當代新儒學》，香港：中
　　文大學出版社，2003年。

張岱年：《中國哲學大綱》，北京：中國社會科學出版社，1982年。

張二遠：《天命人性論》，北京：國家圖書館書版社，2013年。

羅雅純：《朱熹與戴震孟子學之比較》，臺北：秀威資訊科技，2012年。

董洪利：《孟子研究》，南京：江蘇古籍出版社，1997年。

楊國榮：《孟子的哲學思想》，上海：華東師範大學出版社，2009年。

楊澤波：《孟子評傳》，南京：南京大學出版社，1998年。

楊澤波：《孟子與中國文化》，貴陽：貴州人民大學出版社，2000年。

楊澤波：《孟子性善論研究》，北京：中國人民大學出版社，2010年。

楊照：《孟子──雄辯時代的鬥士》，臺北：聯經出版社，2014年。

楊伯峻：《孟子譯注》，北京：中華書局，2013年。

楊任之：《尚書今譯今注》，北京：北京廣播學院出版社，1993年。

鄧秉元：《孟子章句講疏》，上海：華東師範大學出版社，2011年。

蒙培元：《中國心性論》，臺北：臺灣學生書局，1990年。

翟廷晉：《孟子思想評析與探源》，上海：上海社會科學院出版社，1992年。

蔡仁厚：《孔孟荀哲學》，臺北，臺灣學生書局，1984年。

蔡仁厚：《儒家思想的現代意義》，臺北：文津出版社，1987年。

蔡仁厚：《牟宗三哲學與唐君毅哲學論》，臺北：文津出版社，1997年。

蔡仁厚：《宋明理學‧北宋》，臺北：臺灣學生書局，2002年。

謝君直：《郭店楚簡儒家哲學研究》，臺北，萬卷樓圖書公司，2008年。

鍾振宇：《道家與海德格》，臺北：文津出版社，2010年。

譚宇權：《孟子哲學新論》，臺北：文津出版社，2011年。

錢穆：《中國近三百年學術史》，北京：商務印書館，2005年。

歐陽禎：《先秦儒家性情思想研究》，武漢：武漢大學出版社，2005年。

（二）外文專著

（德）Wolfgang Ommerborn, Gregor Paul and Heiner Roetz: Das Buch Mengzi im Kontext der Menschenrechtsfrage. Munster: LIT Verlag,2011.

（英）Arthur Waley, Three Ways of Thought in Ancient China, Doubleday, 1956 (1939), p154 and The Way and its Power.

（美）Donald J. Munro. A Chinese Ethics for the New Century [M].Hong Kong:The Chinese University Press, 2005.

（美）Edward O. Wilson:Sociobiology: The New Synthesis, Boston: Harvard University Press, 1975. 1985.

（美）孟旦：《當代中國「人」的概念》，The Concept of Person in Contemporary China. Ann Arbor: Michigan University Press, 1979。

（三）外文譯著

（德）馬丁‧海德格爾（Martin Heidegger）著，陳嘉映、王慶節合譯：《存在與時間》，北京：生活‧讀書‧新知三聯書店，2011年。

（德）海德格爾著，郜元寶譯：《人，詩意地安居》，上海：上海遠東出版
　　社，2011年。

（德）海德格爾著，陳小文、孫周興合譯：《面向思的事情》，北京：商務印
　　書館，2012年。

（德）迦達默爾（Gadamer Hans－Georg）著，洪漢鼎譯：《真理與方法》，
　　北京：商務印書館，2007年。

（英）葛瑞漢：〈孟子人性論背景〉《中國哲學和哲學文獻研究》，Studies in
　　Chinese Philosophy and Philosophical Literature.Singapore：Institute of East
　　Asian Philosophies，1986。

（英）葛瑞漢：《反思與答覆》（Reflections and Replies）載H.Rosemont,Jr.
　　（ed）Chinese Texts and Philosophical to Angus C.Graham,La Salle,IL：
　　Open Court,1991.

（英）葛瑞漢著，程德祥等譯：《中國的兩位哲學家：二程兄弟的新儒學》，
　　鄭州：大象出版社，2000年。

（英）葛瑞漢：《論道者：中國古代哲學論辯孟子心性之學》，北京：中國社
　　會科學出版社，2003年。

（美）安樂哲：《中國哲學問題》，臺北：臺灣商務印書館，1973年。

（美）安樂哲（Roger T. Ames）著，彭國翔譯：《自我的圓成：中西互鏡下的
　　古典儒學與道家》，石家莊：河北人民出版社，2006年。

（美）江文思、安樂哲編著，梁溪譯：《孟子心性之學》，北京：社會科學文
　　獻出版社，2005年。

（美）安樂哲，溫海明譯：《和而不同：中西哲學的會通》，北京：北京大學
　　出版社，2009年。

（美）郝大維、安樂哲：《孔子哲學思微》，南京：江蘇人民出版社，1996年。

（美）郝大維、安樂哲：《漢哲學思維的文化探源》，南京：江蘇人民出版
　　社，1999年。

（美）郝大維、安樂哲：《道不遠人：比較哲學視域中的老子》，北京：學苑
　　出版社，2004年。

（美）郝大維、安樂哲：《期望中國─對中西文化的哲學思考》，上海：學林
　　出版社，2005年。

（美）郝大維、安樂哲：《通過孔子而思》，北京：北京大學出版社，2006年。

（美）白詩朗：《普天之下：儒耶對話中的典範轉化》，河北：人民出版社，

2006年。

（美）倪德衛：《儒家之道：中國哲學之探討》，南京：江蘇人民出版社，
　　2006年。

（美）余紀元：《德行之境：孔子與亞里斯多德的倫理學》，北京：中國人民
　　大學出版社，2009年。

（美）姜新艷：《英美世界中的中國哲學》，北京：中國人民大學出版社，
　　2009年。

（美）赫伯特・芬格萊特著，彭國翔、張華譯：《孔子即凡而聖》，南京：江
　　蘇人民出版社，2002年。

（法）弗朗索瓦・于連：《聖人無意——或哲學的他者》，北京：商務印書
　　館，2004年。

（美）撒穆爾・伊諾克・斯通普夫，詹姆斯・菲澤：《西方哲學史：從蘇格拉
　　底到薩特及其後》，北京：世界圖書出版公司北京公司，2009年。

參、期刊論文

丁成際：〈淺析孟子性善說的三個維度〉，《石河子大學學報》（哲學社會科
　　學版）第20卷第5期，2006年10月。

王邦雄：〈由論語「天」、「天命」與「命」之觀念談生命之有限與無限〉，
　　《鵝湖月刊》第1卷第5期，1975年11月。

毛國民：〈論孟旦對中國哲學中人性基點的解讀〉，《齊齊哈爾大學學報》第
　　1期，2008年1月。

石永之：〈牟宗三與孟子〉，《中共濟南市委黨校學報》，2012年6月。

田辰山：〈中西文化差異與儒學的與時俱進〉，《深圳大學學報》（人文社會
　　科學版）24卷第5期，2007年9月。

田智忠、胡東東：〈論「故者以利為本」以孟子心性論為參照〉，《福建師範
　　大學學報》（哲學社會科學版）第5期，2007年。

安樂哲、羅思文：〈早期儒家是德性論的嗎？〉，《國學學刊》（社會科學
　　版）第20卷第2期，2010年1月。

米滿月：〈威爾遜生物人性論的方法探析〉，《湘南學院學報》（社會科學
　　版）第35卷第1期，2014年2月。

朱榮智：〈孟子論天命〉，《孔孟月刊》第42卷第2期，2003年10月。

岑溢成：〈孟子告子篇之「情」與「才」論釋〉，《鵝湖月刊》第58、59期，
　　1989年4、5月。

沈清松：〈德性倫理學與儒家倫理思想的現代意義〉，《哲學與文化》第22卷
　　第11期，1995年11月。

李明輝：〈中西比較哲學的方法論省思〉，《中國哲學史》第2期，2006年。

李翔海、盧興：〈20世紀中國哲學的一個面相──從牟宗三、勞思光看港臺地
　　區的中國哲學研究〉，《學術研究》第7期，2008年。

何淑靜：〈論孟子「盡心知性以知天」如何可能〉，《鵝湖學誌》第7期，
　　1991年12月。

何恬：〈此山之外──20世紀70年代以來的英美孔子研究〉，《孔子研究》第
　　2期，2009年。

辛麗麗：〈善的形上學追問──孟子善惡觀的道德解析〉，《齊魯學刊》第4
　　期，2006年。

吳濤：〈英國漢學家葛瑞漢的中國學研究〉，《北方文學》中旬刊，2012年
　　5月。

周浩翔、呂巧英：〈「即心言性」與「盡性立命」──唐君毅論孟子的性命
　　觀〉，《宜賓學院學報》第14卷第7期，2014年7月。

金春峰：〈中國哲學之與「兩個世界」〉，《湖南大學學報》（社會科學版）
　　20卷第3期，2006年5月。

胡永中：〈從孟子到牟宗三──復旦大學楊澤波教授訪談〉，《中共石家莊市
　　委黨校學報》第10卷第9期，2008年9月。

胡治洪、丁四新：〈辨異觀同論中西－安樂哲教授訪談錄〉，《中國哲學史》
　　第4期，2006年11月。

胡森森：〈先秦儒學的外推－超越悖論〉，《殷都學刊》第2期，2008年3月。

胡偉希、田超：〈儒學的內在超越性與歷史總體問題──從分析牟宗三、李澤
　　厚、安樂哲諸觀點出發〉，《河北學刊》第31卷第2期，2011年3月。

姜廣輝：〈郭店楚簡研究〉，《中國哲學》第20輯，1991年1月。

徐冰：〈中國本土思想中的情感與真實－對葛瑞漢和漢森的回應〉，《北京青
　　年政治學院學報》第13卷第4期，2004年。

孫興義、張國慶：〈孟子詮釋思想再探索〉，《文藝理論研究》第2期，
　　2011年。

駱建人：〈孔孟「義命分立說」之見理與「義命不二說」之見道層次〉，《孔

孟月刊》，2011年2月。

唐君毅、牟宗三、徐復觀、張君勱：〈為中國文化敬告世界人士宣言〉，《民
　　主評論》9卷1期，1958年。

袁保新：〈天道、心性、與歷史──孟子人性論的再詮釋〉，《哲學與文化》
　　22卷第11期，1995年11月。

袁保新：〈當代儒學詮釋的分化及其省察〉，《宗教哲學》第53期，2010年
　　9月。

馬育良：〈先秦儒家對於「情」的理論探索〉，《安徽大學學報》（哲社會科
　　學版）第25卷第1期，2001年1月。

梁濤：〈竹簡《性自命出》與《孟子》「天下之言性」章〉，《中國哲學史》
　　第4期，2004年。

梁濤：〈先秦儒家天人觀辨証──從郭店竹簡談起〉，《哲學與文化》第32
　　期，2006年1月。

梁濤：〈「以生言性」的傳統與孟子性善論〉，《哲學研究》第7期，2007年。

梁濤、楊海文：〈20世紀以來的孟學史研究〉，《文史哲》第6期，2010年。

陳麗桂：〈郭店楚簡《性自命出》所顯現的思想傾向〉，《中國學術年刊》第
　　20期，1999年3月。

陳徽：〈「以才論性」與「因情定性」孟子性善論之致思理路〉，《安徽大學
　　學報》（哲學社會科學版）第28卷第6期，2004年4月。

陳贇：〈性善：一種引導性的概念──孟子性善論的哲學意蘊與方法內涵〉，
　　《現代哲學》，2003年1月。

陳榮華：〈海德格在世存有（In-der-Welt-sein）與先秦儒家的天人合一〉，
　　《揭諦》第14期，2008年2月。

陳代波：〈「無義無命」──試論孟子的積極命運觀〉，《中文自學指導》第
　　5期，2003年10月。

陳代波：〈儒家命運觀是消極宿命論嗎？〉，《上海交通大學學報》（哲學社
　　會科學版），2004年2月。

陳志強：〈論孔孟的義命觀──從義命分立到義命不二〉，《毅圃》第47期，
　　2005年9月。

陳政揚：〈孟子與莊子「命」論研究〉，《揭諦》第8期，2005年4月。

羅思美：〈孟子的哲學──天道觀〉，《孔孟月刊》第31卷第8期，1993年4月。

羅惠齡：〈論安樂哲〈孟子人性觀念新詮〉──以周濂溪的「人性論」為

例〉，《第七屆有鳳初鳴——漢學多元化領域之探索學術研討會》，2012年6月。

羅惠齡：〈論安樂哲〈儒家非超越性的天道觀〉——以牟宗三「超越內在」為例〉，《衍學集》第6期，2013年7月。

羅惠齡：〈《孟子》義命思想詮釋——以〈梁惠王〉為例〉，《嘉南藥理大學儒學與文化兩岸研究生學術研討會》，2014年5月。

華藹仁：〈《孟子》的實踐性和精神性〉，《中國哲學史》第2期，2004年2月。

馮耀明：〈本質主義與儒家傳統〉，《鵝湖學誌》第16期，1996年6月。

張鵬偉、郭齊勇：〈孟子性善論新探〉，《齊魯學刊》第4期，2006年。

楊澤波：〈二十世紀孟子研究中「西學化傾向」的發展和趨勢〉，《傳統文化與現代化》第3期，1999年。

楊澤波：〈儒家天人合一思想的道德底蘊——以孟子為中心〉，《天津社會科學》第2期，2006年。

楊澤波：〈孔孟建構道德形上學的差異及引申的兩個問題〉，《中國哲學史》第4期，2007年。

楊澤波：〈論人性中的自然生長傾向——關於性善論詮釋的一個補充性說明〉，《中國哲學史》第1期，2010年。

楊儒賓：〈人性、歷史契機與社會實踐——從有限的人性看牟宗三的社會哲學〉，《臺灣社會研究季刊》第1卷第4期，1987年。

楊海文：〈「距楊墨」與孟子的異端批判意識〉，《北京師範大學學報》（社會科學版）第2期，2014年。

溫海明：〈安樂哲比較哲學方法論簡論〉，《雲南大學學報》（社會科學版）第8卷第1期，2009年1月。

劉玉宇：〈對兩種思想史研究的考察——史華慈與葛瑞漢先秦思想史研究比較〉，《現代哲學》第3期，2004年。

劉玉宇：〈論先秦哲學研究中的差異論取向——基於當代英美學者視角的考察〉，《學術研究》第7期，2012年。

劉單平、曾振宇：〈他者視域下的儒學經典：《孟子》英譯本比較研究〉，《孔子研究》第4期，2011年。

劉玉寧：〈對葛瑞漢和陳漢生先秦哲學「理性」的考察〉，《孔子研究》第6期，2007年。

趙清文：〈儒家倫理是「角色倫理」嗎？〉，《學術界》第175期，2012年

12月。

趙法生：〈孟子性善論的多維解讀〉，《孔子研究》第6期，2007年。

蔡世昌：〈比較哲學視域中的孟子「人性」概念〉，《中國社會科學院院報》
　　第20卷第2期，2008年8月。

蕭淳鏵：〈釋孟子書中的命〉，《孔孟月刊》第28卷第9期，1990年5月。

謝君直：〈郭店楚簡的〈窮達以時〉所蘊含的義命問題〉，《東吳哲學學報》
　　第15期，2007年2月。

戴璉璋：〈儒家天命觀與其涉及的問題〉，《傳承與創新：中央研究院中國文
　　哲所十周年紀念文集》，1999年12月。

韓振華：〈從宗教辨難到哲學論爭——西方漢學界圍繞孟子「性善」說的兩場
　　論戰〉，《中山大學學報》（社會科學版）第52卷第240期，2012年6月。

韓振華：〈二十世紀九十年代以來西方漢學界關於孟學的三次爭論〉，《中南
　　大學學報》（社會科學版）第20卷第2期，2014年4月。

韓國茹：〈非超越的宗教——安樂哲古典儒學宗教性思想探析〉，《社會科學
　　戰線》第8期，2009年。

顧紅亮：〈孟子性善說的他者哲學詮釋〉，《孔孟月刊》第44卷7、8期，2006
　　年4月。

諶中和：〈從殷周天道觀的變遷談周人尚德與殷人尚刑〉，《哲學與文化》第
　　11期，2000年1月。

盧興：〈牟宗三與勞思光儒學觀之比較〉，《齊魯學刊》第5期，2008年5月。

肆、學位論文

李美燕：《孟子內聖之學中「心」、「性」、「天」、「命」觀念的研究》，
　　臺北：國立臺灣師範大中國文學系碩士論文，1989年。

李凱：《孟子的詮釋思想》，山東：山東大學中國哲學系博士論文，2008年。

林玫玲：《先秦哲學「命論」思想之探究》，臺北：輔仁大學哲學系博士論
　　文，2007年。

林佩儒：《先秦德福觀研究》，臺北：淡江大學中國文學系博士論文，2009年。

林淑燕：《孟子生命哲學之探析——以「心、性」為核心》，臺北：輔仁大學
　　哲學系碩士論文，2010年。

姜達：《原始儒家的基礎倫理學——從海德格基礎存有學重塑儒學詮釋架構的

　　一項試探》，中壢：中央大學哲學系碩士論文，1997年。

洪櫻芬：《人的實現──論雅斯培「存在」的實現與孟子「人性」的實現》，
　　臺北：輔仁大學哲學系博士論文，1997年。

洪岱暄：《孔孟儒學義命關係之研究》，臺北：淡江大學中國文學系碩士論
　　文，2012年。

張怡琦：《孟子心性義理之探究》，臺北：輔仁大學哲學系碩士論文，2007年。

羅雅純：《朱熹與戴震孟子學之比較研究──以西方詮釋學所展開的反思》，
　　臺北：淡江大學中國文學系博士論文，2006年。

黃稚真：《孟子的道德哲學──「心、性、天」之形上論據與道德實踐》，臺
　　北：輔仁大學哲學系碩士論文，2009年。

黃華彥：《不同的「超越性」與「內在性」：從社會學觀點論牟宗三以及郝大
　　維和安樂哲在中西文化類型學論述上之差異》，臺北：臺灣大學社會學
　　研究所碩士論文，2007年。

曾春蓮：《比較視域中的中國哲學──安樂哲思想研究》，廣州：中山大學中
　　國哲學系博士論文，2012年。

楊鶴瀾：《美國漢學家安樂哲的儒學研究》，上海：華東師範大學碩士論文，
　　2006年。

楊柳：《人性與修養──孟子性善論思想研究》，北京：北京師範大學中國哲
　　學系博士論文，2011年。

廖曉煒：《孟子性命之辨探析》，武漢：華中科技大學碩士論文，2008年。

劉傑：《葛瑞漢的關聯思維之再詮釋──以《論道者》為例》，上海：上海師
　　範大學碩士論文，2014年。

鄭雅憶：《《孟子》「心」「性」「情」「才」概念之研究》，臺中，東海大
　　學哲學系碩士論文，2012年。

鄭哲易：《從能所主客架構解釋《孟子》中的義命問題》，臺北：政治大學政
　　治學系碩士論文，2012年。

謝爾遜：《葛瑞漢關于先秦思想的研究──以《論道者》為例》，廣州：中山
　　大學中國哲學系碩士論文，2009年。

蘇彥蓁：《康德、孟子與荀子人性論比較研究》，臺中，東海大學哲學系博士
　　論文，2011年。

語言文學類　PG2245　文學視界100

當代《孟子》人性論的省察
——以漢學家的詮釋所展開的反思

作　　者/羅惠齡
責任編輯/杜國維
圖文排版/楊家齊
封面設計/王嵩賀

發 行 人/宋政坤
法律顧問/毛國樑　律師
出版發行/秀威資訊科技股份有限公司
　　　　114台北市內湖區瑞光路76巷65號1樓
　　　　電話：+886-2-2796-3638　傳真：+886-2-2796-1377
　　　　http://www.showwe.com.tw
劃撥帳號/19563868　戶名：秀威資訊科技股份有限公司
　　　　讀者服務信箱：service@showwe.com.tw
展售門市/國家書店（松江門市）
　　　　104台北市中山區松江路209號1樓
　　　　電話：+886-2-2518-0207　傳真：+886-2-2518-0778
網路訂購/秀威網路書店：https://store.showwe.tw
　　　　國家網路書店：https://www.govbooks.com.tw

2019年5月　BOD一版
定價：390元

國家圖書館出版品預行編目

當代《孟子》人性論的省察：以漢學家的詮釋所
展開的反思 / 羅惠齡著. -- 一版. -- 臺北市：
秀威資訊科技, 2019.05
　　面；　　公分. -- (語言文學類；PG2245)(文學
視界；100)
　　BOD版
　　ISBN 978-986-326-682-2(平裝)

　1. 孟子　2. 研究考訂

121.267　　　　　　　　　　　　　　　108004864

讀 者 回 函 卡

感謝您購買本書，為提升服務品質，請填妥以下資料，將讀者回函卡直接寄回或傳真本公司，收到您的寶貴意見後，我們會收藏記錄及檢討，謝謝！
如您需要了解本公司最新出版書目、購書優惠或企劃活動，歡迎您上網查詢或下載相關資料：http:// www.showwe.com.tw

您購買的書名：＿＿＿＿＿＿＿＿＿＿＿＿＿＿＿＿＿＿＿＿＿

出生日期：＿＿＿＿＿年＿＿＿＿＿月＿＿＿＿日

學歷：□高中 (含) 以下　　□大專　　□研究所 (含) 以上

職業：□製造業　□金融業　□資訊業　□軍警　□傳播業　□自由業
　　　□服務業　□公務員　□教職　　□學生　□家管　□其它＿＿＿

購書地點：□網路書店　□實體書店　□書展　□郵購　□贈閱　□其他

您從何得知本書的消息？
　□網路書店　　□實體書店　　□網路搜尋　□電子報　□書訊　□雜誌
　□傳播媒體　　□親友推薦　　□網站推薦　□部落格　□其他＿＿＿＿＿

您對本書的評價：(請填代號　1.非常滿意　2.滿意　3.尚可　4.再改進)
　封面設計＿＿＿　版面編排＿＿＿　內容＿＿＿　文／譯筆＿＿＿　價格＿＿＿

讀完書後您覺得：
　□很有收穫　□有收穫　□收穫不多　□沒收穫

對我們的建議：＿＿＿＿＿＿＿＿＿＿＿＿＿＿＿＿＿＿＿＿＿

＿＿＿＿＿＿＿＿＿＿＿＿＿＿＿＿＿＿＿＿＿＿＿＿＿＿＿＿＿

＿＿＿＿＿＿＿＿＿＿＿＿＿＿＿＿＿＿＿＿＿＿＿＿＿＿＿＿＿

＿＿＿＿＿＿＿＿＿＿＿＿＿＿＿＿＿＿＿＿＿＿＿＿＿＿＿＿＿

11466
台北市內湖區瑞光路 76 巷 65 號 1 樓

秀威資訊科技股份有限公司 　　收

BOD 數位出版事業部

....

（請沿線對折寄回，謝謝！）

姓　　名：＿＿＿＿＿＿＿＿＿　年齡：＿＿＿＿　性別：□女　□男

郵遞區號：□□□□□

地　　址：＿＿＿＿＿＿＿＿＿＿＿＿＿＿＿＿＿＿＿＿＿

聯絡電話：(日) ＿＿＿＿＿＿＿＿＿＿　(夜) ＿＿＿＿＿＿＿＿＿＿

E-mail：＿＿＿＿＿＿＿＿＿＿＿＿＿＿＿＿＿＿＿＿＿